思想政治教育
优博文库

教育部思想政治工作司
全国高等学校思想政治教育研究会 组织编写

思想政治教育视野下的大学生网络民主参与发展研究

SIXIANG ZHENGZHI JIAOYU SHIYE XIA DE DAXUESHENG WANGLUO MINZHU CANYU FAZHAN YANJIU

孙大为◎著

知识产权出版社
全国百佳图书出版单位

图书在版编目（CIP）数据

思想政治教育视野下的大学生网络民主参与发展研究/孙大为著. —北京：知识产权出版社，2015.12

（思想政治教育优博文库）

ISBN 978-7-5130-3172-1

Ⅰ.①思… Ⅱ.①孙… Ⅲ.①互联网络—应用—大学生—思想政治教育—研究—中国②大学生—参与管理—研究—中国 Ⅳ.①G641-39

中国版本图书馆CIP数据核字(2014)第273783号

内容提要

本书遵循逻辑和历史相统一的研究方法，以互联网技术在高校网络思想政治教育中的应用发展进程为主线，对大学生网络民主参与的形式和途径作了阶段性的划分，并结合案例和相关调研对高校BBS、校外网络论坛和网络搜索、博客和微博三阶段发展环境下大学生网络民主参与现状和特征进行了分析。

基于互联网环境下的技术维度、组织维度和文化维度，本书深入分析了大学生网络民主参与的相关影响因素及其规律性作用，提出了大学生网络民主参与的教育引导原则和对策方法。本书的研究将从理论与实践上促进我国高校网络思想政治教育研究的发展。

责任编辑：李海波　　　　**责任出版**：卢运霞

思想政治教育视野下的大学生网络民主参与发展研究

孙大为　著

出版发行：知识产权出版社有限责任公司　　**网　　址**：http://www.ipph.cn

　　　　　　　　　　　　　　　　　　　　　　　　http://www.laichushu.com

电　　话：010-82004826

社　　址：北京市海淀区西外太平庄55号　　**邮　　编**：100081

责编电话：010-82000860转8582　　**责编邮箱**：277199578@qq.com

发行电话：010-82000860转8101/8029　　**发行传真**：010-82000893/82003279

印　　刷：北京中献拓方科技发展有限公司　　**经　　销**：各大网上书店、新华书店及相关专业书店

开　　本：720mm×1000mm　1/16　　**印　　张**：15.25

版　　次：2015年12月第1版　　**印　　次**：2015年12月第1次印刷

字　　数：219千字　　**定　　价**：45.00元

ISBN 978-7-5130-3172-1

总　序

2014年是思想政治教育学科设立30周年。为深入学习贯彻党的十八大和十八届三中全会精神，全面总结思想政治教育学科设立30年来取得的成绩和经验，提升思想政治教育学科研究生的培养质量和创新能力，推动思想政治教育学科建设和人才培养，在教育部思想政治工作司指导下，全国高等学校思想政治教育研究会从2014年起组织开展“全国高校思想政治教育专业优秀博士学位论文”评选活动。

经过部直属高校及各地思研会遴选推荐、全国高校思研会组织专家评审，首批思想政治教育专业优秀博士学位论文已经揭晓。这些获奖论文选题紧扣思想政治教育领域规律性、前沿性问题，具有较高理论价值和较大学术创新贡献，一定程度反映了思想政治教育理论研究和实践探索相关领域的重要进展和最新成果，对推动学科发展、理论和实践创新产生了积极影响，是大学生思想政治教育创新发展的宝贵财富。

为进一步推动成果交流、转化和应用，为广大思想政治教育专业优秀博士毕业生出版理论和实践研究成果搭建平台、创造条件，教育部思想政治工作司、全国高等学校思想政治教育研究会联合知识产权出版社共同建立《思想政治教育优博文库》，为“全国高校思想政治教育专业优秀博士学位论文”评选活动获奖论文提供出版资助。

学术有幸，薪火相传，希望广大思想政治教育专业博士生树立问题意识，开展行动研究，聚焦当前时代的重点难点问题，回应重大理论现实关切，着眼指导和服务实践，坚持理论联系实际，通过扎实研究，深入探索，推出有影响力和感染力的高质量研究成果。

教育部思想政治工作司
全国高等学校思想政治教育研究会
2014年12月

序

知道孙大为博士的学位论文被教育部评为全国高校思想政治教育专业的优秀论文，并在论文基础上进一步完善，即将出版成书，心中特别高兴，答应为这本书作序。真正拿到书稿，却又为难了，因为他研究的是“思想政治教育与大学生网络民主参与”，我虽然对思想政治教育与民主问题有多年研究，但对网络民主参与却只有幼儿园的水平，没有资格发表专业性的意见。但是本着学习与研究的态度，我还是通读了书稿，读后看到这份书稿中外文献阅读充分，问卷调查有针对性，研究主题聚焦好，思考问题深入，确实比较优秀。具体的感受如下。

选题好：高校大学生网络民主参与是国家民主生活的一个组成部分，大学生是重要的网络活跃群体，在广泛、复杂、虚拟而又现实的网络环境中表现出来的网络民主参与，影响到国家社会民主政治建设，影响到民主和谐校园建设，也关系到大学生自身思想政治素质的发展。这一选题把握了网络思想政治教育管理研究的前沿，具有重要的学术价值和实践价值。

梳理好：作者遵循逻辑和历史相统一的研究方法，以互联网技术在高校网络思想政治教育中的应用发展进程为主线，对大学生网络民主参与的形式和途径作了阶段性的划分，并结合案例和相关调研对高校BBS、校外网络论坛和网络搜索、博客和微博三阶段发展环境下大学生网络民主参与现状和特征进行了分析，使人们对互联网技术特性影响下大学生民主参与的形式、途径和发展过程有了清晰的了解。

有创新：三维度的分析框架是作者书中的一处比较明显的思想政治教育研究方法创新之处。技术维度、组织维度和文化维度这个三维度的分析框架原是对于网络环境的分析框架，作者在书中运用这个框架分析网络环境对于大学生网络民主参与的影响机制因素和规律性作用，进而突出互联网的技术特性、自组织特性和文化承载性对于大学生网络民主参与的影响和教育引导分析。在研究自组织问题时直接针对网络空间自发形成的虚拟群体问题，以及这种组织结构作为载体和运行方式对于大学生网络民主参与的影响。这些使三维度的分析方法有了新的内涵和发展。

可操作：作者在大学生网络民主参与实证分析的基础上，结合影响机制分析，针对当前高校大学生网络民主参与过程中存在的问题，提出的大学生网络民主参与的教育引导原则和对策方法，有很强的针对性和可操作性。希望作者在网络思想政治教育、管理与日常思想政治教育的同和互补上作出进一步的研究成果。

国家的未来在青年，中国梦的实现要靠今后几代青年。我一生从事青年思想政治教育，每当看到优秀青年成长时，总是由衷地感到欣慰。孙大为博士勤奋好学，刻苦努力，积极向上，代表了清华学子自强不息的精神，体现了国家对青年的期望。相信他会在以后的科研和学术生涯中加倍努力，在今后的人生道路上不断取得新的成绩。

清华大学博士生导师、教授
林　泰
2014年11月于清华园

前　言

互联网技术的发展，促进了网络虚拟社会的形成、发展和不断完善，它不但改变了人们的生活方式、思维方式和交往方式，也为人们提供了与现实空间相对应的虚拟空间。在这种虚拟空间与现实世界的互动中，大学生网络民主参与的实践不断发展，成为高校网络思想政治教育研究深入发展的突出问题。

网络民主参与的概念是本书的逻辑发起点，本书从民主概念入手，从技术与民主到网络与民主，再到民主参与，从概念上逐层剖析，最后提出了网络民主参与的内涵。网络民主参与，是指网民及网民群体以互联网技术为基本手段，以网络虚拟空间为基本平台，直接参与国家、社会和集体的政治、经济、文化和社会生活，进行利益诉求和意愿表达，进而影响国家机关权力运行和公共事务决策的活动。这种网络民主参与的系统结构分为主体、客体、介体、环体四个基本构成要素，这四个基本要素在网络民主参与过程中相互作用、相互依存，维持了民主参与过程的正常发展。本书在此基础上进一步提出大学生网络民主参与的实践形式。

互联网的技术特性深刻影响着大学生网络民主参与形式和途径的发展过程。本书遵循逻辑和历史相统一的研究方法，以互联网技术在高校网络思想政治教育中的应用发展进程为主线，对大学生网络民主参与的形式和途径作了阶段性的划分，并结合案例和相关调研对高校BBS、校外网络论坛和网络搜索、博客和微博三阶段发展环境下大学生网络民主参与现状和特征进行了分析。

基于互联网环境下的技术维度、组织维度和文化维度，本书深入分析了大学生网络民主参与的相关影响因素及其规律性作用，提出：网络技术特性与网络民主参与形式和途径的发展对应关联；网络虚拟社区自组织特性产生网络民主参与的群体极化效应和信息放大效应；虚拟与现实世界之间的文化互动深刻影响大学生网络民主参与的意识和行为。这三个维度的视角分析所体现出的大学生网络民主参与影响因素及其作用方式，形成了大学生网络民主参与的影响机制。

在大学生网络民主参与实证分析的基础上，结合影响机制分析，针对存在的问题，本书提出了大学生网络民主参与的教育引导原则和对策方法。

目 录

第1章　绪论

1.1　提出问题

进入21世纪以来，互联网在我国迅速普及和深入，深刻影响和改变着我国社会主义民主政治的实践活动，它在增进官民互动的同时，也激发着广大网民[1]的民主参与热情。2008年6月20日，胡锦涛同志在人民网强国论坛与网友在线交流时指出，互联网是“想问题、做决策、做事情”“了解民情、汇聚民智”的一个重要渠道，这开启了“网络问政”的元年。2009—2012年，时任国务院总理温家宝连续四年在全国“两会”召开之前到政府网站与网民交流，听取广大网民的建议。2010年9月8日，人民网·中国共产党新闻网正式推出“直通中南海——中央领导人和中央机构留言板”。广东、四川、山西、上海等多个省市的省长或市委书记等多位省部级以上地方领导都曾到网站与网民互动交流，通过网络集纳民意和民智。可见，互联网能够使人民群众更好地行使监督政府和参政议政的权利，也成为政府听取民意、汇集民智、排解民怨的有效路径。

第一，互联网成为人们民主参与的重要路径和行为手段。

互联网作为信息革命的主要成果，已经成为当代人类交流和沟通最现代化的技术和手段，它日益广泛、深刻的发展和普及，改变了人们的生活方式，丰富了人们参与社会管理的形式。互联网不仅是一个社区，还是一个新传播媒体，它与传统媒体相比明显地体现出传播主客体的双向互动

---

[1] 中国互联网络信息中心（CNNIC）对“网民”的定义为：平均每周使用互联网1小时（含）以上的，后改为半年内使用过互联网的6周岁及以上的中国国民。

性。互联网深刻影响着人类的经济、政治、文化、社会和思维观念等各个方面。随着互联网成为人类传媒的“第四媒体”❶，它已经由信息集散地迅速发展为虚拟舆论场，成为网民自由表达意愿、参政议政的重要通道和话语平台。据人民网舆情监测室统计，2009年77件影响力较大的社会热点事件中由网络论坛爆料而引发公众关注的有23件，约占全部事件的30%，而实际比例可能会更大。而此前一年，更是有69%的政府和企业危机源于互联网。2009年微博开始在我国兴起，开启了个性化表达社交网络的新时代，拓宽了人们网络民主参与的途径。可见，互联网已经成为主流舆论场并逐步占据第一影响力的位置，它不仅是众多社会信息的集散地，也是社会舆论的放大器，经由互联网，更多的言论和信息得到放大、推进和操作，形成了舆论。

第二，互联网成为新时代的大学生网民群体展示主体特征、进行网络民主参与的首要场域，对大学生的主体意识有着重要的影响。

互联网自1994年在我国接入以来获得了飞速发展，网民数量急剧增长，其构成越来越朝分散化、多元化方向发展，但其仍然是以大中学生为主体的青少年网民群体（截至2014年6月31日，我国10~29岁网民占总数的55.2%）。进入21世纪以来，随着互联网技术的迅速发展，网络社区的多样化发展形式为广大青年运用网络提供了广阔舞台。随着博客和微博的迅速发展，手机上网快速普及，青年学生运用互联网的途径和方式更加多样化，其民主参与行为也更加普遍。当前，互联网的深度运用对青年网民群体，尤其是大学生网民群体的民主参与产生了深刻的影响。互联网技术的不断成熟和发展使校园内外的网络社区不断发展和完善，为大学生进行网络民主参与提供了新的舞台。大学生利用校园内外的网络社区积极参与公共事务管理，在网络空间积极行使对公共事务决策的网络知情、网络表达、网络参与和网络监督，从而深刻影响公共事务的民主决策。

第三，互联网的迅速发展急需建立健全网络宏观管理体制舆论导向机制。

---

❶ 传播学对大众媒体的认定标准是使用人数达到或超过全国人口的五分之一，从截至2014年6月31日的网民数量（6.32亿人）来看，互联网普及率达到46.9%，互联网已经成为名副其实的绝对意义上的“第四媒体”。

党的十八届三中全会公布的《中共中央关于全面深化改革若干重大问题的决定》指出，在面对网络舆论时，要“健全基础管理、内容管理、行业管理以及网络违法犯罪防范和打击等工作联动机制，健全网络突发事件处置机制，形成正面引导和依法管理相结合的网络舆论工作格局”。同时，要“坚持‘积极利用、科学发展、依法管理、确保安全’的方针，加大依法管理网络力度，加快完善互联网管理领导体制，确保国家网络和信息安全”。

大学生在应用互联网技术进行网络民主参与的同时，也经历了网络暴力、网络谣言、人肉搜索、网络侵权和网络犯罪等极端行为的体验过程，在这一过程中，如何教育引导大学生网络民主参与行为，提高他们的网络民主参与意识和网络道德素质，促进大学生的健康成长，成为当前学界的研究热点之一。

本书把“思想政治教育视野下的大学生网络民主参与发展研究”作为选题，以高校虚拟社区为主要研究范围，以校外各主要门户网站和社区网络案例为研究背景，以高校大学生作为主要研究对象。本书把大学生的研究对象限定为在高校就读的本专科生、高职高专生、硕士研究生和博士研究生，以及刚刚走上工作岗位仍活跃在校园网络社区的大学生。之所以把大学生这一群体作为研究对象，是因为在我国网民中青少年是主要群体，而其中的大学生群体又是网络行为特征最具有代表性、影响力最大的部分，选取这样的一个网络群体作为研究对象，可以使研究成果更具客观性、真实性和普遍性，得出的结论也能够更具针对性、指导性和普适性。

1.2　选题背景

互联网迅速普及和广泛运用，成为人们民主参与的重要途径和行为选择手段，它同时也成为新时代的大学生网民群体展示主体特征、进行网络民主参与的首要选择，深刻影响了大学生的健康成长。我们只有把握互联网运用的国内外时代背景及对大学生的影响，才能准确分析互联网的运用对大学生网络民主参与的影响机制，进而为我们科学引导大学生网络民主参与和进行思想政治教育提供有益的对策建议。

1.2.1 时代发展和社会进步促进了大学生主体意识的发展

主体意识，“是作为实践主体的人对于自身的主体地位、主体能力和主体价值的自觉意识，是主体自觉能动性和创造性的观念表现”（辞海编辑委员会，2000）[1453]，主体意识包含民主意识。全球化❶（globalization）的发展趋势、我国市场经济体制的深入发展及互联网技术的广泛深入应用，促进了我国社会的时代发展，催生了新时代的网络文化，深刻影响了大学生网络群体的主体意识，促进了新时代的大学生网络民主参与意识的形成和发展。

第一，全球化发展趋势对大学生主体意识的影响，为大学生网络民主参与提供了时代背景。20世纪90年代以来，随着全球化发展趋势对人类社会影响的扩大，它已逐步引起各国在政治、经济、社会及文化等领域的重视。随着网络文明的发展，全球化使国际间各种文化不断融合和创新，它通过互联网使共享的信息资源不断增长，促进了信息的流动，从而把世界日益联结为一个紧密整体，互联网的发展强化了世界范围的这种联系。全球化的趋势和特点促使人们的认识方式日益形成所谓的“全球意识”和“人类意识”，这极大地改变了大学生群体的生活方式和思维方式，促使大学生在民主参与的过程中逐步习惯于从全球和人类的角度看问题，以世界文明发展史和人类进步的历史进程为背景来认识世界，从而改变了大学生的民主参与理念。

第二，社会主义市场经济的深入发展对大学生主体意识的影响，为大

❶ 全球化的定义众说纷纭，涉及政治、经济、军事、文化等方面，至今没有统一的界定。本书引用这一概念，只是作研究的背景分析，由于不是本书的研究重点，因而只取其全球化的理念和信息化的内容。从信息通信技术角度，全球化被认为是地球上的人类可以利用先进的通信技术，克服自然地理因素限制而进行信息的自由传递。一般认为，马歇尔·麦克卢汉（Marshall McLuhan）在其《传播探索》（1960）中提出“地球村”（global village）概念，是这种认识的创始者，至今这种认识影响了许多把全球化归于技术进步的学者。

学生网络民主参与提供了社会背景。改革开放30多年来，我国社会主义市场经济体制不断完善，人民生活水平不断提高，市场经济活动的自主性大大强化了人们的自我意识，要求人们具有独立的人格、平等的社会地位，激发了人们的创新精神，这些都促进了大学生的独立思考意识和民主、平等、公平的参与意识。在网络环境下，他们更加关注在议事空间的意见表达，要求在网络社区中发展自己的个性和展示自我，同时更多地在主题讨论会或网络学习和议事空间中积极参与，来展现自己独到的思想观点、分析问题的方法和演说及辩论的才能。在这个过程中，大学生的主体意识得到了提升，民主参与的意识得到了深化。

第三，网络文化的发展为大学生网络民主参与意识的形成提供了思想的土壤。互联网技术的运用在我国不断深化，加速了网络文化的形成和发展。网络文化的形成和它倡导民主、平等、自由地进行思想交流，深刻地影响了大学生的思想观念和民主参与意识。而网络空间所提供的思想交流途径，更增强了大学生通过网络参政议政的社会责任感。他们在关注身边小事的同时，更加关注国家大事、世界大事，试图对各类自身关注的社会生活施加影响，并努力付诸实践，勇于争取在实践中运用和实施知情权、表达权、监督权。

1.2.2　网络环境下青年大学生民主参与日益广泛

青年学生是网民的主体。互联网在我国的兴起和在高校的迅速普及对青年学生思想和行为的影响日益显著。1994年以来，互联网在我国各个领域的应用日益广泛，使用网络的人数快速增长。2014年7月出炉的中国互联网络信息中心（简称CNNIC）第34次《中国互联网络发展状况统计报告》显示，截至2014年6月31日，中国网民规模达到6.32亿，其中青少年群体[1]占55.2%，是网民年龄构成中最大的群体。可见，青年学生构成了我国网民的主体。

图1-1显示，截至2014年6月31日，大专以上学历网民的数量近年来

[1] 青少年群体的概念，不论在国内外的学界还是官方，目前都无统一的年龄界限。本书仅以CNNIC第31次《中国互联网络发展状况统计报告》中10~29岁这一年龄群体的统计数据作为对青少年群体的样本基础。

快速稳步上升。[1]虽然近年来大学生网民在整体网民中的比例逐年降低，但大学生网民的绝对数量仍呈上升趋势，大学生仍是青年网民群体中整体素质最高的。大学生作为具有较高素质和层次的特殊群体，无疑是受网络影响最深、最广的一族。

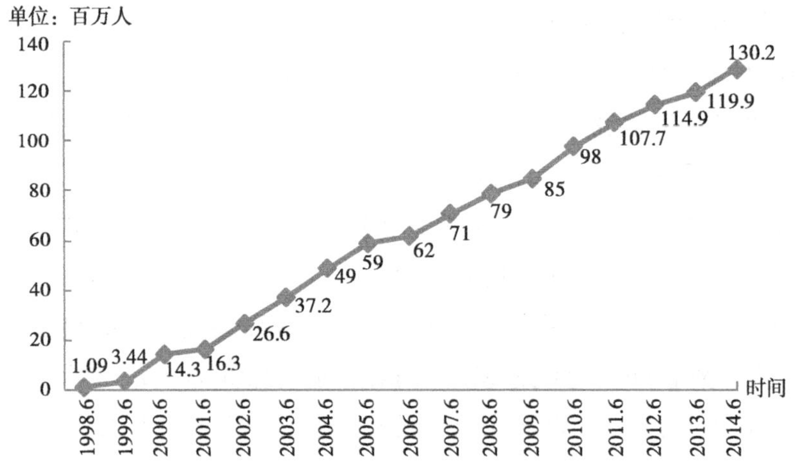

图1-1　大专以上学历网民数量变化（1998—2014年）

青年学生网络民主参与行为日益广泛。当前我国多数网站已经把为网民提供发表言论服务作为一项重要内容，这为大学生网民群体在网络空间进行意见表达和利益诉求提供了重要途径。据2010年6月国务院《中国互联网状况》白皮书显示，“我国约80%的网站提供电子公告服务，我国现有上百万个论坛，2.2亿个博客用户，据抽样统计，每天人们通过论坛、新闻评论、博客等渠道发表的言论达300多万条，超过66%的中国网民经常在网上发表言论，就各种话题进行讨论，充分表达思想观点和利益诉求”（中国国务院新闻办公室，2010）。

当代大学生是我国青少年网民的主体，他们作为我国全面接入互联网以来最早的一批网民，由于所具有的环境优势和技术优势，成为我国网民中最活跃的群体。他们能熟练运用各种网络服务，通过手机和电脑登录各

[1] 数据来源：CNNIC第34次《中国互联网络发展状况统计报告》。

大网站了解热点事件；他们通过即时通讯工具、微博、QQ群、BBS网络论坛、个人博客及QQ个人空间等发表自己的观点和表达对某一热点事件的看法；他们登录社区论坛、BBS聊天室就各种个人和公共事务话题与网友展开讨论；他们在虚拟社区内积极参与校内外公共事务管理，参与民主选举和电子投票，参加各种网上评比和社团活动，在网上充分表达自己的思想观点和利益诉求。

互联网在我国高校发展的十几年中，由大学生积极参与和推动的网络舆论热点事件逐渐增多，体现了大学生网络空间民主参与意识逐渐增强的发展趋势。

1995年4月，北京大学力学系的学生在互联网上向世界各地发出求援信，为清华大学朱令同学所患的奇怪病症——重金属铊中毒进行确诊，这一事件使中国利用互联网进行的全球医学专家远程会诊在几名大学生的协助下完成，在高校乃至全社会产生了巨大影响（张瑜，2006）[4]。这也是中国首例大学生通过网络参与面向世界实施社会救助的案例。

2000年5月下旬，“一塌糊涂”BBS上传出北京大学一名大一女生在返回昌平校区的途中遇害的消息，由此引发了历时四天的北京大学校园风波。在这一过程中，大学生对身边热点事件积极关心、表达意见和主动参与，使得事件形成舆论并向“群体极化”方向发展。

2010年11月17日，清华大学法学院博士生王进文在潍坊的老家住宅被强拆后，在网上发表致潍坊市市长的公开信，表达对非法强拆的愤慨。这起事件在各大网站社区引起强烈反响，也引起当地政府的关注。

其他如2003年的“孙志刚事件”和“宝马撞人案”、2005年的“涉日游行示威”、2009年6月的“周森锋事件”、2010年10月发生在河北大学校园的醉驾撞人案（网络上称为“李刚门”）、2010年10月西安音乐学院大学生药家鑫撞人杀人案、2010年12月的复旦“黄山门”事件、2011年广东佛山“小悦悦事件”等都在部分高校BBS及博客和微博上引起了激烈的讨论，大量鲜活的体现大学生民主意识与行为的案例为我们提供了丰富的研究素材。这些案例表现了互联网条件下大学生民主参与意识的逐步增强，他们在网络空间的民主参与行为产生了越来越广泛的社会影响。

然而，如果脱离了法律和道德的约束，任由其发展，无节制的网络民主参与就有可能发展演变为网络谣言和网络暴力，甚至演变为网络犯罪等行为。2005年“铜须门”事件的发生恰恰是对网络民主参与缺乏引导进而失控所导致的必然结果，网络民主参与失当侵犯了当事人的合法权益，也使得网络民主参与本身的合理性受到质疑。

大量青年学生通过各类网络渠道表达民意、参与公共事务的案例表明，互联网条件下大学生民主参与意识逐步增强，民主参与行为影响日益广泛，促进了我国社会主义民主政治建设的发展。但负面的案例告诉我们，民主又离不开集中，任何形式的民主参与行为都应该在法律规范的前提下进行。缺乏有效管理和引导的大学生网络民主参与行为容易走上网络谣言、网络暴力甚至网络违法犯罪的歧途，对青年学生网络民主参与行为的引导和教育已成为相关部门的当务之急。

1.2.3 网络环境下意识形态斗争更具紧迫性与严峻性

自中华人民共和国成立开始，以美国为首的西方发达资本主义国家与中国之间“颠覆与反颠覆”、“和平演变”与“反和平演变”的斗争就一直持续不断地进行着，互联网的迅速普及为其开辟了一个新的“没有硝烟的战场”。网络环境下意识形态的斗争呈现出新的特点，主要体现为西方强势文化的如下特征：利用互联网技术的垄断强势推行互联网霸权主义；利用互联网对中国主流文化进行侵蚀；重点侵蚀青少年的民主意识形态和价值观念。

在对青年学生的理想信念和民主价值观念的侵蚀上，不仅体现在美国政府决策参考的层面，在美国的外交实践中也已经得到了体现。在美国中央情报局机密“行事手册”西化、分化中国的“十条诫令”中，有七条与青年相关，有两条直接针对青年：

一是从世界观、价值观上对青年大学生民主意识进行腐蚀。

二是从政治观、民主观上丑化所在国政府形象、制造分裂情绪、灌输西方所谓的“自由”“民主”思想，把青年大学生的思想引入歧途。

随着中国改革的逐步深入，各种社会问题逐步突显。西方一些敌对势力抓住改革进程中出现的问题，利用现代信息技术手段，大肆宣扬西方的民主价值观和思想文化意识，在互联网上与中国党和政府“争夺”民众，特别是青少年。他们把互联网作为西化、分化战略图谋的重要平台，利用黑客和网特[1]，借助虚拟社区、搜索引擎、网站论坛、聊天室、新闻跟帖及微博等多种方式，散布宣扬资产阶级自由化言论，进行思想文化渗透，攻击中国党和政府的路线方针政策，搅乱人们的思想；遇到热点和敏感的突发事件，又蓄意散布谣言、借题发挥、歪曲事实、恶意炒作，煽动不明真相的群众和青年学生的不满情绪，从而制造混乱，破坏社会正常秩序；通过传播色情淫秽、凶杀暴力及封建迷信等不良信息，进行网上违法犯罪活动。

这些新情况和新问题，严重危害中国意识形态的安全，干扰校园正常的思想文化建设，严重毒害了高校大学生的民主思想，并对大学生的民主参与行为产生误导，也极大地增加了中国高校思想政治工作的难度，对大学生网络民主参与的科学分析和引导已经成为当前高校思想政治教育工作的迫切任务。

1.3 文献综述

由于互联网在中国的普及远比西方晚，相比国内学者，国外学者对互联网影响人类社会、政治、经济生活的研究起步较早。有关互联网影响大学生民主参与的研究涉及方方面面，国内外学者对其的直接研究较少，间接研究较多。本书在文献综述中的研究脉络是沿着“网络民主”“政治参与”“民主参与”“网络民主参与”“互联网影响大学生”这一逻辑顺序而展开的，同时选取了大量相关的研究资料，以期为本研究提供更加翔实的资料支撑。

1.3.1 当前研究的文献计量分析

在中国学术文献总库（简称CNKI）中，以“网络民主”“网络民主参与”“大学生网络民主参与”等为篇名跨库检索1979—2013年的文献，可以

[1] 网特：网络特务的简称，是指运用互联网技术以网站为主要场所，有目的地伪装并诱导、煽动网民，制造混乱以达到某种目的的特务、特务组织或者有特务组织背景的个人和组织。

直观感受到中国对网络民主的关注是从21世纪初开始逐步升温的，近几年处于加速发展的态势，而对大学生网络民主参与的研究仅有2篇文献，处于刚刚起步阶段（见表1-1）。

表1-1 网络民主相关研究文献数量情况

关键词	2005年以前	2005—2007年	2008年	2009年	2010年	2011年	2012年	2013年
网络民主	5	22	31	39	58	59	45	59
网络民主参与	0	0	1	0	1	2	1	1
大学生网络民主参与	0	0	0	0	0	0	1	1

检索时间:2014年10月10日

在搜索“网络政治参与”这一与“网络民主参与”紧密相关的概念后，我们看到（见表1-2），学界有关“网络政治参与”的研究（总数473篇）在2005年后逐步升温，并于2009—2013年呈现出勃发的趋势，尤其是2013年增长到124篇，较上年增长了36%，单年发表的文章数占检索总数的26%，这样的增长速度既体现了学界对这一研究课题的关注，也与中国互联网的深入普及尤其是微博的广泛运用相关。伴随这一大的趋势，“大学生网络政治参与”这一主题也开始进入研究者的视野，并于2012—2013年开始升温，中国学术期刊网络出版总库总计检索出78篇文献，其中中国优秀硕士学位论文全文数据库12篇。

表1-2 网络政治参与相关研究文献数量情况❶

关键词	2005年以前	2005—2007年	2008年	2009年	2010年	2011年	2012年	2013年
网络政治参与	2	23（20）	22	55	76	83	91	124
大学生网络政治参与	0	1	1	4（3）	8	14	24	27

检索时间:2014年10月10日

❶ 表中部分数字括弧内是去除一稿多投、重复发表后的实际文章数，以后相同，不再标注。

按“民主参与”“网络民主参与”“大学生民主参与”“大学生网络民主参与”的逻辑线索检索后，我们看到，民主参与一直是国内学界涉足的研究领域，随着互联网在我国的运用和深入，民主参与的手段和途径日趋多样化，学界对这一主题的研究呈深入和横向拓展的发展趋势，2006—2013年有235篇文章涌现，占文章总数（322篇）的73%。与此同时，“网络民主参与”“大学生民主参与”近年来开始进入学者的视野，但“大学生网络民主参与”这一研究主题，除笔者的2篇文章外，至今还没有其他人的专题研究（见表1-3）。

表1-3 民主参与相关研究文献数量情况

关键词	1988—2002年	2003—2005年	2006年	2007年	2008年	2009年	2010年	2011年	2012年	2013年
民主参与	48	39	46	34	26	25	30	33	18	23
网络民主参与	0	0	0	0	1	0	1	2	1	1
大学生民主参与	0	0	0	0	1	0	0	2	0	1
大学生网络民主参与	0	0	0	0	0	0	0	0	1	1

检索时间:2014年10月10日

表1-4的数据显示，随着互联网在我国高校的推广和普及，学界开始关注互联网、网络文化对大学生的影响，这一研究在21世纪初开始升温，并形成持续关注的态势。与此同时，学界开始对其进行深层次挖掘和思考，开始关注网络技术层面、网络虚拟社区、网络虚拟社群对大学生的影响，这部分的研究文章虽不多，分别只有8篇、7篇和1篇（见表1-4），但为从整体上思考大学生网络民主参与的影响机制起到了开阔视野的作用。

表1-4　互联网影响大学生相关研究文献数量情况

关键词	2002年以前	2003年	2004年	2005年	2006年	2007年	2008年	2009年	2010年	2011年	2012年	2013年
互联网	24	23	23	9	22	11	14	11	13	18	12	13
网络文化	19	8	8	13	10	18	17	33	24	26	38	28
网络技术	2	0	1	0	0	0	2	0	0	1	1	1
虚拟社区	0	0	0	0	0	2(1)	5(1)	0	2	0	1	2
虚拟社群	0	0	0	0	0	0	0	0	1	0	0	0

检索时间:2014年10月10日

总体而言，学界对“网络民主”“网络政治参与”“民主参与”“互联网对大学生的影响”“网络文化对大学生的影响”的相关研究成果较多，呈现了很活跃的研究前景，成为当前网络研究的重点和主流。但涉及“大学生网络民主”“大学生政治参与”“大学生民主参与”及“网络技术、虚拟社区/社群对大学生的影响”等比较前沿和深入的主题时，相关研究都是刚刚起步或刚进入研究视野，对于“大学生网络民主参与”的相关研究至今还鲜少涉及。

从网络检索来看，目前对“网络民主参与”的研究，除笔者的2篇论文外，还有4篇论文可供参考。

其一，张晓燕、张浩2008年发表的《网络民主参与存在的问题及对策》是目前引用频次较高的论文，该文通过对网络民主参与的特点和网络环境中公民参政议政的现象及在参政议政过程中存在的问题的分析，探讨了政府应对网络民主参与的对策。他们认为，政府部门一方面要承担起网络基础设施建设的任务，完善软件系统，为网络民主参与提供平台；另一方面，面对网络民主参与过程中出现的种种问题，政府应给予及时的处理与反馈，加强政务的公开和透明，实现政府与公民之间的良性互动，促进和加强公民的网络民主参与（张晓燕、张浩，2008）[81]。

其二，路红梅教授于2011年发表《网络民主参与探析》一文，首次提出网络民主参与的内涵和特征。她认为，网络民主参与是普通网民或网络社团以网络技术为手段，以网络公共空间为平台，参与政治，表达个人或社团意愿，从而影响国家机关权力运行，影响公共事务的决策和管理的活动。它具有虚拟性、多向互动性、去权威性和离散性、直接性、快捷高效性等特征（路红梅，2011）[1]。应该说，这一网络民主参与概念，与网络政治参与的概念是大致趋同的。

其三，郑聪的硕士论文《网络民主参与高校事务管理的现状与改善研究》以高校BBS作为个例研究，对网络民主参与高校事务管理的积极作用与缺失作了相关研究分析。该文虽不是直接阐述网络民主参与，但对网络民主参与的主体——大学生作出了一些分析。该文认为，学生作为参与方，其个人的态度和参与素质所引发的矛盾是造成部分学生在高校网络民主参与过程缺失现象的一个主要原因（郑聪，2010）[1]。

其四，王卫星在其硕士论文《论网络民主参与的法律规制》中，从法学理论的角度对网络民主参与的法律规制方式进行了分析和探索，并在借鉴国外经验的基础上，从立法、执法和守法角度提出规制网络民主参与的办法（王卫星，2011）。

2000年以来，随着互联网的普及，互联网对大学生的影响成为高校思想政治教育工作者研究的热点，相应的研究著作不断涌现。

首先是关于网络民主的专著，比较有代表性的是郭小安的《网络民主的可能及限度》（2010）和赵春丽的《网络民主发展研究》（2011）。郭小安把“网络民主”放在“媒介与民主”的关系视角中加以考察，在阐述网络民主概念的同时，对网络民主的运行机制、效度、限度和出路进行了展望。赵春丽则在书中对中国网络民主的发展、现状和问题进行了深入剖析，提出了发展网络民主的对策与建议。其次是关于网络思想政治教育的理论专著。尤其是2009年以来，综合性的网络思想政治教育专著开始出现，其中，张再兴教授等合著的《网络思想政治教育研究》（2009）一书，结合多年的理论研究和高校思想政治教育进网络的工作经验和实践探索，从哲学层面对网络思想政治教育的环境、主客体关系和虚拟与现实的关系进行了探讨，针对网络思想政治教育实践中的重点问题进行了具体对策和方法的研究，为网络思想政治教育的学科发展提供了理论依据和指导。徐建军教授的《大学生网络思想政治教育理论与方法》(2010) 一书，从网络思想政治教育的理论体系、方法论、主体建设、舆论的引导、大学生网络群体展开理论探讨，并对大学生网络思想政治教育从实践层面进行了研究，对加强高校网络思想政治教育具有重要的参考价值。张瑜副教授的《高校德育视野下的校园网络亚传播圈研究》(2006) 在实证分析和理论研究的基础上提出了“校园网络亚传播圈”的核心理论，并对基于校园网络开展大学生思想政治教育的策略与方法展开了深入的研究。其中，对大学生用户群体的要素分析为本书的研究提供了很好的借鉴。刘建华教授的《赛博空间的舆论行为：校园网络舆论的形成机制及其思想政治教育研究》(2011) 一书对校园网络舆论的形成机制及其思想政治教育的策略运用进行了较为详细的阐述，其对校园网络舆论的概念、结构与特点的分析为本书的研究提供了崭新的背景资料。此外，还有杨立英的《网络思想政治教育论》(2003)、胡树祥的《网络思想政治教育研究》(2005)、姜国峰的《网络思想政治教育理想模式的构建研究》(2009) 也都是目前已有的相关研究成果，这些专著为本书提供了丰富的学科理论背景知识。

本书的研究综述部分将主要围绕互联网（网络）对大学生网络民主参与的相关影响要素进行阐述。

1.3.2 国外相关研究综述

国外学者的研究主要从互联网技术对网络民主的影响、虚拟社区/社群及其特征的相关研究、网络文化对民主参与的影响三个方面进行，这些研究对国内的相关研究起到了重要的启示和借鉴作用。

（一）互联网技术对网络民主的影响研究

国外学者侧重于研究互联网技术对民主制度的影响、对民主价值观念的作用、对民主参与方式的影响及对人的影响等，此外，他们对中国的网络民主也有所关注。

互联网影响人们的生活，进而影响民主制度的研究是西方学者研究互联网功能与影响的重点。西方学界较早就开始关注互联网对政治制度及民主的影响。这方面的研究学者主要有尼古拉·尼葛洛庞帝、阿尔温·托夫勒、C. J. ElexanderandL 和 A. pal 及维·沃伊克等人。尼古拉·尼葛洛庞帝（1997）认为，"随着信息技术的不断发展，互联网已渗透到社会生活各个领域，深刻影响人类的生产方式和生活方式，改变着人们的思维模式和行为方式。信息网络技术不再只是和计算机有关，它决定我们的生活，这一改变也已经渗入政治领域，引起政治体制和政治环境的革命性变革"（张晓燕、张浩，2008）[81]。阿尔温·托夫勒（1996）认为，网络的出现，依靠它的直接性、平等性和快捷性等新特点有效地解决了工业社会后造成的广泛的民主实现困难问题。C. J. ElexanderandL 和 A. pal（1998）则较早关注到网络技术对政治制度的影响，他们认为，信息学领域的高速技术创新正保持着强劲的发展势头，并改变着我们的知识基础、政治制度及其过程。维·沃伊克（2000）[13]则指出，"因特网迅速发展向政治学提出这样一个问题，即因特网的巨大潜力是否会使民主更加具有活力?"对这一问题的解答促使人们从网络与政治学的关联角度研究和思考问题。

互联网技术影响大学生民主参与的相关研究在西方鲜有述及，唯一的一篇是 Laurie L. Rice、Kenneth W. Moffett 和 Ramana Madupalli（2012）有关社交网站对大学生政治参与方式影响的研究。经过研究发现，尽管从传统参与政治的方式上看大学生不如年长者积极，但大学生们可以通过其他一些形式，比如社交网站交友来参加一些政治团体。学者们认为这种在线参政活动是一种扩大和鼓励民主参政的有意义的形式。为此，他们在美国中西部大学对大学生进行的一次随机社会调查中发现，这些参加网络社交的人和用传统方式来参与政治的人之间存在重要的区别。年长者多趋向离线参与政治或以传统方式参政，而年轻的大学生们则通过网络在线参与政治。

在有关中国的网络民主研究中，Nour-eddine Labiad 认为，虽然互联网是促进民主的很好的工具，但是在中国关于互联网的使用却是非常敏感的，这是因为中国政府在政治文化、社会管制和民主化方面存在明显不同的定义，因此导致互联网在正常的使用中存在很多复杂的影响因素

(Nour-eddine Labiad，2010)。Michael L. Best和Keegan W. Wade（2005）通过实证研究观察民主和互联网在1992—2002年的发展趋势，探讨了互联网对民主制度的全球影响。结果发现，互联网的渗透和一个国家民主化水平指标之间存在正相关。他们通过多元回归模型分析发现，即使在经济发展水平、社会发展这些指标被控制的情况下，上述的正相关依然存在。数据表明，互联网渗透力上升25%就会相应地使民主化指标上升1个百分点。实际上，研究发现，“互联网的渗透力能够解释更多的在一个国家或一个地区中与民主化发展水平相关的变量”（Michael L. Best、Keegan W. Wade，2005)。他们使用莱斯格规范框架来解释互联网与民主之间相关的原因，莱斯格规范框架界定了四个类别的控制指标，其中涉及互联网的管制、控制和界定，这四个类别是市场、架构、规范和法律。文章认为，民主制度的管理者应该是致力于提升民主和政治自由的力量，例如，有各种形式的民主管理者在控制互联网空间的各个方面。

以上学者的研究关注了互联网技术影响人们生活方式、民主参与方式，进而影响民主制度的这一过渡过程。他们进而发出疑问——互联网技术是否就是民主的福音呢？笔者经过文献梳理发现，对这个问题的回答，西方学者的观点主要分为乐观论、悲观论和网络中性论三种。

持网络乐观论的学者认为，互联网和民主都具有自由和平等的基本特色，互联网的自由特性使互联网成为名副其实的自由信息公社。在互联网上，公众参与政治的机会是均等的，社会公民可以通过网络虚拟平台就所关注的社会公共问题直接向政府提出意见或投票表决，由此出现了“半直接民主”和“直接民主”将代替工业时代代议制“间接民主”的局面（阿尔温·托夫勒，1996）[107]。它“只是构建了而不是取消了领域，对现代社会中政治权力在国家机构水平上的获取方式、实施方式以及维护方式必将产生深远影响”（J. Thompson，1994)。而“网络中的各个环节属于平级，或根本无等级区别”（阿尔温·托夫勒，1999）[220]，“在网络组织里，信息本身就使得一切事物都趋于平衡……在网络组织中成员彼此平等相待，因为最重要的是信息，它使一切变得平衡”（奈斯比特，1984）[202]。相对于这种平等，网络中也有权威，但“网络的权威是凭借着能力和魅力树立起来的，而不是以社会等级或官位做基础”（阿尔温·托夫勒，1999）[220]。Barry N. Hague和Brian D. Loader等（1999）通过统计得出结论：网络政治论坛往往不能提供有效的意见达成模式。而恰恰社区网络对于社区民主、政治参与、社区社会包容性有着深刻的影响：社区网络提供了人们政治参与所需的信息、相互交流想法意见的方式和途径，扩大了不同背景和不同阶层的人之间的社会包容。因此，社区网络的存在，使得使用网络的人们获得了除电话和广播报纸等传统媒介外的新的沟通媒介，提高了获得信息、沟通的效率，会极大地改变人们思考和行为的方式，也会促成新的人际关系。

持网络悲观论的学者认为，网络的出现不会带来民主的福音，把网络设想为“理想国”只是一种充满乌托邦的想法。“新的技术只不过促使权力更加集中，因而预示着一种不祥之兆”，“计算机为主的世界将受到某一阶级的统治”（霍罗威茨，1985）[14]。更有学者担心出现“电子法西斯主义”，在桑斯坦（2001）看来，互联网技术造成的信息的窄化是制约民主的一个重要原因。“人们更容易获得的是自己喜欢的信息，而拒绝接受自己不喜欢的信息，事实上人们得到的是窄化的信息，很多的网站也不和与自己立场相反的网站链接。而在一个真正民主的环境中，信息应是多元的并且不是我们事先选择的，在其中我们还拥有一些共同的经验，例如公园和街谈巷议。信息的窄化其结果是社会趋于分裂，各种仇恨群体更容易相互联系和影响，也更容易对社会发动攻击。”（曹芬，2012）[22]

持网络中性论的学者认为，网络中立性是维持网络社会平衡的基本要求。如果没有网络中立性，非主流的选择可能受到严重限制，可获取信息及表达自由的权利也可能被扼杀（Catherine Lynch，2007）。而大型网络垄断企业的技术控制阻碍了信息的正常流动，限制了公民的民主参与行为。他们认为，关于康卡斯特❶阻碍流行视频、照片和音乐共享应用程序的消息显示，阻塞网络中立性是一个真正的危险问题。互联网媒体提供了一个通

❶ 康卡斯特，即Comcast，是美国最大的有线系统公司。

过博客以及独立媒体、公民记者网站集体表达积极中立的空间（Stengrim，2005）。互联网还通过社交网站（如Facebook、MySpace和YouTube等），为当今大学生提供了无所不在的活跃社区建设的机会。这些网络社区的存在都为网络中立性创造了条件。而只有网络中立性才使大学生能够快捷和方便地访问任何网站，能够享受所有在线提供的服务。为了有效确保网络中立性的未来，2006年由美国公民自由联盟、MoveOn.org数百联盟、美国图书馆协会，以及小企业和个人的积极分子联合发起了拯救互联网的运动（Catherine Lynch，2007）。

有学者认为，民主参与需要有良好的公民知情权，目前美国的信息媒体制度是大公司、公关公司和私人利益驱使政府规定、控制大多数公民的信息接收（Bugeja，2005；McChesney，2004；Streich，2000）。这相当于一种信息审查制度，它限制了公民分析问题和异议的、非常积极参与的民主要求，而不是鼓励公民积极参与，这使得公民不了解真实的信息而成为网络媒体上被动的消费者群体（Catherine Lynch，2007）。

Abrar Haider（2009）认为，平等地获取信息和自由表达被认为是一个真正的民主社会的核心，所有公民都有知情权。这种理念表达了人的沟通和信息交流的需要。随着互联网的出现及信息沟通技术的快速发展，更多的信息比以前更容易获得和共享。信息能够以数字化的形式传播，也能够跨越不同的时区、国家在不同群体之间进行交流，这就使人们之间的沟通更直接、更有效。Abrar Haider讨论了在动态的全球化环境中，信息通过互联网自由流动对人们形成民主价值观念的作用，以及互联网作为民主的一种工具的作用。他认为，互联网对民主的作用还没有充分表现出来，它对激发民主的潜力，以及抗衡压制和控制的潜力在全球化环境中还是一个不断变化和多重的问题。同时，互联网在民主社会中也有消极的作用和局限性：它只能影响那些使用它的人，不能影响所有的人。

也有学者在论述网络中立性时述及对大学生的教育。Hamrick（1998）把网络自由和媒体改革、高等教育结合起来，他把互联网自由和媒体改革作为培养大学生成为积极公民的基础条件。他指出，“在互联网自由和媒体改革方面，对大学生的教育是造就民主环境下积极公民的必不可少的准备，这也被看成高等教育的一个基本目标”。

以上学者的观点都注重了互联网信息的自由流动对民主的促进作用，对影响民主的制度因素作了深度剖析，但西方学者对涉及互联网技术与大学生民主参与关系的研究相对较少，可见互联网技术影响大学生网络民主参与的研究在西方还处于起步阶段。

（二）虚拟社群及其特征的相关研究

虚拟社群[1]作为大学生等网络群体进行网络民主参与的重要组织形式，目前在国内外都有很快的发展。“虚拟社群是指一群主要凭借计算机网络彼此沟通的人们，彼此有某种程度的认识、持续的公开讨论，分享某种程度的适合信息，相当程度的如同对待友人般的关怀，通过网络建立个人关系，在虚拟实在中形成社会的集合体。”（H. Reingold，1993）这一概念成为国内外学界定义虚拟社群的标准。

20世纪90年代，全世界建立了好几万个这种“社群”，大部分的基地在美国，但是逐渐遍及世界各地（曼纽尔·卡斯特，2001）[442]。一批社团活动家和学者开始研究真实社团与网络中虚拟社团之间的关系，研究对象包括位于美国加利福尼亚（California）圣塔莫尼卡（Santa Monica）的“公共电子网络”（PEN）、弗吉尼亚（Virginia）布莱克斯伯格（Blacksburg）的布莱克斯伯格电子村落（BEV）、华盛顿西雅图（Seattle）地区的“西雅图社区网络”（SCN）等（冈特利特，2004）[41]。卡斯特把网络空间中的交往社群称为“交互式社会”，在他看来，“虚拟社群是人际的社会网络，大部分以弱纽带为基础，极度地多样化且专业化，但也能够由于持续互动的动态而产生互惠和支持。如威尔曼所述，虚拟社群并非其他生活形式的模仿，而是拥有自身的动态。互联网超越了距离，成本低廉，通常不具有同时性，它们结合了大众媒介的快速传播，以及个人沟通的广泛特性，并且容许在局部性的社群里拥有多重成员身份。此外，它们并未与其他社会交往形式分离。它们巩固了朝向‘社会交往私有化’趋势，亦即以个人为中心来重建

[1] 虚拟社群这一概念最早由美国学者H. Reingold提出。

社会网络，发展个人社群，实质的和在线的社区都包括在内。计算机联结为那些原本可能社会生活狭隘的人提供了社会联系的机会，因为这些联结在空间上日益分散”（曼纽尔·卡斯特，2001）[445-446]。

国外对于虚拟社群的概念及其特征的相关研究，为实现以个人为中心，以网络社群为组织载体的网络民主参与提供了可供分析借鉴的思维模式和研究方法。

（三）网络文化影响民主参与的相关研究

国外学者有关网络文化影响民主参与的研究不多，Tianjian Shi的研究较有代表性。M. D. Roblyer等的研究分析了大学校园中教师和学生在使用和对待社交网络过程中的不同观念。另外，戴维·克里斯蒂特尔的语言学著作对网络语言的研究也对本书的研究具有参考价值。

Tianjian Shi（2000）通过实证研究分析了影响中国社会民主进步的文化价值观念因素。他认为，在中国，人们的民主意识、民主参与行为与其文化背景有直接关系。在半竞争性选举的文化背景下，人们的民主意识更加强烈，民主参与程度也较高，反之则较低。同时也指出了草根民主中所存在的问题，他认为中国社会中民主的进步主要表现在社会精英阶层，也主要是受到精英阶层的影响。而草根民主并不如人们所期望的那样是一种民主的变革，仅有20%~30%的人具有民主行为的态度。

M. D. Roblyer等（2010）通过实证调研发现，在高校大学生中对类似于脸谱（Facebook）这样较先进的社交网站的运用非常普及，而教师更习惯于用电子邮件这种传统的交流方式，学生对社交网站的使用率远高于教师，体现了师生在文化观念上的差异及大学生在网络参与方面具有很高的积极性。

Jim Jordan（1999）在论述网络空间的三种权利及其相互关系的过程中分析了政治和文化的作用。他认为，网络空间的权利由网络空间的政治和文化所构成，它包括三个相互关联的组成部分。第一，个人性的网络空间权利；第二，社会性的网络空间权利；第三，想象性的网络空间权利。因此，个人性的权利和社会性的权利构成在其中有一个张力：个人性权利倾向于使个人参与者随意表达自己，而社会性的权利却倾向于让参与者以特定的方式表达自己。这也形成了精英与草根之间的冲突。二者之间的融合取决于个人权利和网络精英主导性的协调。

Tianjian Shi 的研究突出了人们的民主意识和民主参与程度与所处的文化背景的关系，为我们研究大学生民主参与的影响因素提供了很好的研究视角。Jim Jordan 的研究则把网络空间的权利进行了分类，由于注重了文化的因素，因而对本书具有一定的参考价值。

网络语言作为网络文化的一个重要而特殊的方面，已经成为一种全新的语言媒介。目前，在国外的著作中，只有一本有关互联网语言的书。著名语言学家戴维·克里斯蒂特尔经过5年的研究，撰写了《语言与因特网》一书，他考察了网络语言在5种情景——电子邮件、同步聊天组、非同步聊天组、虚拟世界及万维网——中分别诞生的不同的语言种类，他认为，这些语言种类的特征不仅和技术状况有关，还和语言使用者的意图、活动及（在某种程度上）个性紧密相关。对于虚拟世界的网络语言与现实世界的社会语言的关系，作者作了大胆的预测："我们正处在一场有史以来最大的语言革命的边缘"，"在将来数字化的高速宽带环境中，基于计算机的语言将会成为社会语言的标准"（戴维·克里斯蒂特尔，2006）[174]。戴维·克里斯蒂特尔的研究虽然未涉及民主参与，但他通过网络语言把互联网技术与网络使用者联系起来，他分析问题的视角将对本书研究网络文化影响大学生民主参与意识的形成有积极的借鉴作用。

国外学者对于大学生民主参与的研究较少，只有个别文章述及网络传媒与大学生的政治参与（或民主参与）的关系。Catherine Lynch（2007）认为，在校园媒体的改革及拯救互联网的运动中，应当鼓励学生成为这项活动的积极参与者，引导学生积极关注自己感兴趣的机构和教材制定及招聘信息，也可以给学生领袖参加由自由出版社主办的一年一度的全国媒体改革会议的机会，研究高等教育机构如何帮助和激励学生学习这些相关问题并成为积极的而不是被动的、网络媒体的消费者。Haas（2006）的研究述及大学生在社交网站的群体性活动。他在研究中提到，MySpace 和 Facebook 群组为大学生积极分子提供了有效的渠道，因为大学生在大量地使用这些网站。而在这些群组中的大学生在线量很大：Facebook.com的注册用户超过7000个，MySpace的注册用户大约有23000个。

国外学者多注重宏观和整体研究，他们注重技术的信息流动对民主制度的促进作用，注重互联网社群的组织形式对民主参与的激励作用，他们开始关注网络传媒对促进大学生网络民主参与的积极作用。西方学者的研究文献中虽然没有直接针对大学生网络民主参与的文章和著作，但是他们的研究视角和相关结论对本书的研究具有启发和借鉴意义。

1.3.3 国内相关研究综述

有关互联网对大学生网络民主参与影响的研究，国内学者多侧重于从对大学生生活方式、思想、心理和道德观念的影响展开，而较少直接涉足大学生网络民主参与行为这一内容，对于大学生政治参与的研究有部分述及。

（一）互联网技术对大学生民主参与影响的相关研究

目前，国内学者对互联网技术影响大学生民主参与的相关研究主要侧重于互联网对民主的影响，互联网对大学生思想、观念和行为的影响，以及互联网对大学生政治参与的影响。

1. 互联网技术对民主的影响的相关研究

有关互联网技术对民主影响问题的研究，国内学者大致有三种观点，即“乐观论”“悲观论”和“中性论”。

第一，“乐观论”认为，对由网络技术的普及和运用而产生的网络民主现状和前景应持乐观的态度，网络空间的开放性、平等性和自由性特征，使得网络从技术乃至“方法论”的角度影响着民主，改善并促进着民主的发展，改变着民主的运作形式（田科瑞，2005）[49]，网络技术革命将开辟“电子民主”的诱人前景，加速人类的民主化进程（郑曙村，2001b）[121]，自由、民主、开放的网络导致网络居民的自由、民主、开放（郝瑞庭等，1999），借助于网络技术可以创造一个民众充分参与的高度民主社会（郑曙村，2001a)。对于信息网络技术对民主的进步意义，郑曙村（2001b）[121]认为，网络技术的出现将带来民主政治的巨大进步，从而“推动代议民主向参与民主的转变；瓦解传统的金字塔式集权等级制的权力结构，使集权走向分权；促进言论自由、社会平等和政治公开的发展；改善参与民主的技术手段，开辟‘电子民主’的新渠道；带来民主原则和制度的变革和创新，使人类的民主程序和机制更加完善”。

第二，“悲观论”认为，网络技术对民主的负面作用体现在网络技术的国家垄断、网络民主投票的可操纵性、网络民主的不平衡性等方面，网络技术的发展将导致网络帝国主义（娄成武、张雷，2003)，从主体、内容及民主本身三个层面分析，现实层面的网络民主还只是一种不健全的有限民主（严小庆，2002)。技术的发展并不能自动带来民主的重建，直接民主也并不是终极目标。“认为可以通过普及和发展网络技术实现民主的想法只能是一个‘电子乌托邦’，不是网络媒介带来民主，而是在民主政治制度中，网络媒介才能发挥出积极作用。”（邹智贤，2002）

值得关注的是，不论是乐观论的观点还是悲观论的观点，都是从属于“网络双刃剑”或者“网络信息二元对立论”的网络认识观，都只看到了互联网技术作为一项技术的两面性，而忽略了其社会影响因素，因此都是片面和不系统的。

东北大学的张雷博士自虚拟技术[1]的角度从正反两个方面论述了互联网对民主的促进作用和阻碍作用，他认为互联网作为一种虚拟技术，对民主的促进作用在于它“建立了一个充分自由和开放的社会”，“使完全直接的政治参与成为可能”，“实现了政治权力的对等性”（张雷，2004）[74-77]，但同时互联网技术也为专制主义者提供了最好的技术实现方式，这种虚拟技术的专制主义特性体现在其“虚拟技术的国家垄断性”“虚拟投票的可操控性”“虚拟民主的不对等性”（张雷，2004）[83-88]上。

第三，“网络中性论”的观点。与“网络双刃剑”或者“网络信息二元

---

[1] 按照张雷的理解，虚拟技术是指以网络技术、多媒体技术等具有物理实体特征的信息技术为物质基础，构建虚拟技术场域的技术中介手段。在谈到虚拟技术对民主的影响时，张雷主要指网络技术。

对立论”不同，有学者提出网络中性论的观点。他们认为，网络本身是我们人类所创造，并为我们所使用、掌握和控制的学习、生活和工作的便利工具，其本身没有所谓的善恶之分，只有网络被有特定思想意识、价值观念和行为方式的人运用时，才产生纷纭复杂的各种问题（胡成广，2006）[29]。“问题不在网络本身，而在于使用网络的有思想意识的人。”（杨健，2001）网络本身没有“原罪”，因此关于它的优点、不足或“网络双刃剑”之说，是因为我们对于它本质属性的无知而强加给它的不实之词（胡成广，2006）[29]。

王四新则从传播媒介的角度阐述了网络信息对表达自由权利实现的影响，他的观点同样属于网络中性论。他认为，信息的自由流动“会影响到民众表达自由权利实现的方式和程度”。因此，解决好信息的流动无论对政府还是整个社会的发展都会产生积极的推动作用（王四新，2007）[109]。与传统媒介不同，互联网所具有的即时性、互动性、去中心化等信息储备和信息传播功能，“提升了人们的自由表达能力”（王四新，2007）[149]。“互联网所带来的表达自由问题，在内容和形式上，与其他传统的平面的电子媒体并没有实质性的差别。它们在形态上仍然表现为政府与传播组织和民众之间为信息的自由流动和如何对其进行有效的控制。”在这个过程中，二者的利益可能是一致的，也可能发生冲突，体现为因促进和保护措施起到的巨大推动作用和因实施技术、法律控制的手段而侵犯人们的表达自由权。因此，从实质上来说，“互联网并没有带来全新的表达自由问题”，只是“使传统表达自由理论中的问题变得更加尖锐和突出”（王四新，2007）[152-153]。

乐观论的观点从互联网技术的特性出发，从互联网对民主的运作形式、运作手段、运行机制、民主原则及对社会的进步意义等进行了阐述，这部分论述使人们看到了互联网技术对促进大学生民主参与发展的大好前景，但是只看到了互联网技术运用过程中的有利条件而忽视了它对民主的负面影响，因此是不全面和不客观的。悲观论的观点则与之相反。而中性论的观点从正反两方面阐述了互联网对民主的促进作用，相比乐观论和悲观论的观点有一定的进步意义，但因其过分强调互联网的技术性，忽略了社会性因素的影响，因此也是不全面的。

以上三种观点，都关注了互联网的技术性特征对民主的影响，由于所分析问题的角度不同而有其合理的一面，对本书的研究都有一定的参考意义，但是又因为所取的分析角度不同，使得其得出的结论往往带有片面性，而这正是本书研究中需要注意的问题。

2. 互联网技术对大学生心理、观念和行为影响的相关研究

随着互联网技术及其运用在高校的迅速发展，互联网对大学生政治参与的影响开始成为我国高校网络思想政治教育的重要研究内容和学术界研究的热点。国内学者对于互联网对大学生的影响研究，主要集中在互联网技术对大学生学习和生活方式、身心发展、思想道德修养的影响等方面，进而探究这些影响的积极和消极方面，并提出相关对策。

通过中国期刊网学术趋势查询我们发现，以大学生网络为研究主题的相关研究最早出现在1997年，规模性的始于2001年，到2008年达到一个小高潮。这一时期的研究主要集中于对大学生的交往行为、网络心理依赖、网络成瘾的原因及对策研究，网络消费行为及消费心理研究等，如"大学生网络购物行为调查"（刘新燕、陈志浩，2005）、"浅析大学生网络消费心理"（郭占宇、齐继妍、李志刚，2007）、"中国大学生网络成瘾倾向问卷的初步研究"（陈侠、黄希庭，2007）、"大学生网络成瘾综合征的心理研究综述"（傅家宝、金良怡、宋永喜，2007）、"大学生网络依赖心理分析及对策"（叶霖，2007）、"大学生网络成瘾与社会支持、交往焦虑、自我和谐的关系"（王立皓、童辉杰，2003）等。从以上的研究题目中我们可以看到，与网络技术对大学生的各方面影响研究相对应，这部分研究侧重大学生的主体性，即大学生作为使用网络的行为主体，在交往、消费等活动中所产生的诸如心理依赖、网络成瘾及伦理等方面的问题。这部分研究侧重调查和对策的实证研究，虽然没有直接研究大学生民主参与行为，但是对大学生这一活动主体的行为和心理研究，对我们要进行的大学生民主参与行为相关研究会有很好的借鉴作用。

有学者（徐建军，2010）[311]认为，网络对大学生心理产生的影响主要包

括对大学生认知的影响、情绪情感的影响、意志的影响、角色行为的影响及健康人格的影响。“网络对大学生心理影响的性质如何，主要取决于大学生对网络的使用情况以及是否有教育者权威的网络引导和指导。”

胡钰等认为，互联网技术在发展、应用的同时，其“双刃剑”特性使青年学生的价值观受到极其深刻的影响。它在带来广博、快捷信息的同时，充斥其中的各种消极信息使在校大学生政治观上的意识形态逐步西化，国家观上的民族认同感逐步弱化，自由观上的行为取向逐步无政府主义化，道德观上道德评判相对化，交往观上的心理空间日益自我封闭（胡钰、吴倬，2001）。应该利用互联网开展学生思想教育工作，在思想教育网站的建设中，增强内容的思想性、信息的更新率和用户的归属感，从而使学生对网站产生价值观上的归属感，达到用户与网站的融合（胡钰，2001）。

以上研究从互联网技术的角度分析了其对大学生基本行为的心理、道德观念等的影响及对策，对本书研究大学生民主参与意识的形成具有借鉴和参考意义。还有一部分学者和机构通过实证研究，形成了很多有建设性的结论。由中国互联网络信息中心（CNNIC）定期发布的《中国互联网络发展状况统计报告》，每隔半年发布一次，至今已形成30多次主报告，每次均对我国网民规模与结构特征、网民的网络行为等进行调研和总结。除此之外，教育部中国大学生在线、共青团中央、中共北京市委教育工作委员会及部分高校的相关机构也不定期组织网络调查。这些数据和研究案例虽然侧重点不同，但都与大学生基本网络行为相关，体现了大学生民主参与意识形成中的相关影响因素，因而对本书的研究具有一定的参考价值。

3. 互联网技术对大学生政治参与影响的相关研究

对大学生政治参与的研究也是本书关注的要点，通过文献调研发现，目前学界对网络环境下大学生政治参与的直接研究相对较少，并且观点大多散见于研究公民政治参与的著作及其论文当中。李斌（2009）的《网络参政》和袁锋等（2006）的《网络社会的政府与政治》述及一部分政治参与的相关概念。

综观大学生政治参与的相关论文，主要分为以下两类：

第一类，有关网络技术对大学生政治参与影响的研究。曹雅丽（2001）在理论分析中国青年在网络时代进行政治参与后，对21世纪的中国青年政治参与作了展望，她认为21世纪的中国青年更倾向于运用网络进行政治参与，要提高青年的参政议政能力和政治鉴别力，以应对潜在的网络危机。这是国内最早的相关研究。顾晓英（2003）则从网络的负面性视角阐述其对政治参与的影响，她认为网络在消除了时空的同时，也往往使相对缺乏能力和经验的大学生徘徊于真实与虚幻之间，从而造成对现实生活中政治参与的冷漠。宋争辉（2007）的研究论述了网络给大学生政治参与带来的积极和消极影响，同时提出了解决对策，被认为是直接研究大学生网络政治参与的代表作。高千、关强（2010）[83-84]的研究认为，由于受各种条件的限制，在进行政治参与时网络的功能还没有充分发挥出来，利用网络进行政治参与的程度有限。

第二类，有关大学生政治参与的特点和现状及引导对策的研究。徐徐、杜作锋（2010）的研究认为，网络环境下青年的政治参与更趋平等化、自主化和利益化，同时也存在因政治信息甄别能力弱、政治参与自控能力差而出现行为越轨等问题。因此，有必要从法治引导、组织引导两方面来解决青年网络政治参与的问题。邹静琴等（2010）对大学生网络政治参与的现状调查及规范机制进行了实证研究，他们认为，大学生对社会公共事务和国家政治生活高度关注却并不参与，属于活跃而沉默的观察者。他们对主流意识形态的高度认同，对政治系统的高度支持和肯定，是其保持沉默的思想根源，对政治决策的资源分配功能缺乏感性和理性认识，在理性选择原则作用下，以网络为娱乐、沟通和信息交流的平台更符合其利益需求。宋志国（2009）的研究从实证角度考察了大学生网络政治参与的特点和所面临的问题，并提出了对策和建议，是最早关于大学生网络政治参与的实证研究。王凤霞（2010）的研究总结了“大学生网络政治参与存在的问题，从社会维度、制度规范维度和大学生个体维度三个方面进行深层次的原因分析”，并“从思想引导、制度规范、行为监督、网络文化规约、技术支持保障五个方面论述大学生网络有序政治参与的引导策略”。

从以上分析我们可以看到，学界关于大学生网络政治参与的相关研究2009年以来进入大发展阶段，其观点对本书的相关研究起到了很好的借鉴作用。这些研究整体来说呈现出如下特点，即从专著类的研究成果来看，宏观研究公民网络政治的著作相对较多，而专门研究大学生政治参与的专著还没有；学术论文较多，但多浮于现象和经验的总结与梳理，有针对性和深入分析、全面陈述问题的文章很少；目前对大学生网络政治参与的研究，大多以政治学、传播学为研究视角，而其他如法学、行政学、新闻学等学科都可以对其进行有益的分析，目前立足马克思主义理论学科的研究鲜有述及。

（二）互联网虚拟社区和虚拟社群对网络民主参与影响的相关研究

对虚拟社区和虚拟社群概念和特征的研究，国内学者多通过实证研究加以阐述，并有部分学者开始关注在虚拟社区环境下大学生网民群体民主参与的引导问题。

2001年6月，中共北京市委教育工作委员会对北京市15所高校开展“互联网对高校师生的影响研究”的结果显示，“网络的应用正在从形成方式、组织形式和活动方式等各方面改变着各类学生群体的存在方式”，同时，网络的应用也带来了以网上活动为主的虚拟群体，主要存在于“一些商业网站上，在这些商业网站上往往有一些设施比较齐备、跟现实生活模拟度很高的虚拟社区，一些学生就进入这些虚拟社区的群体当中，参与其中的活动。因这类组织往往很少在现实社会中开展活动，许多参与这类活动的学生往往有一种逃避现实，或是寻找一种现实社会中不能获得的东西的心理，在参与活动中往往隐藏真实身份”（中共北京市委教育工作委员会，2002）[103–105]。

北京大学社会学系研究生崔嵬通过对“一塌糊涂”BBS的实证研究提出了虚拟社区概念，即虚拟社区“是一种不同于现实社会的社会实体”（崔嵬，2001）[5]。他认为，“一塌糊涂”BBS这类虚拟社区具有信息媒介依赖性、群聚性、身份相对固定性和相互感知的特性。陈劲松在实证调查“伊氏网站”的基础上提出了虚拟社区的概念，他认为虚拟社会（区）是指“网络社会中网民们基于电子空间而形成的某种特定的生活或活动区域”。这一虚拟社区不同于传统社会（或经验社会）中的经验社区，它的“特点主要表现在它仅仅属于文化社区，其主体或网民具有虚拟性、主题或生活领域的强烈共享性、表达方式的随意性、沟通或行为结果的非责任性以及精神世界的完全赤裸性”等方面。与传统社会（或经验社会）相比，虚拟社区的权威存在“互为主体性、沟通性和解放性等”根本不同的特征（陈劲松，2001）[113]。此外，胡钰通过对部分高校BBS的大学生网络参与的案例分析，提出了校园BBS表层性、少数性、发散性和煽动性四个舆论特征，并提出相关的指导原则（胡钰，2002）。

清华大学张瑜副教授通过对高校校园虚拟社区的实证研究，提出了“校园网络亚传播圈”的概念，并指出这个亚传播圈既是大学生的信息传播圈，又是大学生的学习生活圈，既是大学生的人际交往圈，又是大学生参与学校公共事务的校园舆论圈❶，同时也是大学生社会参与和民主实践的一个重要方式。应当“引导大学生合理、有序地参与公共事务”，“密切关注网络公共论坛对于大学生民主参与意识和行为发展的影响，通过建立相应的规范、建设和完善多层次的沟通渠道等各项工作，注重引导大学生民主参与形式的健康发展”（张瑜，2006）[111]。这是国内学者从学术角度明确提出公共论坛对大学生民主参与意识与行为习惯的影响并阐述其对策的较完整论述，虽然相关阐述不是其文中的重点而未加以深入展开，但仍对本书的相关研究有重要的借鉴作用。

随着虚拟社区研究的展开，关于网络社会群体的研究开始出现。复旦大学研究生唐大勇、施喆对人民网强国论坛关于2001年4月“中美南海撞机事件”的讨论进行了实证调查研究，发现在关于撞机事件的讨论中存在一个以时政为主题的虚拟社群，这个虚拟群体的成员有着比较固定的ID，他们相互影响，产生了稳定的人际交往关系，构成了“左派”“中间派”

❶ 按照张瑜老师的观点，这样的校园舆论圈，应该是大学生围绕学校管理、校园生活及政治生活展开，并积极参与各项公共事务。在这个校园舆论圈中，校园BBS是舆论反映的主要方式，部分高校新闻宣传网站上的新闻评论区、高校网站上设立的校务信箱也是大学生表达意见和建议的网络渠道。

"右派"等虚拟群体派别。在虚拟社群的讨论过程中，群体之间和群体成员之间相互作用，存在复杂的传播活动和传播关系（唐大勇、施喆，2001）。这是国内学界较早对虚拟社群特征进行的实证研究。

对于以虚拟社群形式存在的大学生网络群体概念，徐建军认为，"广义上的大学生网络群体是指由全体大学生网民所组成的集体"，"狭义上的大学生网络群体是指在广义网络虚拟社区存在的众多小团体，他们由于共同的兴趣、目的而聚集在网络虚拟社区开展活动，如网络学校、网络班级、大学生网友群体、黑客（红客）联盟等"（徐建军，2010）[210-211]。大学生网络群体的形成和发展对大学生具有双重性的影响，为此高校思想政治教育要引导和激发它们的正面作用，减少其负面影响，"构筑大学生网络群体教育的完整体系"（徐建军，2010）[237]。张瑜在分析"校园网络亚传播圈"的基本要素用户群体时，对不同类型的大学生虚拟群体进行了具体分析，他认为校园网络亚传播圈中不仅包含了以往教育工作中所划分的年级群体、学生干部群体、贫困生群体等大学生群体类型，而且还包含了上网只是浏览信息而很少参与发帖讨论的沉默者群体及积极发表意见的活跃者群体。"这些学生群体作为网络环境中所出现的新的学生群体类型，同样应当受到学校思想政治教育者的密切关注和重点引导。"（张瑜，2006）[122]

部分学者在研究中已经开始关注构建高校虚拟社区对大学生思想教育的重要意义，并提出在互联网上赢得青年学生的相关措施。张瑜、刘涛雄（2004）认为，"要完善多层次的沟通管道，引导青年民主参与形式的健康发展，避免网络条件下青年民主参与行为的异化。通过健全及时、透明、公开的信息发布机制，以具有公信力的权威信息媒介来引导青年对信息的正确获取"。他们首次以对策的方式提出对青年民主参与形式的引导，从宏观上提出了避免青年学生网络民主参与行为异化的一些途径，具有一定的借鉴和参考价值，但具体如何引导大学生实施正确的网络民主参与行为等问题，尚需进一步深入系统的研究，这也正是本书将要着力解决的问题。

以上研究中，学者们对虚拟社区、虚拟社群的概念和运行特征进行了分析，对大学生网络群体的概念、分类及其对大学生的影响，以及对这一群体的引导作了相关阐述，以上研究虽未把大学生民主参与作为直接研究对象，但是提出的相关结论为本书的研究提供了很好的背景知识。

(三) 网络文化对青年大学生民主参与行为影响的相关研究

国内学者对网络文化的研究主要涉及网络文化、网络语言的概念、特征，网络文化对大学生和对高校德育工作的影响及相关对策等方面。

第一，网络文化的概念、特征和分类的研究。有关网络文化的定义，国内学者一直众说纷纭。例如，有学者认为，互联网促进了人类文化活动新模式的产生。网络文化是现实文化的再现与重组，网络文化的核心问题是权威的消失与重建。网络文化作为新兴起的社会亚文化，有其自身的优势，也有其自身的不足。体现在未摆脱旧的文化和文化模式的弊病，主流文化和边缘文化的冲突并没有消失及文化整合与个体离心力的冲突上（苏振芳，2007）。“网络文化，是以网络技术广泛应用为主要标志的信息文化”（张革华，2002）[58-59]；“网络文化是人、信息、文化三位一体的产物，是人类社会发展的产物”（宋元林、陈春萍等，2006）[8-13]；“网络文化是工具合理性与价值合理性的统一”（宋元林，2009）[60]；“它是指以信息化与数字化为本质，基于计算机技术和通信技术融合为物质基础而产生的以网上生活为核心内容的一种具有新质的社会文化生活现象，是一种依附于多媒体技术的现代层面文化”（徐建军，2010）[353]。学界在网络文化的概念内涵上存在分歧体现了研究视角的不同，从这些概念我们可以看出，信息网络技术是贯穿其中的主线，网络文化体现了虚拟文化与现实文化的互动关系。

关于网络文化的特征，学界的看法也不尽相同。从文化学的角度看，网络文化具有民主性、渗透性、不可控制性和国际性等鲜明的特点（双传学，2000）。也有学者认为，网络文化最重要的特征在于其独特的开放性和工具性（郭丽，2010）[79]。它以网络为载体，具有全球性、虚拟性、互动性、低制约性的特征（徐建军，2010）[353-355]。网络文化自产生以来，深深地影响着创造它的人类社会，“它携带着自己特有的价值和意义，渗透到人类活动的每一个角落，并以非常的力量支配着人类的行为和观念，它无所不在、万象纷呈，构成人间迷人的现象”（司马云杰，1990）[203]。

有关网络文化的分类，与文化的分类相一致，国内学者大多认为，网络文化分为物质文化、精神文化和制度文化三个层次，也有部分学者如宋元林、陈春萍等（2006）[14]以存在的形态和层次为依据，从结构上把网络文化分为物质文化、政治文化、精神文化和制度文化四个类型。

有关网络文化产生的问题和悖论研究，常晋芳的研究很有代表性。他指出，网络文化在具有正面价值意义的同时，也在多层次、多方面上具有二元因素的许多困境和悖论，即包含着“技术与人文、一元与多元、开放与封闭、自由与规范、民主与集中（分权与集权）、平等与差异、虚拟与实在、理性与价值、创新与传统、个人与社会、现实与理想”（常晋芳，2002）[177-178]等方面的悖论，“网络文化的这些悖论和冲突在网络语言的冲突中集中表现出来，又通过网络逐渐得以强化”（常晋芳，2002）[182]，“网络语言作为网络文化的重要内容，从产生时候起从来没有定型过，也从来没有完全统一过，而是在不断推陈出新优胜劣汰中发展”，“事实上，非正规的网络语言正在越来越多地被收入各种正规词典成为主流文化的一部分”（常晋芳，2002）[186]。

综上，从相关学者的期刊论文及著作中我们可以看出，有关网络文化的概念、特征、层次及问题和悖论的认识与研究经历了意见纷呈但又逐步全面和深化的过程，实现了由最初注重它的物质工具性到追求其价值合理性，研究角度由哲学、文化学、传播学到社会学、教育学的过渡。

第二，网络文化与大学生民主参与意识的相关研究。网络文化对大学生民主参与影响的相关研究，国内不多见，有限的观点散见于相关的文献之中，如网络文化影响大学生民主意识的相关要素，包括大学生的价值观取向、思维方式、主体意识等方面的内容。

有学者认为，网络文化对大学生而言，具有技术的“双刃性”特点，它在激发创新意识、协调学习、开阔知识视野、节约学习时间的同时，也导致了网络上瘾、信息污染、文化扩张和人际淡化等现象（双传学，2000）。

张瑜、吴倬（2006）认为，网络文明[1]带给人们的平等意识、自主意识、参与意识等会大大推动民主建设的发展。政府上网、电子政务、网络舆情、官员与网民对话等网络社会的政治生活现象已经显著地体现出这一点。网络文明从主体意识、个性人格、思维方式、价值取向等方面促进了当代青年学生思想意识的成长。徐建军（2010）[356]认为，网络文化对大学生在思维方式、价值取向、行为方式、认识模式等方面都产生了重大而深远的影响，它有利于大学生形成效率观念、平等意识和开放观念。以上学者的论述都关注了网络文化对大学生思维方式、行为模式、主体意识等方面的影响，这些影响对促进大学生民主参与意识的形成起到了关键的作用。

1.3.4　现有研究的总体评析与展望

从当前研究的文献计量分析和国内外相关研究综述可见，国内外研究的主要涉域是"网络民主""网络政治参与""互联网（网络）和网络文化对人的影响"，虽然与本书的涉域有一定差别，但起到了宝贵的借鉴作用，踩在巨人的肩膀上汲取营养，才能取得更大的成果。

综合来看，目前国内外的相关研究可借鉴的居多，直接引用的居少。这就使本书在深入研究过程中要面临更多的辛苦和曲折。总的来说，国内外对述及互联网影响大学生民主参与的相关研究尚处于初涉和探索阶段，主要表现在以下几个方面。

第一，现有研究大体来看还显得很单薄和分散，概述性的研究较多，详述性的研究较少。体现在对大学生的网络民主参与形式有了一定的认识和了解，但缺乏用网络思想政治教育的理论和观点去分析；对问题的分析述及观点层面而未深入展开，或者浅尝辄止；述及本书研究的部分结论只体现了简单的经验总结，而不是详细、专门的研究和论述；述及本书研究的观点只是为了说明其他的观点和结论。

---

[1] 此处涉及文明和文化二者的关系问题。有关文化与文明的关系，不是本书研究的重点，但作为一个学术概念应该分辨清楚。对于二者的联系，目前学界主要有三种观点：第一，文化与文明没有多大区别，甚至可以说二者是同义的；第二，文化包括文明，即文化所包含的概念要比文明更广泛；第三，文化和文明是属性不同的两部分。本书赞同以上不同语境的观点，但在本书中，我们同意第一种观点的解读，即网络文化与网络文明可以相互替代。

第二，在阐述网络对大学生的影响时，将网络技术、网络虚拟社区/社群和网络文化三者相互混用。在论述网络社区和网络社群时，对影响大学生的网络社群的具体区分不够深入，对大学生群体的细化研究少；部分学者在论述网络文化时，常常把网络文化和网络混为一谈，并没有从文化层面深究互联网的影响和价值，究其原因是对互联网作为技术本身和文化的关系没有加以区分。分析网络文化对大学生的影响时，常常会走入“二值逻辑”的思维陷阱，即按着互联网的“双刃性”模式，只从积极影响和消极影响两个方面进行论述。阐述教育对策时，只有少数学者进行了较深入的研究和探索，从中性论的角度加以阐释和分析。

第三，宏观的、间接性、推理性的研究居多，微观的、直接的、实证性的研究略少。体现在多数研究都从传播学、政治学及社会学等学科角度来分析相关问题，直接从思想政治教育学科来分析这一问题的较少；研究的相关结论大多是从案例出发作出的经验性总结或推理，而真正落实在实证研究基础上的理论推理性结论很少或较少。

第四，大量使用“网络民主”“网络民主参与”“网络政治参与”等术语，但缺少对三者关系的定位，对什么是真正意义上的“网络民主参与”缺乏一个准确的界定。

虽然国内外相关研究已经在某些方面为今后的研究提供了很好的基础，但本书认为在网络民主参与尤其是大学生网络民主参与方面还有推进的空间，从事这方面的研究会更深入地挖掘网络民主这一问题，有助于社会主义民主政治的进一步完善、社会主义文化体系的创新及高校思想政治教育相关理论的完善。现阶段，大学生网络民主参与的相关研究需要重点明确以下几个方面：一是对互联网的基本特性的不同解读。互联网作为一项技术应用，与民主的关系始终是科学技术哲学和政治学所关注的内容。互联网的产生、发展和大规模的应用及其所形成的民主性、技术性、组织性和文化性等基本特性，使人类社会的生活方式、思维方式等产生了极大的变化，由于在哲学层面和政治学、社会学层面产生的问题需要从理论层面加以回应，对这些特性的解读直接涉及相关分析的深入状态和程度。二是网络民主参与的内涵与架构问题。基于网络运用背景下的民主参与形成了网络公民社会的基本前提，确定网络民主参与概念的内涵、特征等基本分析框架，是在网络思想政治教育领域分析大学生网络民主参与的深化和发展。三是有关大学生网络民主参与基本实践形式的确定和发展阶段的划分。当前的研究述及这一论域的很少，而这些问题的解决是今后深入分析高校大学生群体网络民主参与行为的前提和必经之路，因此需要加以重视。四是从互联网的特性角度去分析影响大学生网络民主参与的机制，应当成为当前和今后研究的努力方向。

本书试图在借鉴前人研究的相关理论知识基础上，以实证研究和案例研究为特色，系统论述网络环境下大学生民主参与的发展演变阶段、问题和影响机制；在教育引导对策的探讨方面，将着重从研究高校思想政治教育工作对大学生网络民主参与的教育引导层面提出一些有针对性的建议。

1.4 研究意义

本书以“思想政治教育视野下的大学生网络民主参与发展研究”为题，主要是基于网络环境下大学生的民主参与实践形式的发展阶段、特点和存在的问题，着重对网络环境下互联网尤其是高校网络社区对大学生的民主参与行为及其意识的影响机制和教育对策进行研究，这一研究具有理论和现实意义。

1.4.1 理论意义

第一，本研究所形成的相关结论有助于丰富和完善建设有中国特色社会主义民主政治的相关理论内涵。社会主义民主政治建设一直是党和国家高度重视的一项工作，也被人民群众广泛关注。在我国改革开放逐步深入的实践过程中，社会主义民主政治建设的步伐也越来越快，人民群众的民主权利得到了更多的重视，人民群众的参与热情和民主意识不断提高。但如何准确把握广大人民群众民主参与行为的特点，有效引导他们有序的政治参与，这需要从理论上加以深入研究。互联网对社会主义民主政治建设的影响，关键在于它丰富了民主参与的途径和形式，对人们依法实施民主参与、民主监督、民主管理进而实施个人的知情权、监督权和表达权起到了关键的作用。本书对网络环境下的公众民主参与行为尤其是大学生网络民主参与的相关研究，将有助于丰富我国社会主义民主政治建设相关理论的内涵，同时对和谐社会的建设起到促进作用。

第二，本研究的相关分析有助于深化对我国文化创新建设的理解。加强网络建设和管理，以积极的态度和创新的精神发展健康的网络文化，是当前推进我国社会主义文化建设重要而迫切的任务。党的十八大报告指出：为了丰富人民的文化生活，要“加强和改进网络内容建设，唱响网上主旋律。加强网络社会管理，推进网络依法规范有序运行。开展‘扫黄打非’，抵制低俗现象”。本研究从互联网的技术特性出发，突出互联网的文化特性对青年学生民主参与意识行为的影响，所形成的相关研究成果将有助于丰富和完善社会主义核心价值体系建设中的网络文化相关理论。

第三，本研究的相关结论将有助于深化对有关思想政治教育学科尤其是网络思想政治教育学科基础理论的认识。互联网在我国的迅猛发展，给大学生参与公共事务、表达合理诉求提供了新平台和新渠道。作为高校思想政治教育对象的大学生群体，其在网络环境下民主参与行为的规范、民主意识的形成与发展既需要青年主体的自觉，也需要高校管理机构有效的引导，更需要有相关的理论来指导。当前，网络环境下的高校大学生思想政治教育在我国的发展还不平衡，对大学生网络民主参与的相关理论研究还处于初级阶段。本研究正是针对这一点，立足高校思想政治教育实践工作中的大量案例和相关调研，以高校大学生在互联网运用中民主参与的实践活动为问题导向，逐层深入地挖掘互联网的影响机制，探讨高校引导大学生网络民主参与的对策，以期在理论上有助于丰富高校网络思想政治教育的内涵和相关基础理论。

1.4.2 现实意义

第一，有助于顺利开展我国高校思想政治教育实践工作。互联网对高校思想政治教育工作的影响不是表面的、局部的，而是全面深入和立体的。在不断改革创新，推进网络思想政治教育工作深入开展的同时，高校教育工作者必须深刻认识到高校思想政治教育学科的发展是一个不断完善的过程，只有在实际工作中不断总结规律性的实践经验，从理论上不断追踪实践发展的趋势，把握其基本矛盾和规律，才能更好地指导思想政治教育的实践。本书针对当今大学生思想政治教育工作中的前沿问题展开研究，立足科学的调查研究和大量动态、鲜活的高校内外网络案例，理论联系实际，所形成的相关结论将有助于高校思想政治教育工作的实践工作。

第二，有助于宏观把握大学生网络民主的相关实践过程。互联网在我国的大规模普及和迅速发展运用，从根本上改变了当代大学生的生活方式、学习方式和思维方式，也使他们有更好的平台参与到民主实践活动中来。从现实民主到网络民主的实践过程中，我国当代大学生普遍缺乏一个清晰和理智的认识，在对民主参与理论和其实践形式、实践特征的把握上大都缺乏理性化的思考，他们在网络环境下的民主参与意识和行为深深地受到互联网相关特性的影响，面对这种形势，我们需要从理论到实践对他们进行宏观的引导，使他们真正理解网络民主的实质内涵、特征及网络民主参与过程中的一些规律，以达到有效引导他们进行网络民主参与的目的，只有这样才能进一步增强思想政治教育的实效性。

第三，有助于警示网络环境下意识形态领域斗争新形式。互联网的迅速普及，为传统意识形态斗争开辟了新的战场。一些西方国家，利用互联网技术及其资源的垄断地位，结合其众多互联网跨国企业，采用各种方式推行文化霸权主义，向世界倾销其文化产品，推销其价值理念，吸引消费者特别是青少年盲目认同和崇拜西方的审美情趣和观念，把西方的消费观念、生活方式、价值取向等植入其他国家青少年的思想体系中。中国的青少年无疑是处于这个战场最前沿的一个社会群体，因此对相关问题我们必须保持高度警惕。

在互联网环境下，我们要积极挖掘大学生民主参与的特点与影响因素，寻找引导大学生网络民主参与的规律和对策，在这个过程中我们既要引导大学生积极学习和正确吸收人类优秀文明成果，自觉鉴别和抵御各种腐朽落后的思想文化，又要积极主动地运用现代科技手段，使大学生能够通过现代信息传播渠道接受积极健康的思想文化，引导他们形成健康的心理，更好地应对人生和社会中的各种问题和矛盾。

在高校开展大学生网络民主参与的相关研究，既观照了世界范围内意识形态斗争网络化的现实，又结合了意识形态斗争对高校校园网络文化建设及高校思想政治教育工作影响的实际状况，因此具有十分重要的理论和现实意义。

1.5 研究方法

本书采用的根本研究方法是历史与逻辑辩证统一的方法。这一思维方法是马克思主义唯物史观的基本方法之一。在唯物辩证法看来，逻辑与历史是辩证统一的，“历史从哪里开始，思想进程也应当从哪里开始，而思想进程的进一步发展不过是历史进程在抽象的、理论上前后一贯的形式上的反映；这种反映是经过修正的，然而是按照现实的历史进程本身的规律修正的，这时，每一个要素可以在它完全成熟而具有典范形式的发展点上加以考察”（马克思、恩格斯，1998）[532-533]，即历史的东西是逻辑的东西的基础，而逻辑的东西是历史的东西在思维上的再现，因此，逻辑进程和历史进程具有内在统一性。本书以马克思主义唯物史观为指导，坚持马克思主义基本立场、基本观点和基本方法，坚持理论和实践相结合、逻辑和历史相统一的研究方法。

本书采用的具体方法主要有以下几种：

（1）实证分析法。这是本书主要的研究方法。本书在大量实际案例的调查分析及两次大型问卷调查的基础上，以实证分析和理论研究相结合的方式，系统梳理网络信息环境下大学生民主参与意识和行为的现状、特点及存在的问题，从技术、组织和文化三个维度深入分析大学生网络民主参与的影响机制，立足马克思主义理论与思想政治教育学科背景，综合利用多学科的理论与方法，针对网络环境下大学生民主参与的问题，提出新时期网络思想政治教育引导青年大学生民主参与意识和行为健康发展的对策性建议。

（2）比较分析法。本书以政治学、传播学中有关民主概念的分析、有关网络舆论的分析作为研究背景，在合理吸收、借鉴其相关成果的基础上作了比较分析和归纳总结，从而为本书研究提供参考。本书在具体运用这一方法时，还对几次调查间数据的比较和一次调查中不同区域间数据的比较进行了论证分析，以增强相关论据的说服力。

（3）案例研究法。本书在论述过程中，大量采集了校园内外网络社区的网络民主参与案例，从事件本身的过程去把握其特点，从而为说明观点起到了明显的呼应效果，也为读者更好地理解本书的观点起到辅助作用。本书所采用的案例均是来自各高校的真实事件，所采用的相关辅助调查数据均来自相关学术论文和调查报告，从而保证了数据的真实可靠。

（4）文献研究法。本书通过查阅各种存在经验事实和理论成果的文献资料，汇集与大学生网络民主参与相关的实践理论材料，从不同学科和角度对述及的研究文献进行梳理，力图及时全面地掌握本研究领域的最新动态。

（5）学科综合法。本书试图将现有的政治学、新闻学、法学、社会学等相关学科的有关原理与方法，在一定的学科条件限定下借鉴到本学科中，从而丰富了思想政治教育的理论与实践。

（6）个别访谈法。本书通过对典型人物的访谈，试图弥补实证研究问卷调查的统计偏差的表层性，进而完善相关结论的科学合理性。访谈的对象主要集中于两类人：一是上网频繁且言论颇多的学生，即所谓的“网虫”“意见领袖”；二是只在网上浏览而极少发表意见或不发表意见的学生。前者占少数，后者占多数。

1.6 本书结构与主要创新点

1.6.1 写作框架

全书共分7章：

第1章“绪论”。根据研究背景提出本书研究的问题，从互联网的技术维度、组织维度和文化维度对国内外研究进行综述，同时阐述研究意义与研究方法、本书结构与主要创新点。

第2章“网络民主观念相关概念的理论阐释”。本章从技术与民主的内涵与相互关系入手，逐层剖析和阐述网络与民主、网络与民主参与，以及网络民主参与内涵、结构要素、主要特征与实践形式，引出大学生网络民主参与的内涵与实践形式。

第3章“大学生网络民主参与的实践发展”。本章基于网络思想政治教育的技术应用发展阶段的分析，对网络技术环境下大学生网络民主参与的途径演变及其发展阶段进行划分、归纳和总结；从校园BBS环境下、网络社区与搜索引擎环境下及网络博客和微博环境下三个阶段和五个维度阐述大学生进行网络民主参与的现状、途径与特征。

第4章“大学生网络民主参与的实证分析”。本章立足实证分析与理论分析的结合，主要以2009年（调查I）和2011年（调查II）的两次大型全国高校大学生问卷调查的分析为基础，结合中共北京市委教育工作委员会2001年在北京市进行的高校问卷调查（调查III）和张瑜副教授2003年在清华大学作的典型调查（调查IV）的调查数据，通过SPSS系统分析和比较分析及回归分析，总结大学生网络民主参与的特点和发展趋势，并就调查实证分析的结果对大学生网络民主参与存在的问题进行分析。

第5章“大学生网络民主参与的影响机制分析”。本章明晰了大学生网络民主参与影响机制的含义，对大学生网络民主参与影响机制的相关要素进行了分析，并从技术维度、组织维度和文化维度分析了大学生网络民主参与的影响因素及其规律性作用。

第6章“大学生网络民主参与的教育引导分析”。本章围绕大学生网络民主参与现状和存在的问题，结合大学生网络民主参与的影响机制，提出了教育引导大学生网络民主参与行为的一般原则，从技术维度、组织维度和文化维度三方面提出了教育引导大学生网络民主参与行为的对策性方法。

第7章“结语”。从宏观角度对本书的内容加以总结和概括，并对本研究今后需要持续关注和深入研究的努力方向进行分析。

1.6.2 主要创新点

本书的主要创新点体现在以下五个方面：

第一，本书采用了网络民主参与的三维度分析框架。三维度，即指网络环境分析互联网的技术维度、组织维度和文化维度。以往的研究，在对互联网影响大学生思想和行为的视角选取上，大多仅从互联网的笼统概念或仅从技术层面视角进行研究。互联网不仅拥有技术特性，还包含自组织特性、文化承载性等关键的特性，而这些关键的特性，成为网络环境全貌的主要支撑点。本书从文献综述开始，到分析大学生网络民主参与的影响机制，再到分析大学生网络民主参与的教育引导，都始终贯穿了这一分析框架，这为有关互联网影响的研究形成了一种全面的新视角。

第二，本书提出了网络民主参与的内涵与基本构成要素，并对其实践形式作了进一步归纳。以网络民主参与为逻辑起点，从民主的概念到技术与民主的关系再到网络民主，层层剖析，并在此基础上提出了网络民主参与的概念。本书认为，网络民主参与是指网民或网民群体以互联网技术为基本手段，以网络虚拟空间为基本平台，直接参与国家、社会和集体的政治、经济、文化生活，进行利益诉求和意愿表达，影响国家机关权力运行和公共事务决策的活动。这种网络民主参与的系统由主体、客体、介体、环体四个基本要素构成，这四个基本要素在网络民主参与过程中相互作用、相互依存，维持了民主参与过程的正常发展。

本书明确提出大学生网络民主参与的内涵和实践形式。认为大学生网络民主参与是指在网络虚拟环境下，大学生个体或群体在政治、经济、文化、生活、微观管理等领域实施民意表达、民主监督，进而影响或改变公共事务决策的一种思想和行为表达过程。它是大学生这一特殊网络群体在网络运用基础上，通过校内外网络平台，在参与校园事务决策及涉及国内外重大事件的议事过程中民主意识和民主参与行为的集中体现。大学生网络群体网络民主参与实践形式，既包含普通网民网络民主参与的实践形式，也具有参与载体、参与方式、行为模式等方面的特点。

第三，本书遵循逻辑和历史相统一的发展研究的基本方法，提出了网络技术发展与大学生网络民主参与形式和途径演变相对应的观点。以网络技术在高校网络思想政治教育中的应用发展进程为主线，结合大学生的网络民主参与实践，划分了大学生网络民主参与的发展阶段，并分析了网络技术的运用与大学生网络民主参与形式和途径及阶段划分之间的对应关系。大学生网络民主参与的实践发展主要体现在校园BBS的应用与发展（1994—2005年）、网络论坛和搜索引擎的应用与发展（2005—2009年）、博客和微博的应用与发展（2009—2013年）三个阶段。在三阶段的发展实践中，又从交往主体、参与主题、参与方式、参与途径和参与性质五个维度阐述了大学生网络民主参与的特征。

第四，基于互联网环境下的技术维度、组织维度和文化维度，本书深入分析了大学生网络民主参与的相关影响因素及其规律性作用，提出：网络技术特性与网络民主参与形式和途径的发展对应关联；网络虚拟社区自组织特性产生网络民主参与的群体极化效应和信息放大效应；虚拟与现实世界之间的文化互动深刻影响大学生网络民主参与的意识和行为。这三个维度的视角分析所体现出的大学生网络民主参与影响因素及其作用方式，形成了大学生网络民主参与的影响机制。

第五，本书在研究方法上坚持思想政治教育学科的基本原理和方法原则，综合借鉴了哲学、政治学、社会学、教育学、心理学、传播学等学科的相关理论知识，形成了大学生网络民主参与的思想政治教育研究视野；深入思想政治教育进网络工作的实际，开展社会调查，坚持理论分析与实证分析相结合，形成了大学生网络民主参与发展研究的实践特色。

第2章　网络民主观念相关概念的理论阐释

民主观念，亦称民主意识，是国家的主人对参与国家管理和社会生活管理的迫切愿望和自觉要求，是一定国家的经济政治制度在人们思想观念上的反映，是社会主体对于民主的一种内在意识，它包括主人意识、参与意识、公仆意识等（汤庭芬，1994）[35]。思想政治教育视野下的大学生网络民主参与发展研究，首先要从理论上梳理与之相关的网络民主观念概念。基于互联网的技术背景，本章将从民主观念入手，在梳理技术、民主内涵及二者关系的基础上，阐述网络民主及其价值、民主参与及其与政治参与的关系、网络民主参与行为三层递进关系，进而剖析网络民主参与内涵与构成要素和大学生网络民主参与的实践形式，从而为思想政治教育视野下的大学生网络民主参与发展研究厘清概念之间的逻辑顺序。

2.1　技术与民主

从词源学上来讲，技术与民主本是两个不相干的概念，但是，自从以互联网为代表的现代信息技术诞生以来，二者的联系便愈发紧密，甚至影响到民主的实现形式。目前，学界在谈到科学技术与民主的关系时有用政治二重性关系的，也有用相生相伴关系的。本书认为，从唯物史观的基本观点出发，技术与民主分属经济基础和上层建筑两个方面，因此我们说二者是相生相伴的辩证统一关系。研究网络民主参与，首先要厘清技术与民主这两个概念的内涵，并从中寻找二者的联系。

2.1.1 技术的基本内涵

通常而言，技术是指人类在利用和改造自然、改造社会和改造人自身的过程中积累并在生产劳动中所应用的一切知识技能和方法手段的总和。

《辞海》对技术的定义："技术是泛指根据生产实践经验和自然科学原理而发展成的各种工艺操作方法与技能，如电工技术、焊接技术、木工技术、激光技术、作物栽培技术、育种技术等。除操作技能外，广义地讲，还包括相应的生产工具和其他物质设备，以及生产的工艺过程或作业程序、方法。"（辞海编辑委员会，2010）[0854]

从工具书的定义中我们可以看出，技术的含义随着时间的发展，在不同历史阶段有着不同的含义，体现了一个不断演进的历史过程，同时也深刻解释了当代科学与技术的紧密结合。

当前，学术界对技术的基本内涵从不同角度加以揭示，归结起来，主要有以下几种定义（刘文海，1996）[30-42]（拉普，1986）[184-187]（张成岗，2005）[30]。

第一种是广义社会学意义上的定义。这种定义突出了技术在社会中的决定性因素和社会价值。例如，埃吕尔在《技术社会》中，把技术定义为"在一切人类活动领域中通过理性得到的、（就特定发展状况来说）具有绝对有效性的方法的整体"（Jacques Ellul，1984）[25]。戈德曼把技术定义为"一种由决策支配的行动"，它"代表了大多数人的、立法的和社会的价值取向"（Steven L. Goldman，1984）[121]。

第二种是狭义的工程学意义上的定义。这类定义认为，技术包括具体的人造物质产品，并通过工程方法创造和使用。麦基、米切尔、罗波尔等则把这种根据物质世界的变化所下的定义作为技术划界的基础。这类分类虽实用，但与广义社会学意义上的分类一样具有片面性。

第三种是抽象的哲学意义上的定义。例如，海德格尔认为，技术是"座架"，"引导、促成自然的显露"；德绍尔把技术看作"发明和超验形式的物质现实化"；而德里达则把技术看作"真理的存在方式"。这类定义探究了技术在哲学意义上的本质，因此具有一定的积极意义。

第四种是具体的社会历史性的定义。例如，Robert E. McGinn 把技术看作同科学、艺术、宗教、体育等相同的人类活动形式，其受社会文化环境影响并由实践者的精神状况所引导（Robert E. McGinn，1978）[180,190]。这类定义肯定了技术作为一种社会和历史的产物，在不同时代有不同的特征，因而较哲学抽象的定义更有优势。

随着学界对技术含义的理解逐步加深，产生了对于技术的不同观念和看法，形成了几种不同的技术观，主要集中在静态技术观、动态技术观和技术系统观三种观点上（高亮华，1992）。

静态技术观认为，"技术应是人类在改造自然过程中关于制和造的系统知识与技艺"（阎康年，1984）[21]；"技术是人类利用、控制和改造自然、社会和思维的方式方法，即关于怎么'做'的知识体系"（陈文化，1992）[107]。

动态技术观认为，"现实生活中的技术是一个由知识、能力、物质等诸要素组成的，有内在联系的动态系统；一个变革自然，使自然人工化的动态过程"（远德玉、陈昌曙，1986）。

技术系统观认为，技术是人类为了满足社会需要，运用社会自然规律，在改造自然的社会实践中所形成的劳动手段、工艺方法和掌握手段、方法的技能的体系（邹鹏刚，1987）。

从以上论述中我们发现，不论是工具书的解释，还是中西方学者的论述，对技术的内涵都有不同的理解。"技术现象是一个非常复杂的现象，对其任何定义都会消解其本身的复杂性。"（张成岗，2005）[32]

深入分析对于技术的各种定义，可以总结出技术现象的重要性质：①动态性和历史性。技术不是一成不变的事物，而是有它的起源、发展和演化的过程，在不同历史时期有着不同的技术样态。②社会性与文化性。技术的产生、选择和实现离不开社会经济因素和文化心理观念的支撑。③多元性和层次性。技术在不同的领域有不同的表现，即使在同一领域也有不同层次的样态。④复杂性和不确定性。技术具有复杂性，不能简单地理解，技术的发生及其社会后果具有不确定性因素，需要引起高度的重

视。（张成岗，2005）[32]

技术是人与自然交往、联系的中介，实际上体现了一种人对自然的能动关系，因此技术必然在包括物质生产、社会生活和精神生产的一切领域发挥重要作用。与此相对应，技术也可以区分为三种形态：物质技术、社会技术和精神生产技术。我们在这里所讨论的技术是从狭义上来说的，即从物质技术或自然技术角度来说，在本书中我们主要讨论的是以互联网技术为代表的信息技术。

信息技术（Information Technology，IT），是主要用于管理和处理信息所采用的各种技术的总称，指利用电子计算机和现代通信手段获取、传递、存储、处理、显示信息和分配信息的技术。它主要是应用计算机科学和通信技术来设计、开发、安装和实施信息系统及应用软件，也常被称为信息和通信技术（Information and Communications Technology，ICT），主要包括计算机技术、传感技术、通信技术和微电子技术等。

2.1.2 民主的基本内涵

民主是个既古老又现实的话题，既是理论问题也是实践问题。它既涉及政治方面，又涉及经济方面和社会方面，既涉及国家制度，又涉及人们的观念意识和行为方式。民主无论作为观念意识还是作为制度，都是由经济基础和社会发展水平决定的，而民主观念和制度反过来又会对社会的进步产生推动或阻碍作用。正因为民主这一概念的重要性，我们有必要对其进行适当的回顾和梳理。

“民主”一词，是英文Democracy的汉译，源自希腊文，由希腊文的Demos（人民、平民）和Krativ（统治）二词构成，合为Demokratia，意为人民的统治（林崇德、姜璐、王德胜等，1992）[24]。民主就其本源意义来说，是指“主权在民”“人民主权”和“人民当家做主”。

从古希腊开始，西方的政治思想家就积极对民主进行探讨，亚里士多德认为，民主制是多数人执政的政体，以此与一人专政的君主专制和少数人执政的贵族制相区别（亚里士多德，1999）[88]。古希腊的政治思想家们所讲的“人民的统治”，成为后来西方民主概念的起源，但它实际上是奴隶主的民主制，是奴隶主对奴隶的统治。

欧洲中世纪末期开始的文艺复兴运动和资产阶级启蒙运动，以洛克、孟德斯鸠、卢梭为代表的资产阶级启蒙思想家对民主思想进行了完善和补充，使民主思想得到重大发展。约翰·洛克在《政府论》中提出政府的权利来自人民，孟德斯鸠在《论法的精神》中提出“三权分立”思想，卢梭在《社会契约论》中提出主权在民的人民民主理论原则，这些思想和原则在批评神权、王权和等级特权的同时，对欧洲资产阶级革命作了思想和舆论的准备，标志着资产阶级民主思想逐步形成。

民主作为人类社会的基本价值观念之一，是政治学的核心概念，民主概念同时又是一个不断演进的概念。19世纪特别是20世纪以来，伴随着几次科技革命，民主的外延又有了许多新的发展和变化。总体来说，民主包含以下几种类型。

（1）代议民主，即人们并非直接投票决定政府政策，而是选出民意代表来参与政府实体或议会，代议制民主是近代西方国家经常采用的一种制度。这一理论的主要代表人物有洛克、潘恩、密尔等。洛克提出了代议制民主论的议会至上原则。代议制民主的理论和制度在近代西方资本主义国家中一直占据主导地位。

（2）直接民主，指公民直接参与、讨论、决定和管理国家与社会事务的民主形式，一般包括在具体事务上的直接民主和在国家体制上的直接民主两个层面的含义。由于实践起来成本高昂，所有直接民主都属于较小型的共同体，如古代的雅典城邦的民主。直接民主制是在批判代议制的过程中产生的，其主要代表人物有卢梭、科尔等。卢梭认为，国家主权永远属于人民，它是不可代表的（卢梭，1958）。科尔认为，“真正的民主政治不应当在单独的、无所不能的议会中去寻求，而应当在各种有调节职能的代表团体这种制度中去寻求”。科尔实际上提出了一种人人参与的民主制，即人人可以参加不同的职能团体，可以亲自参与职能团体的决策。

（3）多元民主，是指政治决策的多元化，民主体现为各种各样的社会团体参与国家的政治决策。其主要代表人物有法国的狄骥、英国的哈罗尔德·拉斯基、美国的罗伯特·达尔等。多元民主理论被西方主流政治学界普遍接受，他们开始用“多头政体”概念来研究民主国家的政治。

（4）精英民主，是指社会的政治统治权由少数的精英人物垄断，而绝大多数人民群众是被统治阶级。民主是统治阶级的工具，限定在人民群众对于政治精英的选举上。其代表人物主要有帕累托、莫斯卡、米歇尔斯、韦伯、熊彼特和萨托利等，精英民主实际上反映了大垄断集团控制社会政治的现状。

（5）远程民主和协商民主。远程民主理论认为，借助于现代通信技术的发展，可以通过大众传媒、舆论调查、民意调查等远程对话交流方式的制度化，实现民享、民有、民治的民主核心理念（俞可平，2004）。

协商民主理论认为，“公民与官员之间就共同相关的政策问题进行直接对话与协商讨论，是政治民主最基本的要素之一”（俞可平，2004）[56]，它作为民主实践的一种形式，既是达到民主决策的必要环节，也是政治合法性的来源之一。在西方社会，这种协商民主理论在很大程度上还只是一种观念形态，而缺乏制度化的机制和程序。

以马克思、恩格斯、列宁为代表的马克思主义经典作家在建立马克思主义国家学说、总结无产阶级革命斗争实践经验的过程中，批判地继承了包括资产阶级在内的民主理论成果，阐述了他们对于民主的理解，并对民主概念作出了科学的规定，创立了马克思主义民主理论，对我们理解民主的内涵具有深刻的指导意义。

在批判继承了卢梭等人的人民主权理论后，马克思主义者提出民主的实质是“人民当家做主”。马克思在批判封建君主专制时提出了人民主权思想。在总结巴黎公社经验并对“哥达纲领”进行批判的时候，马克思进一步明确表达了关于民主应该是人民当权的观点：“民主的”这个词，在德语里意思是“人民当权的”。而对于人民当家做主的原因，马克思、恩格斯认为，全部社会生活在本质上是实践的，人民作为社会实践的主体、社会生产活动的主体，是推动历史前进的动力，他们应当是国家权力的真正主体。

列宁对民主的看法与马克思、恩格斯类似："民主是一种国家形式，一种国家形态。"（列宁，1972）苏联民主应是使全体居民能真正平等地、真正普遍地参与一切国家事务（列宁，1990）。

马克思主义经典作家关于民主概念的科学规定，揭示了民主的本质特征，是对人类民主发展史的深刻总结，为世界各国工人阶级和劳动人民争取民主的斗争指明了方向。纵观西方古典哲学思想家、中世纪和近现代欧洲资产阶级政治思想家、马克思主义经典作家及国内部分学者对民主概念内涵的解读，民主概念在不同的社会历史发展阶段有其不同的内涵和外延，但是，从纷繁复杂的各种概念之中我们仍然可以发现民主内涵的主要特质。

（1）历史性与动态性。民主的概念随着历史发展不断变换其内涵与外延，体现了起源、发展演化的动态流变的过程。

（2）多元性与层次性。民主概念在不同社会历史发展阶段的不同层面都有其内涵与外延的展示，同时，在发展中多元主体的平等参与，也是促进民主完善的手段。

（3）社会性与全民性。现代公民社会的产生为民主提供了可能，而普遍的公民政治参与也为民主概念的完善准备了必要条件。

（4）技术性与实践性。任何阶段的民主都与当时社会生产力的发展水平相适应，不同阶段技术水平决定了民主概念的内涵与外延的转换与进步，民主作为一种政治制度，它操作的技术水平也体现了这一时期民主的发展趋势。任何民主的发展，都是在人民当家做主的基本理念基础之上，通过实践来实现其理念，体现其价值。

（5）直接性与间接性。无论民主的内涵、外延如何变化，它所经历的各类民主形式都是体现在直接民主和间接民主两种基本形式框架前提下实施的民主形式。本书所要阐述的网络民主就是在直接民主和远程民主的范畴下进行的民主参与和民主实践活动。

2.1.3　技术与民主的关系：相生相伴的辩证统一关系

技术与民主的关系经常是科学技术哲学和政治学等学科探讨的重要

议题。互联网技术作为信息革命的产物，是现代科学业技术进步的主要标志之一。研究互联网环境下的民主参与，首先要厘清技术与民主的关系问题。

从技术发展和社会进步的历史来看，技术的每一次革命式的发展都促进了社会结构和性质的改变，技术的进步在人类社会发展的每一个阶段都打上了深深的烙印，它不但促进了社会的阶级与革命、统治与权力、立法与行政等的变化，还从根本意义上促进了民主的发展和普及。

第一，技术的进步为民主的发展提供了发展动力。从技术的发展与社会阶段的划分来看，在农业技术社会，技术的进步使一部分人过上舒适的生活，产生了古希腊雅典式的民主形式，但这种民主是依靠占社会绝大多数的人——奴隶的劳动而来的，也就是社会的主体——人民大众还处于不觉醒、无参政能力的状态，因为这时的民主不是真正的民主。技术发展只有到了工业革命时代才对民主起到决定性的推动作用。机器化大生产使人们从繁重的体力劳动中解脱出来，正如1832年T. Walkerzai在《为机械的哲学辩护》中概括的那样，“技术是一种使人人平等的手段，能使人们获得在奴隶制社会中只有少数人才享有的自由”（刘文海，1996）[3]。

第二，技术革命为民主的发展培植了丰富的土壤。技术革命在改变旧的生产关系和上层建筑的同时，也打破了原有的社会平衡，引起社会力量的重新分配，新生力量此时就会要求分享权力，参与到国家民主政治进程中。在社会意识层面，技术的发展为人们提供了更加公平的受教育机会，从而提高了公民的科学文化素养和道德水平，增强了他们的自由、民主、法治等价值观念，同时通过鼓励人们积极地表达意见，也锻炼了公民分析问题、解决问题和民主参与的能力，而公民的基本道德和文化素质、民主参与理念和能力的提高，为民主的普及和健康发展培植了丰富的土壤。

第三，技术的发展开辟了公民民主参与的新途径。技术的变革极大地丰富了社会的物质基础，增加了人们普遍接受教育的机会，人们扩大的物质财富和接触的更多信息使其更愿意参与到社会的民主进程中。工业化、信息化革命所带来的技术进步，使农业技术社会时代的间接民主有了更多向直接民主转变的可能。以互联网为代表的信息社会新时代，为这种转变提供了可能。在网络社会中，信息的高速流动和技术的高度发达，开创了信息海量、思想多元和言论自由的全新局面。在信息技术社会，互联网技术为公民提供了一个全新的政治参与平台，通过社会网络论坛和各大网站的议事空间，社会公民可以以网民的身份获取无限的信息、直接快捷地表达自己对社会所关注的公共事务的看法，从而使公民的民主参与途径和渠道有了更多的选择。

第四，技术发展催生了新的民主的发展形式。技术革命影响社会发展也同时作用于这个社会上层建筑中的民主及其运行模式。“不同形式的民主都有它特定的技术基础”（丛日云，1999）[366]，作为生产力要素中的活要素，它必然有实力决定生产关系中民主的发展，并决定其发展形式。信息社会是信息革命的结果。以互联网为代表的信息技术的广泛普及和迅速发展，在为民主提供物质基础的同时也极大地改变了信息社会民主发展的运作形式。“信息传播是现代民主体系的一个关键，从技术角度看，没有现代意义上的大众传媒，如报纸、广播、书籍等出现，现代民主往往难以有效运转。”（朱德米，2001）[74]因此，“对一些研究者来说，‘信息社会’这一术语标志着新的社会构成方式，新的商品形式，新的公民身份和新的民主”（L. A. Friendland，1996）[185]。

按照马克思主义唯物史观的观点，生产力决定生产关系，生产关系反作用于生产力；经济基础决定上层建筑，上层建筑反作用于经济基础。科学及其衍生的技术是最为强大的生产力，民主及其派生的制度是最先进的上层建筑。科学技术作为生产力的渗透性要素，会引起劳动资料、劳动对象和劳动者素质等生产力实体要素的深刻变革和巨大进步，科学技术通过渗透在生产力诸要素中转化为实际生产能力来对上层建筑发挥决定性的作用，民主是促进和催化科学发展的重要因素，民主制度对科学发现、技术进步起到促进作用。所以，科学技术是民主的基石，民主是科学的土壤，技术与民主之间是一种相生相伴的辩证统一关系。

2.2 网络与民主参与

网络技术从诞生开始，就被赋予了自由、平等的民主内核。网络技术进步作为推动人类进步的根本动力，深刻影响着民主发展的进程，也接受着民主发展的制约。因此，网络技术在全世界的普及和深入运用，极大地激发了人类社会民主发展的进程，使网络环境下的民主参与被赋予了与传统环境下民主参与不同的特点。网络虚拟技术、网络虚拟社区、网络虚拟社群、网络文化等一系列互联网运用展现出来的网络特性，使传统民主参与的现实政治诉求找到了新的表达方式和渠道。

2.2.1 网络的民主潜质

（一）网络的基本内涵

词源学上的“网络”，在国内外有很多种解释，其含义也多种多样。在《辞海》中，网络是“电路或其一部分的总称”，它是“由若干个元件（如电元件、机械元件、光学元件、计算机等）连接而成的一个系统。按其功能可分为通信网络、计算机网络、交通运输网络等”（辞海编辑委员会，2000）[239]。除电学和电路系统之外，“网络”这一概念还出现在运筹学、生物学、医学和社会学等学科中。如运筹学中的网络计划、统筹方法等，社会学中的“社会网（络）分析”方法、“社会网（络）理论”，生物学和医学中的神经网络等。

由于“网络”的基本内涵十分丰富、复杂和含混，很多学者在使用这一概念时进行了诸多限定和辨析，当前学术界多从三个方面或三个层次阐述网络的内涵。

汪丁丁教授把网络这个概念概括为三重含义，即计算机科学概念、生物学概念和语言学概念。也就是说，网络（Network）本身是一个计算机科学概念，与网络相关的互联网（Internet）既是计算机科学概念也是生物学概念，而万维网（WWW）则不再是一个计算机科学的概念，它是一个语言学概念

（汪丁丁，2000）[9-10]。这种分法侧重于从不同学科视角去分析网络的含义。

杨悦博士则将网络概念分为技术、经济和社会三个层次，与此相对应，网络在社会中的发展与功能也由此逐层延伸，拓展为相应的技术革命、网络经济和网络社会三个阶段，从宏观角度概括了互联网的不同发展阶段。

常晋芳博士把网络这一概念分为技术、社会文化和哲学三个层面，体现了三方面的意义，即网络的技术层面，是信息的普遍联系与交往，具有作为技术工具的意义；而网络的社会文化层面，是人的普遍联系与交往，人的关系通过网的关系来体现，具有本体论和人学的意义；哲学层面，核心理念是开放、多元、自由、创造、共享等，具有精神价值的意义。因此，网络就是“物质、信息和人的普遍联系的基本形式，是存在于一切相互联系、相互作用的事物或系统中的关系的实质，体现了开放、多元、自由、创造、共享的精神价值”（常晋芳，2005b）[35]。这一概念侧重于从社会存在的不同层次划分网络。

冯务中博士在以上研究的基础上，从广义、中义和狭义三个层面界定了网络的概念，即广义上，网络“指的是任何一种相互支持、相互作用、纵横交织、交相为用的关系及这些关系的集合体”；中义上，“指的是所有与计算机相关的、建立在虚拟技术与通信技术基础上的各种网络系统”；狭义上，“网络特指Internet，即国际互联网，简称互联网”（冯务中，2008）[26-28]。在他看来，这三者之间并“不是并列的关系，而是一种普遍与特殊、部分与整体、被包含与包含的关系”，这其中，对狭义网络特点的分析未必能全部适用于对中义网络和广义网络特点的分析，但对中义网络和广义网络种种属性的分析却可以用来分析狭义网络。

以上几位教授和学者对网络的内涵从各个层次加以区分均有一定的道理，本书赞同其中网络的内涵既包含技术层面又包含社会层面的思想。本书所述的网络即国际互联网（Internet），简称互联网。本书认为，网络不仅具有技术层面的内涵和社会层面的内涵，还应该包含文化层面的内涵。本书所述的互联网，既包含校园内部的局域网站、社区站点，也包含校外商业网站、网络社区、社交网站，还包括以手机为载体的无线互联网平台的网络应用。由于行文的需要，本书后面所述的“网络”和“互联网”的指称通用，在不同语境下二者可以互换。在网络民主参与和大学生网络民主参与语境下使用“网络”这一指称，而描述网络环境下大学生民主参与的影响机制时使用“互联网”这一指称。

（二）网络的基本特性

1997年，全国科学技术名词审定委员会将Internet的中文译名确定为“因特网”，一般译为“国际互联网”“国际互联网络”“互联网”“互联网络”。1998年，联合国新闻委员会把互联网看作继报刊、广播、电视之后出现的第四媒介，这一界定已被学界广泛引用。

应该说，国际联合网络委员会等专业机构对于“互联网”的定义，只是侧重互联网的技术特性而忽略了其社会性和人的因素。之后，部分学者在此基础上逐步给予纠正和深入揭示。比如，谢海光教授认为，“所谓互联网，即国际信息互联网络，就是特指集通信网络、计算机、数据库以及日用电子产品于一体的电子信息交换系统。它能使每个人随时随地将文本、声音、图像、电视信息传递给设有终端设备的任何地方、任何人”（谢海光，2000）[1]。而网络作为一种虚拟世界，“也只有在人的介入之后才会有意义，将人的本质特征置于脑后，虚拟实践的研究亦便失去了意义”（章铸、吴志坚，2001）[45]。因此，应该从人的本质的发展来理解网络。从人的本质意义出发，“网络是人们以计算机技术、信息技术和通信技术为基础，以实现便捷通信和资源共享为目的的虚拟世界，是人们新的生存方式，是人的身体器官的延伸，是人的本质的发展，也是人的本质力量的对象化的发展”（韦吉峰，2003）[64]。

目前学界关于网络的特性有多种界定，有的认为网络只不过是一种技术手段，有的人认为网络是一种媒体，有人认为网络既是一种技术手段，也是一种媒体，还有的用网络虚拟社区和虚拟社群来阐述网络对现实社会的影响，还有的用网络文化来阐述网络的作用。本书认为，网络首先是一种技术的存在，正是它的技术特性使人们有了可供操作的工具和技术支持，同时网络又具有其自组织特性、虚实二重性、文化承载性、快速增值性及交互平等性等，这些特性共同构成了网络的基本特性全貌，使网络成为一个丰富而全面的整体。

第一，网络空间的自组织特性。网络空间具有开放性、分散化和无序化的特征，使得它又是一个开放的非平衡系统，这表现为空间的相互作用机制也是非线性的，而“源于网络技术本身的特性——难以遏制的信息流动、复制和传播，以及网络联结的扁平化和去中心化”（张再兴等，2009）[179]。网络空间中的虚拟社区都具有一定数量的稳定成员——稳定信息源，以及导致社区失稳的异趣信息源，在一定条件下，当虚拟社区处于极端平庸状态以至于虚拟社区濒临失稳的临界状态时，即使是微小的涨落，或者异趣信息的出现，都会在社区形成燎原之势，导致异趣信息不断被涨落放大，形成巨涨落。巨涨落使虚拟社区的失稳达到极致，造成原有虚拟社区秩序整体被破坏。而巨涨落过后，虚拟社区会重获新生，从而进入一个新的稳定状态，形成一个新的虚拟社区或虚拟社群。正如普里戈金所说，“某种不稳定的存在可以被当作某个涨落的结果，这个涨落最初局限在系统的一小部分内，随后扩展开来，并引出一个新的宏观稳定态”。这一新的宏观稳定态就是新的虚拟社区或虚拟社群，“虚拟社区的这一发展演化过程充分体现了自组织理论的精髓——‘通过涨落而有序’”（张再兴等，2009）[180]。因此我们说，虚拟社区具有自组织的特性。

第二，网络的交互平等性。网络的交互平等性体现了网络的民主性这一基本属性。网络的交互性，是指网络用户在网络虚拟空间内实时交往和非实时交往的特性。网络的平等性，“是指在网络这一虚拟空间中，网络用户、网站和投资者之间处于平等关系，网络因用户网络信息匿名性使得网络成员在虚拟空间的平等成为可能”（徐建军，2010）[5]。网络的交互平等性所指的是网络作为第四媒体在传播信息方面具有经济方便、量大及时、交互沟通等优势，加之网络集声音、图片、文字为一体，还可以传递保存各类信息，使大学生的校园学习生活有了丰富的资料来源，承载了传统信息传播模式所不能承载的信息量，大大提高了信息的传播效率。“网络促使大学生的多种感官同时感知，学习效果明显优于课堂教学单一感官感知的学习效果，特别是虚拟现实技术的应用，为大学生提供了色彩艳丽的图片、悦耳的音响、活泼的三维动画及其他多媒体仿真画面，犹如身临其境，其效果是传统德育方法所无法比拟的。”（曾长秋、薄明华，2005）[24]

第三，网络的虚实二重性。网络的虚实二重性即指网络世界同时渗透着虚拟性和现实性这一双重属性。网络活动中的主体一方面是带着各种“面具”的、符号化的虚拟人，另一方面又是来自现实世界、受到现实社会制约的现实人。作为网络活动中介的网络信息，既是数字化的虚拟表达，又是现实生活的反映。网络世界具有虚实二重性的根本原因在于网络世界是现实世界的延伸，而且网络世界与现实世界发生交互作用。因此，网络的虚拟性与现实性具有相互依存、相互渗透、相互影响的关系。这种虚实二重性深刻影响着虚拟空间的人际交往关系，最终导致现实的人在现实世界中进行社会参与的各种复杂表现。

第四，网络的快捷增值性。网络的新媒体特性是伴随着互联网作为第四媒介而体现出来的，这里所说的网络传播过程中信息的“快捷增值性”是借用徐建军等在《大学生网络思想政治教育理论与方法》一书中对网络特性的一种概括。所谓快捷增值，即指网络同传统媒体相比所具有的在信息的复制、传播、递送、分享、反馈等方面的快捷、量大的优势。同传统媒体相比，网络在传播速度和更新周期及所承载的信息量上都具有巨大的优势。网络作为信息的转播者，在信息的传播过程中，无为地在制造着舆论，而在这一信息交流平台共享信息的网民，既是信息的使用者，也是新的信息的制造者和发布者，手机微博的出现，使信息发布的扩张趋势呈现出加倍增值的趋势。

第五，网络自身的文化承载性。网络既是一种技术，也是一种文化，网络并不只是网络，作为一种新的信息传播载体和媒介，网络本身也能构成文化。从这一意义上说，网络自身具有文化承载性。网络文化[1]是一种建

[1] 对网络文化的理解通常有两种不同的视角，一种是从网络的角度看文化；另一种则是从文化的角度看网络。前者强调从网络的技术性特点切入，突出由技术变革所导致的文化范式变迁；而后者则主要从文化的特性出发，强调由网络内容的文化属性所引发的文化范式转型。

立在互联网基础上，不分国界、不分地域的信息文化，它具有及时性、虚拟性、交互性、共享性、多样性，开放性等特征，这是其他任何类型的传媒文化所无法比拟的。因此我们说，我们研究网络，不仅要关注其技术层面，而且应在网络的文化层面有所创新。比如，网络社会在改变人们思维方式、学习方式和工作方式的同时，也颠覆了传统文化中对知识的传承路径，它在拓宽人们获取信息渠道的同时，也实现了“后喻文化”[1]教育。

关于网络的特性，人们还可以从多种不同的角度来研究，随着网络技术被广泛地运用于商业、教育、通信等领域，其特性也在不断地被扩展和延伸。今天，人们可以看到网络技术越来越多的优点，也可以看到它所带来的一系列社会问题，包括本书所探讨的对大学生网络民主参与的影响问题。

（三）网络的民主意蕴

网络的发展史，就是从集中到共享、从封闭到开放、从权威到平等的历史，“共享、平等、效率、开放等是网络蕴含的价值理念”（徐建军，2008）。网络的自组织性、交互平等性、信息的快捷增值性、虚实二重性、文化承载性等特性，有助于加速网民群体的形成，强化网民的平等意识、民主参与意识和共享意识，进而加速网络民主的形成。

网络传媒技术的普及和运用，改变了以往各种传播媒体割据一方的局面，形成了一个全新的数字化生存空间。广大网民在网络技术的各项运用中，享受着搜索和共享信息的喜悦，在改变自己生活方式和思维方式的同时，也改变了自己的公民参与意识和话语权。正如加拿大政治学会主席埃德温·布莱克所言，“计算机正改变着我们的政府和选举政治。它不仅改变着政党引导选举的方式，改变着我们关注选举的轮换方式，而且还改变着我们选举的代表为我们所作的选择，以及公务员们为实现这些选择与我们打交道的方式”。而获取网络信息的迅捷性会带来民主的复兴和政治学的革

[1] 这一概念首先由美国社会学家玛格丽特·米德在《文化与承诺》一书中提出，她将人类的时代划分为“前喻文化时代，并喻文化时代，后喻文化时代”。所谓后喻文化，是指因为年轻人对新观念、新科技拥有良好的接受能力，在许多方面都要胜过他们的前辈，因而年长者反而要向他们的晚辈学习。

命，正如马歇尔·麦克卢汉所指出的，“信息的即速获得创造更深层次的民主”（金枝，1997）[246]。

网络的普及，使信息源头的无限扩张成为可能，而公民进行网络民主参与的一个显著特征就是参与过程中的自主性和非中介性。与传统的代议制民主参政方式不同，“在计算机网络中，任何人不需要再由别人来代表自己，他自己就可以直接发表自己的政治意见，并对政府和各级机构所要通过的议题投出自己的赞成和反对票”（严耕、陆俊，1998）[234]。

网络的民主意蕴表明，网络的自身属性和特性推进了传统代议制民主的发展，网络与民主的结合直接促成了网络民主。国内学者通常认为，网络民主是一种利用信息技术促进民主互动的方法和手段，是“以发达的信息、通信技术、网络及其相关技术为运作平台，以直接民主为发展趋向，以公民的全体、主动、切实参与民主决策、民主选举等运作为典型特征的一种民主新形式”（宋迎法、刘新全，2004），是公民表达政治意愿，直接参与政治事务管理决策的一系列制度的总和，也被称为电子民主（赵春丽，2008）[42]。网络民主的概念界定，清晰地反映了网络对于以往代议制民主形式的重塑和拓展：它为民主的参与主体提供了新的虚拟参与平台（虚拟社区），促进参与主体的自组织形成（虚拟社团等），提供了信息化技术手段（电子投票、电子选举、网上集会等），引发了新的民主形式（在线民主、网上直通车等）。

总之，网络扩大了公民的直接民主参与，网络民主作为一种新的媒介民主形式和民主的工具手段，虽然强调更多的参与和更直接的参与，但这并不能说，网络民主就等同于直接民主。从质的角度来看，网络民主只是媒介与民主结合的新形式，而不是独立的民主形态。从量的角度看，网络民主通过引发新的民主形式达到对现有民主的不断重塑和拓展。

按照马克思主义唯物辩证法的观点，任何事物都有其产生、发展和逐步完善的过程，都是相对运动和绝对静止的统一，网络民主这种新生事物也不例外，网络民主也不会处于一成不变的静止状态。作为加强完善和巩固民主的动态的过程，网络民主会随着政治生态环境和信息技术的不断发展变化而日益完善，并逐步趋向合理状态，这与它作为传统民主的完善和补充的定位是分不开的。

2.2.2　民主参与：政治诉求的民意表达

多年来，学界对于“民主参与”一词一直有多重解释。本书认为，“民主参与”，是一个政治学概念，在传播学中也经常涉及这一概念。“民主参与”作为政治学名词，在政治学领域对应着“政治参与”“参与民主”等概念，与参与式民主理论密不可分；而在传播学领域，“民主参与”则是一种媒介规范理论的涉域。

（一）民主参与概念缘起——“政治参与”

民主参与是政治学概念，它与政治参与的渊源颇深。因此，研究民主参与，首先要对政治参与的内涵进行清晰的界定。政治参与是一个涉及政治学、法学、哲学、社会学等学科的跨学科概念，对其概念的界定因研究视角不同而导致表述形式的诸多差异。目前与政治参与相关的概念很多（如人民参与、公众参与、社会参与、民主参与、公共参与等），使得在对政治参与这一概念的界定上容易出现混乱的局面。

政治参与（Political Participation），也称为“参与政治”，作为现代政治学中的一个重要概念和现代民主政治的核心，政治参与属于现代政治学理论范畴，是任何一个政治系统和其中的成员最为普遍的政治行为。对于政治参与的研究最早是把选举作为集中研究内容的，直至20世纪60年代，才进一步深化。

国内外学者关于政治参与理论的研究成果非常丰富，其主要观点有政治参与是“平民试图影响政府决策的活动”（塞缪尔·P.亨廷顿、琼·纳尔逊，1989）[5-7]；“政治参与是普通公民通过各种方式参加政治生活，并直接或间接地影响政治体系的构成、运行方式和规则以及公共政策的政治行为”（李良栋，2001）[249]。这些观点代表了国内外对政治参与概念的主流认识。

学界从不同角度概括和总结了政治参与的内涵，但也存在众多的争议。本书认为，政治参与是一定社会的公民或公民团体组织为了实现公共利益，参与社会事务的行动。政治参与分为狭义和广义两个层面：狭义上的政治参与涵盖公民行政参与、公共政策参与和行政执行参与三个方面的行为；广义上的政治参与有政治参与和非政治参与两个方面（翟波，2006）[19]。本书涉及的政治参与属于广义层面范畴，它涵盖公民的政治参与、经济参与、文化参与和社会活动参与等多个方面，其中所述的民主参与就是从广义层面来讲的政治参与。

（二）作为政治学层面的"民主参与"

民主参与，通常又称为公共参与、公众参与，是人民群众对公共政策和公共生活发生影响的活动，是人民权力或人民自治的直接体现。

在政治学领域内，民主和参与历来就是密不可分的。古希腊的城邦民主，主要是公民对公共生活直接参与式的管理。而对民主和参与理论的系统阐述，则体现在以卢梭为代表的古典民主理论中，这一理论"集中围绕政治决策过程中每个公民的个人参与而展开"。在卢梭看来，"参与不仅仅是一套民主制度安排中的保护性附属物，它也对参与者产生一种心理效应，能够确保在政治制度运行和在这种制度下互动的个人心理品质和态度之间具有持续的关联性"（卡罗尔·佩特曼，2006）[22]。从中我们可以看出，卢梭所说的"参与"，是公众参与决策的过程。公民在这一过程中不仅可以推动个人负责任的社会行动和政治行动，而且可以使民主制度的实行成为可能。因此，从客观上公众的参与维持了民主制度的运行。但是，卢梭的这一理论又有其局限性，体现为公民直接参与式的民主的有效性受到时间和空间维度的制约，大跨度的时间维度和规模较大国家的空间维度限制了它的有效性发挥。因此，"直接参与的有效性，与参与的时间维度和空间维度都呈反比关系"（萨托利，1998）[70,121]。斯图亚特·密尔对卢梭的这一局限性作了修正，他认为在宏观的政治民主层面上可以用"代议制"来替代直接民主，而在微观政治过程中（如决策和基层治理），人民应当可以通过直接参与的方式进行自我管理（J. S. Mill，1963）。在他看来，微观层面的参与是宏观层面参与的基础。

我们从卢梭到密尔的思想可以看出，应当从宏观和微观两个层面理解民主和参与。宏观层面的民主和参与是国家政治制度的安排，这一层面以间接民主为主。而微观层面的民主和参与则体现为公众的微观生活层面，这涉及公众个体生活的行政决定和决策过程及社区、村落的治理等。由此我们可以得出这样的结论，微观层面所涉及的内容都为公众所熟知和关注，因此微观层面的公众参与不仅是可行而且是必要的，它也是公众进行宏观层面民主和参与的基础。

民主参与也有狭义和广义之分，狭义的民主参与即理论界通常使用的“政治参与”或“参与政治”；广义的民主参与不仅包括政治生活领域，而且还包含经济、文化等其他领域，这与西方的参与民主理论有深厚的渊源。参与民主理论是1960年由阿诺德·考夫曼首次提出的，最初主要集中在校园活动、学生运动、工作场所、社区管理及与人们生活密切相关的微观治理领域，“主要关注社会民主领域，特别是与工作场所的民主管理紧密联系起来，并没有上升到政治生活和国家层面”（汪全胜、金玄武，2009）[111]。1970年卡罗尔·佩特曼《参与和民主理论》一书的出版标志着该理论的正式形成。佩特曼认为，“公众参与政治最恰当的领域是与人们生活息息相关的领域，如社区或公共工作场所，因为这是人们最为熟悉也最感兴趣的领域”（卡罗尔·佩特曼，2006）[9]。“只有当个人有机会直接参与和自己生活相关的决策时，他才能真正控制自己日常生活的过程。”（卡罗尔·佩特曼，2006）[9]佩特曼强调参与是民主的核心，在其看来，参与民主具有一种教育功能，“最广义上的教育功能，包括心理方面和民主技能、程序的获得……个人的参与越是深入，他们就越有参与能力，参与制度就可以维持下去”（卡罗尔·佩特曼，2006）[9]。

在社会制度构架中，民主参与的相关理论作为政治制度和民主制度的主要部分而存在，它与后文所述的传播制度层面的民主参与理论共同作用于社会并对社会制度的发展起到能动的反作用。

（三）作为传播学层面的“民主参与”

“民主参与”作为一种受众参与的理论，还见之于西方媒介传播学界。

这种民主参与理论强调社会公众对媒介传播的广泛参与，尤其是在公众性不断加强的广播、电视及社区媒介领域，产生了广泛而又深入的影响。而互联网技术的迅速普及，更突显了这种公众参与媒介传播作用的现实性和迫切性。

传播学中的民主参与理论的产生，在西方发达资本主义国家具有特定的社会背景。20世纪70年代以来，社会信息化高度发展，信息及其媒介传播的重要作用在经济、政治、文化和社会生活中越发显现。与此同时，一方面，媒介传播与社会成员密切相关，民众的媒介意识、媒介服务诉求不断增强；另一方面，现代资本主义传播制度下的媒介垄断程度又达到了新的高度。“现实的媒介垄断使传播资源越来越集中于少数人手中，在资本主义的排他性私人占有制下，一般民众接近和使用传播媒介的机会越来越少。”（郭庆光，1999）[139]传播学中的民主参与理论正是在这种社会信息化高度集中的复杂矛盾中产生的。

传播学中的民主参与理论的基本观点是传播媒介对社会公众要具有开放性。“媒介应主要为受众而存在”，民众拥有对媒介的“接近和使用权、知晓权、传播权”，“小规模的、双向的、参与性的媒介比大规模的、单向的、垄断性的巨大媒介更合乎社会理想”（郭庆光，1999）[139-140]。

民主参与理论属于国家传播制度中的主要理论，同时也是政治学参与民主概念在传播学层面的反映。从前面所述可以看出，不论是作为政治学层面的“民主参与”，还是作为传播学层面的“民主参与”，其内涵和核心价值都包含着平等、互动、多元的民主特征，形式上都蕴含着个体和群体自由参与，对信息的知情、接近和使用权，以及享受公共服务的权利，也都体现了民主的基本原则。需要说明的是，民主参与理论是作为西方国家传播制度的一个补充而存在，在其传播制度中，发挥主要作用的仍然是媒介的自由主义理论和社会责任理论，而信息网络高度发达的欧美发达国家，对国内主要是实施社会责任理论以达到稳定社会的目的，对国外则主要实施自由主义理论，以达到其维持世界传播秩序垄断地位的企图。

2.3 网络民主参与

无论在政治学层面还是在传播学层面，民主参与的发展都强调参与主体更广泛和更深层次地参与到国家和社会生活的民主决策过程中，而网络技术及其特性，则从客观上促进了民主参与手段、方法、途径的改革和拓展。在此背景下，网络民主参与应运而生。

2.3.1 网络民主参与的内涵：现实政治诉求的虚拟化表达

网络民主参与，是指网民及网民群体以互联网技术为基本手段，以网络虚拟空间为基本平台，直接参与国家、社会和集体政治、经济、文化生活，进行利益诉求和意愿表达，影响国家机关权力运行，影响公共事务决策的活动。它是网民或网民群体现实政治诉求的虚拟化表达。与此相对应，大学生网络民主参与的内涵则是指网络虚拟环境下，大学生网民个体或群体在政治、经济、文化、生活、微观管理等领域实施民意表达、民主监督，进而影响或改变公共事务决策的一种思想和行为表达过程。这一内涵，是网络民主参与概念的细化，是大学生网民个体和群体在校园生活过程中各类诉求的虚拟化政治表达。

网络民主参与的过程，是人们进行网络虚拟空间民主实践的过程，也是人的思想和行为发展变化的过程。网络民主参与的内涵既要体现民主概念的基本特征，也要符合思想政治教育的相关理念及其实践规律。思想政治教育是一个包含主体、客体、介体、环体等基本要素的系统，人的实践活动也是一个自我思想教育实践过程，大学生的网络民主参与过程是在思想政治教育学科范畴内的实践活动过程，它的概念内涵也应该符合思想政治教育的基本结构要素。与以上自身内涵相对应，结合思想政治教育的基本结构要素分析框架，网络民主参与包含主体、客体、介体、环体四大主要构成要素。

网络民主参与的主体是网络民主参与过程中必不可少的网络事件的发

起者和直接参与者，它与网络民主参与的客体相对应。具体化为在网上发表观点和意见的网民，在单纯的国家政治生活中则指有选举权的网民，在高校则指在网络空间和社区发表意见、观点并影响校园舆论或者受校园舆论影响的大学生和教师，本书则主要指大学生网民。本书所述的民主参与是广义的民主参与，即按照网络的公开性和平等性原则，网络民主参与的主体不受地域、性别、地位、民族、年龄、职业、社会地位等限制，任何人都可以在公共虚拟空间对所关心的公共事务从各自理解的公共利益出发，进行讨论、争辩、批评等。需要补充的是，网络民主参与的主体既包含在公共虚拟社区发表意见的“意见领袖”，也包含只浏览旁观不发言及偶尔发言的“沉默者”。

网络民主参与的客体是网民所要关注的事件或所要表达的事实，即关注的对象。网络民主参与的客体或对象，经常表现为已经既成的或者正在发生的事件，或者引起某一事件的相关诱因，诸如国内外新近发生的重大事件，社会热点、焦点问题，自然灾害及流行的观点或事件，如“中美南海撞机事件”“抵制日货事件”“孙志刚事件”“小悦悦事件”等。在高校校园网络社区中则既包含国内外的社会热点，也包含涉及校内学生切身利益和公共利益及违背道德规范甚至法律的突发事件和由学术争鸣、服务质量等引发的事件。如“我爸是李刚”事件、“药家鑫事件”和“清华北大爆炸案”、北京大学“邱庆枫事件”等，新鲜性和快速流动性的信息网络传播特性是这类事件的基本特征。

网络民主参与的介体是指连接网络民主参与主体和客体的桥梁和中介。与传统民主参与不同，网络民主参与最大、最明显的特征就是网络技术的广泛运用改变了传统的民主参与方式。网络民主参与的介体，最重要的特征就是它的中介性和传导性，网络的时效性、虚拟性、互动性及获取信息的迅捷性等都显示出它在促进传统民主参与变革中的独一无二的作用。具体来说，网络民主参与的介体主要包括网络论坛、网络贴吧、各类交友网站、网络虚拟聊天室、网络虚拟社群，以及博客和微博等。具体到高校校园，网络民主参与的介体则体现为学校的新闻网站、校园BBS、校园贴吧、个人BLOG、网络学堂、红色网站、“我们的家园”等大学生常用的网络媒介平台。

网络民主参与的环体是指网络民主参与所处的社会政治态势、制度环境、文化环境等因素的集合体。网络民主参与不是凭空产生的，任何形式的网络民主参与都是在网络的虚实二重性作用下的民主参与，都要与现实世界相联系，因此它不可避免地要与现实中的社会形态、社会制度、社会文化形态相联系。高校的大学生网络民主参与必将与高校的政治环境、制度设置相联系，也必将与各高校的校园文化相一致，最终也必将在高校思想政治教育的引导下进行。

网络民主参与的四个基本结构要素中，介体和环体起着条件作用，而主体和客体之间是最基本的关系，这四个基本结构要素在网络民主参与过程中相互作用、相互依存，共同与其他次要因素发生作用，维持了网络民主参与过程的正常发展。

2.3.2　网络民主参与的特性

网络民主参与是在互联网高度发达背景下民主参与的一种新形式，也是网络民主的必然发展结果和表现形式。它具有“虚拟性、多向互动性、去权威性和离散性、直接性、快捷高效性”（路红梅，2011）[1]等特征。网络民主参与对社会主义民主政治发展的影响具有积极作用和消极作用两个方面，其中积极作用是主要方面。网络民主参与作为民主政治发展的新形式，在运行实施中则主要体现为直接民主和远程民主两种实现形式。

信息作为网络空间网络主客体❶之间的桥梁和纽带，主要体现在以下几方面：首先，它是网络空间网络主体把握客体的关键。在网络空间，作为网络主体的网民，要了解客体，把握客体，都是通过相关网络信息的创造、传播、获得和消费来完成的。网民只有通过对表征网络客体特征的信

❶ 关于网络主客体的论述，本书采用常晋芳的观点，即网络主体就是所有网络的创建者、维护者、经营者、管理者和使用者，包括个人和组织，统称为“网络人”。而网络客体则指计算机网络，它的系统结构包含实体、系统、层和协议。本书的网络民主参与的客体，则是指网民所要关注的事件或所要表达的事实，即关注的对象。

息不断进行解读才能完成对网络客体的完整理解和把握。其次，它是网络主体对网络客体实施行为的手段。网络主体只有通过不断地阅读信息、创造信息才能达到网络主体之间的交流和沟通，此刻，信息不断地在主客体之间、主体之间传播、创造和流通。最后，它是网络客体对网络主体价值的真实体现。网络客体对网络主体的价值，并不在于它为网络主体提供了一个实体的形态，而在于它为网络主体提供了一个信息创造、传播、获取和消费的工具与载体。

由无限纷繁复杂的信息所组成的信息世界，已经不是单纯的简单工具，它已经演变成信息时代人们认识和改造世界的本质力量的重要组成部分。作为网络空间主客体之间的中介和桥梁的信息，因其本身具有的无限共享性、交互关系性、虚拟迅捷性及属人特性，对形成新型的网络民主产生了积极的促进作用。

相比传统的民主参与，网络民主参与具有以下明显的特性：

(1) 民主参与场域的宽广性。相比传统的民主参与一般只能局限于现实社会的固定场所，网络民主参与的场域得到了极大的拓宽。人们可以在互联网的各种虚拟社区中交流，可以依托各种网上论坛、网上聊天室、博客等进行交流，大家不分男女、不分身份、不分地域，为了共同的兴趣和爱好聚集到一起，共享相关信息，讨论思想观点，建立交际关系。网民在共享信息、交流意见和观点的过程中，极有可能结成网络民主参与的利益诉求共同体。这种交往、交流的场域甚至延伸到网下的现实社会。网络空间及其与现实空间的结合，为人们的民主参与提供了极为广阔的舞台。

(2) 民主参与方式的开放性。相比传统的民主参与受制于以往大众媒体单面向、中心化式的传播方式，网络民主参与方式呈现出极大的开放性。网络信息在共享交流和传播过程中不断被创造，造成了信息数量的倍增和无限开放。网络空间中作为参与主体的网民公众，同为信息分享的受众和信息发布的授众；既可以单向地知情、言情，又可以双向地沟通互动；虚拟化的出场身份和数字化的表达方式大大弱化了现实空间中人际交流的情面和心理障碍，现实社会中的权力等级关系在网络空间的影响方式发生了新的变化。网络民主参与方式的开放性可以使参与公众具有更为充分的知情权、发言权和话语权。

（3）民主参与手段的自由性。相比传统的民主参与在信息传播交流技术上的障碍，网络民主参与的手段和方法发生了重大的变化。借助于联结全球的互联网，跨时空的信息传输突破了参与公众交流沟通的时空间隔，海量的信息容存和超强度的信息搜索技术为参与公众的知情和表达拓展了前所未有的自由，自媒体和超媒体的出现，大大降低了人们获取和占有信息的门槛，多媒体的信息形态不仅可以形成身临其境的参与交流体验，而且为参与公众个性化表达方式提供了技术方法和条件。

（4）民主参与效果的快捷性。网络信息在网民中的快速流动提高了信息的时效价值，也使网络民主参与的主体获取信息、利用信息的能力大大增强。借助于网络信息传播的快速性、信息交流方式的扁平性和信息能量的增值性，网络民主参与在参与效果上呈现出传统民主参与无可比拟的快捷性。特别是面对社会生活中的热点问题，或者各种突发事件发生之际，网民公众的参与积极活跃，观点、意愿诉求的共鸣聚合，信息在复制和传播过程中的扩大、异化，极有可能形成一种舆论强势，甚至形成基于网络舆论的危机管理事件。

（5）民主参与观念的协作性。由网络空间的自组织特性所决定，网络信息在共享、互动的过程中，充满了异质信息、多元信息之间的竞争。同时又以此为基础，各种信息都在追求着相互之间的整合和协同，力图取得信息的引导地位。网络民主参与如同传统的民主参与，参与的目的性不仅体现为参与主体观点意见、诉求呼声的表达，而且更在于对公共生活中相关决策问题的影响。这种参与目的性与网络特性的结合，使协作观念的增强成为网络民主参与的内在动力。主动参与是网络民主参与的特质，参与观念的协作性尤其重要。而这种协作性观念必须建立在民主参与理性化、有序化、法制化的基础之上，才能促进民主参与的良性发展。

2.3.3　网络民主参与的实践形式

网络技术的普及促进了民主参与主体的虚拟化，提供了新的信息化技术手段，并引发了新的民主参与方式——网络民主参与，这主要体现为实施直接民主和远程民主而表现出的相关实践形式。具体来讲，网络民主参与的实践形式主要包含网络投票、网络选举、网上集会、电子政府、网上公共论坛、QQ及群落、网上民意调查、市长信箱、网上直通车、网络动员等基本实践形式❶。

（1）网络投票。这是西方国家网络民主的基本实践形式，主要是指选民利用网络进行安全登记并通过特定的程序进行投票。这一实践形式最适用于全体网民为公投性质的大选投票。在我国互联网空间的诸多门户网站中，经常会出现网络投票现象，但其已经不限于政治选举和政治决策类性质的投票，更多地体现为征集网民意见、汇集网络舆论、预测某种趋势、把握网络民意的一种工具。在高校内就有很多类似的网络投票，比如“我们的家园”学生信息平台，为更好地服务学生而改善了讨论区功能，并设置了面对大学生的网络投票，通过网络投票的图像图表转换功能会直接显示广大学生的意见倾向，进而达到征集民意、改善工作效率的目的。

（2）网络选举。在政治学上，网络选举原意是指政府、某一政党或者政治团体利用互联网进行网络宣传和展示、争取民意支持、进行民意调查、进行网络动员、募集竞选资金以及和网民互动等活动，以期为选举谋取领先优势并赢得选举的网络行为。2008年，美国总统候选人奥巴马及其竞选团队成功利用Twitter在网上进行舆论宣传、网络动员、个人形象公关展示以争取民意，并最终赢得了当年的总统大选，奥巴马也因此被称为“微博总统”。随着网络技术应用手段的不断完善，世界各国政府和政要、名人等都积极通过网络与公众进行交流，这在很大程度上为网络民主参与创造了平台和渠道，进而直接促进了网络民主参与实践形式的发展。目前在我国学生群体中，网络选举也是他们进行网络民主参与的积极选择。

（3）网上集会。一般是指政府或者某一政党、组织和个人，因某一议题而发起的在特定网络空间进行的虚拟空间集会活动，通过在网上发布特

❶ 部分实践形式（如人肉搜索、网络举报等），本书将在第3章作详细介绍，此处相关部分先不作具体解释。

定时间的集会，达到统一思想、加强协作、传达信息、聚集民意，最终形成网上舆论，引导决策的目的。网上集会由于具有很大的煽动性和号召力，很容易转化为现实集会，因此成为网络虚拟空间流行的一种民主实践形式。

（4）电子政府。也称为电子化政府，是指政府机关和立法机关利用互联网推进民主的技术举措和制度安排，包括电子政府和在线议会等。电子政府是网络民主规范化、制度化的重要体现，它最重要的就是构建一个机构功能相对完善的政府网页。电子政府的最主要的目的就是促进政府和社会组织、公民之间的交流与沟通，提高政府的工作效率，减少行政成本，促进政府信息的透明化，进而引导公民的网络民主参与。

（5）网上公共论坛。即通常所说的BBS（Bulletin Board System），又叫电子信息公告牌，是一个抽象的、虚拟的公共领域。一般在我国高校比较流行，在各大门户网站上也开设有网络论坛。在这个虚拟空间，网民可以就自己所关心的各类事件发表意见，发帖、转帖和回帖，形成一种特殊的舆论环境，以期达到影响事件发展走向的目的和效果。

（6）网上民意调查。一般是指政府、一定组织和个人利用网络社区和虚拟平台对某一事件及其决策进行的征询民意、获取反馈信息的网络行为。一般有在线网络调查、网络问卷等形式。网上民意调查一般在西方政治选举中经常用到，成为显示选举现状、引导选举舆论的重要工具。但在现实社会中，网上民意调查已经普及到社会生活的方方面面，如中国互联网络信息中心每年两次的《中国互联网络发展状况统计报告》在发布之前，都要提前几个月在网民间通过各种方式进行网上民意调查，以掌握网民使用互联网的各类信息。

（7）即时通讯软件及其群落。即时通讯软件是通过即时通讯技术来实现在线聊天、交流的软件，目前我国最流行的即时通讯工具主要有QQ、MSN、POPO、UC、LAVA-LAVA等，而国外则主要使用ICQ、MSN。作为一种即时交流沟通的网络工具，即时通讯是绝大多数网民选用的网络民主参与手段，通过它可以实现一对一的私聊，也可以进行一对多或者多对多的群体内聊天，如有需要还可以实现相互间的视频聊天，从而使广大网民足不出户地交流和分享信息，达到在线选举的目的。

大学生网络民主参与的内涵与实践形式，是大学生作为一个特殊的网民群体，在网络化技术应用发展阶段，在校园生活中积极参与网络民主政治的体现。大学生网络群体的网络民主参与实践形式，既包含普通网民网络民主参与的实践形式，也具有它自身的特征。从参与载体而言，具体包含即时通讯，网络社区论坛BBS，博客和微博等个性化网络空间，校长信箱，校内信息服务网站（如“我们的家园”）等实践形式；从参与方式而言，具体包含网络选举、网络举报、网络反腐、网络报警、网络谣言、网络煽动、网络搜索（人肉搜索）、网络黑客、网络动员、网络串联、网络围观、网络娱乐、网上讨论等形式，以及在校内外社区论坛与个性化空间进行的“拍砖”“灌水”“盖楼”“转帖”“链接”“上BBS十大”和门户网站新闻评论等表现形式。

大学生网络民主参与的实践形式因为高校校园的特殊性而显示出与普通公民网络民主参与实践形式不同的一面，通过这些平台，他们表达了对涉及切身利益、公共安全、集体权益等相关事务的积极关注，实施其知情权、参与权、监督权和表达权，以达到影响相关部门决策的目的。

第3章　大学生网络民主参与的实践发展

互联网技术的不断发展进步，促使人们使用互联网的方式快速变革，也为大学生的民主参与提供了广阔的舞台和丰富的手段。中国互联网络信息中心近几年的调查报告数据显示，大学生网民侧重即时通讯、网络新闻、搜索引擎、博客和微博、论坛/BBS的网络应用，并且运用比例远远高于普通网民和青少年，体现出较高的用户黏性。

大学生网络民主参与的实践形式，主要蕴含于大学生所生活的网络环境之内，并随着网络技术的发展而不断创新。十几年来，网络技术在高校的发展和应用主要经历了“内容传输技术”阶段、“群体互动技术”阶段和“用户个性化技术”阶段[1]。与此相对应，大学生的网络民主参与实践也体现出相应的特点。结合大学生的具体网络应用状况，从互联网技术和大学生网络民主参与相关联的历史脉络来划分，大学生网络民主参与的实践形式特征主要体现在五个维度和三个阶段[2]。其中，五个维度包括交往主体、参与主题、参与形式、参与途径和参与性质五个方面，三个阶段则包括校园BBS的应用与发展阶段（1994—2005年）、网络论坛和搜索引擎的应用与发展阶段（2005—2009年）、博客和微博的应用与发展阶段（2009—2013年），这五个

---

[1] 此处参考了张再兴教授《网络思想政治教育研究》（教育部哲学社会科学研究重大攻关项目）中对于高校网络思想政治教育三个重要技术应用发展阶段的划分观点。详见该书第230页。

[2] 这三个阶段的划分不是严格对应网络技术在高校发展和应用的三阶段，具体来说，校园BBS的应用与发展阶段、网络论坛和搜索引擎的应用与发展阶段对应于网络技术应用的“群体互动阶段”，博客和微博的应用与发展阶段对应的是网络技术应用的“用户个性化阶段”。同时，这三个阶段的划分是以大学生运用网络技术在网络民主参与过程中实践场域转换的先后顺序为依据的，每个阶段的网络技术运用之间不是互不兼容，它们可能同时产生或者在同一时间段共存，前一阶段的网络运用在后一阶段仍在运用之中，只是已经转化为次要位置（如高校BBS至今仍在运用）。后一阶段的网络应用（如博客和微博）也有一个从产生、运用、发展到居主导位置的过程。

维度和三个阶段的划分，从宏观上反映了大学生应用网络技术投身于网络民主参与的发展历程，形成了大学生网络民主参与基本实践形式发展的特征分析。

3.1 校园BBS环境下的大学生网络民主参与

1994—2005年是高校校园BBS发展的主要阶段。从1994年我国网络接入国际互联网到2005年高校BBS实行实名制，高校BBS经历了由技术储备、酝酿成立到产生、初步发展和成熟的阶段。高校BBS的功能也经历了从互联网社区技术的初步发展到逐步完善的过程，以高校BBS、学生网站等校内网络社区为大学生网络民主参与的主要虚拟场域，对大学生的思想和行为产生了很大的影响。这一阶段，大学生网络民主参与的最早典型案例有2001年北京大学“邱庆枫事件”，后期发生的典型案例有2008年11月南京“汉口路西延工程事件”，2010年“我爸是李刚”事件、“药家鑫事件”等。大学生在这些事件中以校园BBS为主要议事空间和联络渠道，充分表达了对此类校园热点事件的持续关注、对生命权的保护、对集体权利的维护及对公交安全的申诉。

3.1.1 高校BBS的产生发展及特性

BBS是英文Bulletin Board System的字母缩写，原意为“（电子）公告牌系统”，指互联网中的“电子公告栏”或“电子公告牌”。其最主要的连接方式是用户基于TCP/IP的Telnet协议，连接运行有BBS软件的服务器端，浏览服务器上的消息并在BBS上发表文章。早期的BBS是以发布文本信息等方式来进行用户间的信息交流及数据的下载和上传，后来伴随Web技术的发展，Web式的讨论环境成为主流。BBS也逐渐成为“论坛”（Forum）的一种代名词。目前，国内各大高校的校园BBS均同时支持Telnet和Web两种登录方式，学者们习惯把BBS和论坛合二为一地称为BBS论坛，即主要指高校的校园BBS和社会网络论坛[1]。

虽然BBS最早诞生于美国，但欧美国家的绝大多数高校都未开设BBS，少数开设BBS的高校，其BBS主要是用于提出或解决技术类问题及软件和商品的技术支持等，其交流形式主要表现为发帖和回帖式的就事论事，而中文BBS则体现出极高的人气，这些高校BBS注重人与人的交流，因注册人数、同时在线人数和发帖数众多，还存在复杂的管理和舆论调控机制。

从BBS的功能发展来讲，早期BBS的基本功能主要包括阅读、张贴、聊天、在线讨论、搜索及收发电子邮件等。后来随着用户需求的变化和自身功能的完善，经历了多次功能改进。以国内最早建立的水木清华BBS网站为例，从1997年到2005年BBS发展到巅峰的近十年间，其主要功能经历了从软件、硬件、信息到服务和管理等方面的118项改进。以系统容量功能的变化为例，水木清华BBS经历近十年的发展，系统容量因同时在线人数的快速增加而不断升级，已经由最初的64M内存和不到1G硬盘升级到2005年的8G内存和1.52T硬盘，相应地，同时在线人数也由1995年底的30人迅速增加到2005年3月的23000人。同时，BBS的站内个人信箱容量也由最初的120K增加到1M。高校BBS改革前2005年3月的数据显示，水木清华BBS峰值在线人数超过了23000人，注册账号已达到30万个，其中5万多为校内用户，体现了较高的校园覆盖率[2]。当时国内高校比较著名的BBS除水木清华外，还有一塌糊涂BBS、北大未名BBS、日月光华BBS、饮水思源BBS、珞珈山水BBS、小百合BBS等高校站点。

一般而言，高校BBS系统划分若干分区，分区之下有若干讨论区（版面），为了加速信息的传播，方便用户了解当天最热门的新闻，每天BBS系统会每隔一小时依据参与某项话题讨论的ID数量自动生成当前的十大热门话题，通常进入当天十大热门话题的文章都有较强的传播效果和引导作用。有些高校把教学和管理等事务与校园BBS结合在一起，增强了校园

[1] 为了便于选取资料数据和案例，本书主要以高校校园内的BBS作为重要论述对象，涉及社会相关论坛会作出特别说明。

[2] 2005年清华大学公布的统计数据显示，清华大学当年教职工、各类学生等在校人数总计3万余人。即使包含部分人申请多个账号的情况，这样的在校生覆盖率在当时的各高校BBS中也算非常高的。

BBS在大学生中的普及性。以北大未名BBS为例，作为广泛使用的互联网电子公告牌系统，该BBS站有16个分区，总共设有近千个讨论区（版面），其中，尤以“未名铁三角”——“三角地”“笑口常开”和“别问我是谁”三个版面最为出名。在北大未名BBS站上，既可以从主题版面查询到娱乐、情感、艺术、体育、技术等话题，还可以查询到校内外实体单位、机构、学术团体在网上的虚拟社群，也可以从各个讨论区的版面查询到出国咨询、房屋出租、求职、二手市场、寻物启事、团购等实用信息，同时学生还可以就学校开设的课程申请专门的讨论区。为了更好地协调校内各方面的管理，北京大学校方还在北大未名站上设立了校务特区专门版面，其中包含校长信箱等，专门供学生直接与校方沟通，鼓励学生对学校的各方面发展献言献策，从而推动校园学生民主和校务公开。

高校BBS的特征包含技术特征、内容特征、群体特征、思想特征、行为特征及传播学特征等[1]。其技术特征主要体现为：BBS因其技术特点而呈现出用户虚拟性、主体平等性、信息交互性、发文自主性、交流非即时性等特点；其内容特征主要体现为：生活性话题成为热门、娱乐性话题成为主导、政治性话题日益突显、商业性话题逐渐增多、教辅类话题成为重要补充；其群体特征主要体现为：相对于现实生活中的群体而言，校园BBS中的网络群体表现出组织形式的自治性、活动参与的自愿性、群体文化的独特性及群体成员的半匿名性等不同特征；其思想特征主要体现为：议事空间思想文化交流过程中体现出两极化、多样化等特点；其行为特征主要体现为：群体交往过程中主题性和目的性特征明显，人际交往的一致性、矛盾性和冲突性并存，议事空间参与群体的群体极化效应显著；其传播学特征主要体现为：信息源的周期性、反复性、限制性，传播内容的广泛性和趣味性，信息反馈的流畅性，以及传播过程中的群体性效应等。

高校校园BBS是校园公共信息的舆论集散地、主要传播源和校园舆论危机的重要疏散渠道，在其发展的高峰期，高校校园内的各种最快和最新的信息几乎都能在BBS上及时发布，而来自国内外的重大事件和各种社会

[1] 目前，学界对于BBS的相关特征已分别作了部分分析，因本书主要篇幅重点强调BBS在大学生网络民主参与过程中的途径作用，故而此处对于BBS的特征只作整体而宏观的概述。

新闻热点也很快被转载并常常被顶为当天BBS的十大热门话题。我国高校BBS已经由最初的信息传播媒介，发展为深受广大在校生欢迎的精神家园和议事空间，BBS对于在校生的深刻影响正如当年水木清华BBS的离站画面所展示的那样，“我不在家就在水木，我不在水木就在家，若两个地方都不在，我在去水木的路上……”也有同学在十年后的回忆录中写道：“1999年，我上网通常干三件事，到水木清华BBS灌水，到fanso.com（化云坊）下载歌曲，到chinaren.com下棋。俱往矣。”（阮一峰，2009）

经过十年的发展，许多高校的BBS都已逐步发展成为所在高校的重要门户网站。以水木清华BBS站为例，经过连续不断的功能改进，其功能上已远远超越早期公告牌系统的设计理念，并逐渐演变为在校生以此为家的校园网络信息平台、交友互动平台、休闲娱乐平台和舆论沟通平台。

从2005年3月开始，应教育部要求，各高校BBS逐步由开放型BBS向实名制下校内BBS交流平台转变[1]，受此政策影响，校内BBS的同时在线量急剧降低，同时，国内主要高校的BBS都发生了变化。2005年6月29日，从水木清华BBS分离出的水木社区BBS[2]在校外公网注册，但其上网人员依然是以大学生为主，主要版面依然沿袭了之前水木清华BBS的风格，原有账号依然可以登录，主要版面仍以原有版面为主。南京大学小百合BBS，也分离出小百合的海外版。这些分离出的校外版BBS，虽然身在校外，但依然关注校内的信息。以水木社区为例，虽然目前它在校外以公司的形式运营，但实际上仍然集聚了众多的清华学生和校友网民。在水木社区国内院校版面中我们会看到，清华附中和清华大学（二级目录）版面与国内几十所高校的BBS并列其中，在清华大学的二级目录下，仍然开设有最早参与水木清华BBS站而建立的清华土木建管等20多个学院的讨论区，而在流量最大的讨论区水木特快的公告栏，通常会看到清华大学学生的一些通知和注意事项。正如其页面介绍上所说——“这是一个源于清华的高知社

[1] 实名制下校内BBS交流平台，只能由校内IP的注册用户上网登录并发文，而校外所有IP均被限制登录使用。此后，因高校BBS的急剧萎缩，部分高校BBS逐渐放松了这一限制，开始放宽用户访问权和部分版面发文权。

[2] 水木社区是由水木清华BBS站原站务组创办的BBS，它保留了水木清华BBS站截至2005年3月16日前的所有版面及用户数据，这是一个主要由北京高校在校生和毕业生聚集的论坛。

群”，“主要由北京高校在校生和毕业生混迹的论坛”。目前，水木社区的主要登录网民是全国各大高校的大学生、教师、学者及科研人员，它的一般实时在线人数为1万~2万，它仍然在在校大学生中发挥着重要的网络舆论导向作用。

3.1.2 高校BBS环境下的大学生网络民主参与现状

我国高校的校园BBS网站基本都是在20世纪90年代中后期开始建立和发展起来的，大学生作为熟练掌握互联网技术并最早使用校园BBS的最大群体，BBS对他们的影响是全面而深刻的。不论从人际交往场际互动还是从学习生活方式的建构角度，BBS相对于传统媒介都对大学生的生活方式、学习方式及思维方式产生了更深刻的影响。

回顾高校BBS的产生和发展，无不与大学生的积极参与联系在一起。以清华大学水木清华BBS为例，这个成立于1995年8月8日的我国第一家BBS网站，最初就是由一些在校大学生自发建立的。1998年5月25日，清华大学23#楼BBS“听涛”站[1]正式成立，其后在土木系、建筑系和材料系同学的努力下及所在院系学工组的支持下，规模和功能日趋完善，BBS“听涛”站一度成为清华大学校内的明星BBS网站。在BBS站内的土木公告中，同学们纷纷就日常生活和工作中的公共事务发表意见，小到学生会中厅使用等问题，同学们都会形成讨论，提出自己的意见，并通过BBS直接让院系学生工作组有所了解。

在高校BBS中发生的大学生网络民主参与主要事件，尤以2001年北京大学“邱庆枫事件”和南京“汉口路西延工程事件”最为典型，其中，“邱庆枫事件”是我国高校最早发生的大学生利用校园BBS参与校园公共事务，进行舆论传播、意愿表达、信息传递和影响校园事务决策的案例。这一案例充分展现了在高校BBS中网络事件舆论的形成和发展过程，充分体现了大学生网络民主参与的主体、客体、介体、环体四大主要构成要素。

---

[1] 其前身为1997年成立的新龙门客栈BBS，由几位学生在宿舍楼内的几台电脑间搭建，规模和影响力都很小。

让我们来简单回顾这一轰动一时的校园网络事件发生经过。

（1）事件缘起：2000年5月19日晚，北京大学政治与行政管理系99级女学生邱庆枫在北京大学海淀燕园校区考完转系考试后，晚上返回位于郊区的昌平分校。因学校当时没有从昌平城区到昌平校区的定点公交车，邱庆枫徒步从近五公里外的昌平县城返回，在距校区2.3公里的一片果园附近的路边遇害。

因案发当晚是星期五，其后的两天双休日正值学生寻亲访友，知道的人并不多，所以相关信息传播较慢。一直到5月22日，在校内BBS上也没有相关主题的议论。5月23日凌晨0点开始，一塌糊涂BBS、水木清华BBS、北大未名BBS相继出现了相关文章，这些文章对事件发生后北京大学校方的相应举措表达了不满。

（2）网络动员：5月23日下午1点左右，上海交通大学饮水思源BBS、武汉大学珞珈山水BBS等高校网站也从水木清华BBS对这一消息进行了转发。从下午开始，悼念性的文章开始在水木清华站、北大未名站等高校BBS上大量出现，由法律系同学撰写的相关文章则从专业角度说明北京大学校方的失误之处及应对的不足。在水木清华站上短时间内针对这一主题的讨论文章迅速突破一万篇，这些文章大都引用最早几篇文章作为基本观点和事实依据的来源。这其中，关于当晚悼念活动安排的帖子流传较广，并对晚上清华大学学生参与北京大学校内游行集会活动起到了直接的促进作用。

（3）网络煽动：与此同时，一些校外著名网络论坛如天涯社区、西祠胡同等也开始关注事件，对这一事件的煽动性转载和发酵发挥了舆论引导作用。

（4）网上和网下转换：经过校外论坛的煽动性引导及各高校BBS论坛网上与网下的互动，在虚拟空间以高校BBS为主要舆论集散地的这一事件，很快转变为网下的大规模游行悼念活动。按照BBS中的预设进程，大学生从5月23日上午在北京大学校园内三角地开始聚集，同时举行悼念活动。到晚上10点已经汇集上千名学生。有几百名清华大学学生进入北京大学，加入了校园悼念活动的行列。当晚，一些其他院校的大学生也通过网络和校园进行悼念活动。北京人学的游行活动在当晚11点后达到高潮，游行队伍要求北京大学校方就学生遇害事件中所负的责任和处理不当进行道歉，北京大学相关校领导到现场与学生进行对话并一直持续到24日凌晨4点左右（罗培新，2009）。

（5）网络持续关注：值得注意的是，在23日当晚进行学生游行集会活动的同时，BBS空间几乎同时在报道事件的相关进程。5月24日凌晨2点左右开始，就有一系列文章发表在北大未名BBS和水木清华BBS上，这些文章从参与游行的亲历者的视角描述了北京大学校园集会、游行等细节。这些文章最初发表在北大未名BBS、水木清华BBS上，紧接着一塌糊涂BBS和饮水思源BBS等国内其他主要高校BBS和社会论坛都从水木清华BBS网站对其进行了追踪和转载。

（6）网络民意梳理引导：经过一晚的游行集会，BBS上的相关文章并未出现减少的趋势，而且一些文章的观点呈现进一步系统化的特征。这些文章总结了前面相关讨论的观点，是作了系统化梳理后的结果，也是对之前帖子的细化，并向北京大学校方明确提出了系统化的几点要求。从中可以看出BBS在及时汇集民意、进行舆论引导方面发挥的关键作用。与此同时，此事件的相关文章依然在各高校BBS和校外社区论坛上被转载和回复。

（7）理性反思：5月24日下午5点，北京大学校方会见了办公楼前的学生代表并通过校园广播站发表广播讲话，在讲话中承诺次日组织全校悼念活动，并接受了大家提出的校园管理和学生生活方面的相关意见和建议。当晚8点以后，学校连续广播校方讲话以回应学生诉求。5月25日，北京大学校方在海淀校区为遇害的邱庆枫同学举行了追悼会，此后，该事件开始慢慢平息，学生们激烈的情绪也逐渐趋于冷静，各大BBS上的帖子已经开始转向对事件的整体性反思。

（8）事件分析：在这一事件中，高校BBS成为大学生们积极参与校园事务的重要载体和手段，大学生作为网络事件的主体，借由学友邱庆枫遇害这一客观事实（客体），通过校园BBS这一介体，集中释放了之前对学校管理和校园生活的不满情绪。社会的政治因素是事件爆发的重要环体因素。在这一因素下，高校校外BBS论坛和校外各大社区网站成为重要的舆论助推器，成为介体因素的一部分，促使这一事件在全社会引发更多的关注。

在这一事件中，在校大学生通过多种网络民主参与的实践形式表达了对事件的关注。在高校BBS建立初期，这一震动校园内外、联结虚拟与现实空间的安全事件，体现了当时网络空间带给人们的便捷和高效，也反映了大学生们对同窗校友遇难及对校园安全和管理的弊端所展现的现实关切。不同高校的同学们以校园BBS为纽带，通过校园BBS表达自身诉求，以BBS舆论引导在现实空间进行利益表达和自身诉求，表达对事件的持续关注。

其间，虽然有流言和网络谣言等揣测和不实信息的传播，以及部分同学通过网络煽动过激言行，但最终没有在事件舆论传播中起到主导作用，体现出校园BBS这一公共论坛的非理性言论情绪化表达和“释放”机制，也充分展示了高校BBS在校园舆论传播和引导中所蕴含的巨大力量。许多在校生因此开始关注校园BBS，高校BBS逐步成为高校在校生普遍的关注地和舆论场。同学们开始以此为家，把上网当作一种生活方式。他们以校园BBS为主要途径、主要消息源和传播源、主要议事空间，通过网络动员关注公共安全事件，表达对生命权利的保护和对校园管理安全的监督，充分展现了自我参与意识和能力。

经过短短十年的发展，高校BBS已经成为高校大学生校园生活不可分割的一部分。在这十年的发展过程中，高校BBS经历了技术上由初端到功能逐步完善的几个阶段，对大学生的精神生活影响很大。正如水木社区页面上的一句话——水木，首先是一种心情，其次，是一种生活方式。参与其中的大学生把BBS这种生活方式融入日常的学习、生活和娱乐活动之中，他们通过BBS积极参与社会公共事务的讨论。在以高校BBS为主要舆论场的大学生网络民主参与过程中，BBS对大学生的民主参与途径、参与方式和民主参与意识产生了深刻影响。

3.1.3 高校BBS环境下的大学生网络民主参与特征

回顾高校BBS发展的十年高峰期，高校校园BBS与大学生之间客观上已经形成了关系紧密的良性互动关系。从技术运用的角度来说，高校BBS需要特定的技术背景和知识技巧来操控，而大学生因其特殊的教育背景和学识能力及社会身份，在把握互联网及运用BBS方面具有得天独厚的优势。正是由于二者的完美结合，20世纪90年代中期诞生的高校BBS在青年大学生的积极参与下蓬勃发展起来。从组织发展的角度来说，在高校BBS上形成了校园网络空间第一批大学生网络群体，并且在实际运用中使网络虚拟空间和现实世界的大学生群体组织相互融合，促进了大学生群体的进一步发展；从文化发展的角度来说，高校BBS因其特有的技术特征、内容特征、群体特征、思想特征、行为特征及传播学特征等，使其在大学生的运用过程中形成了有别于现实文化的网络虚拟社区内的具有平等性、多元性、开放性、互动性的新型网络文化，这种新型网络文化因其具有的导向功能、传承功能、渗透功能，对学生的思想意识和行为方式的选择起到了至关重要的影响。

在高校BBS环境下大学生进行网络民主参与意识和行为体现出如下特点。

（一）网络民主参与交往主体同质化

高校BBS作为我国早期网络技术发展和运用最具优势的虚拟社区，吸引了众多在校学生的注意力。由于高校BBS与社会网站不同，它的注册用户群体绝大多数是本校的学生，这种网民主体的高度同质性使得他们有着可靠的信用和较高的综合素质。因教育背景相同，网络技术运用能力相近，加之校园环境的熏陶，高校BBS环境下大学生网络民主参与呈现出明显的交往主体同质化的特征。

相对于校外的网络论坛，高校BBS的主题设置更符合在校大学生的学习和生活特征，因此更能吸引大学生的积极参与。在高校BBS中设置了涵盖校园学习、生活、娱乐等各式各样的版块，同学们在娱乐、生活和学习的过程中，也会积极“参政议政”，表达自己对诸多问题的看法。大到学校某项重大措施的出台，小到学生社团的内部选举，以及对校园管理中某种现象的意见，同学们都会在BBS的相应版面以投票的方式，轻易加入某项事件的决策中。以往在现实中高成本、低效率的投票活动在BBS各个版面却成为集思广益的家常便饭，这都充分显示了同学们在生活和娱乐之余积极参加学校管理的高度热情和显著增强的主人翁责任感，高校BBS虚拟空间也成为校园内各类大学生网络交往主体之间交流的舞台。

在校园BBS的议事空间，不论是积极发帖者，还是浏览者、跟帖者和沉默者，他们都以不同的方式表达了对某一事件的关注，这体现了相对于现实世界，大学生群体的参与意识得以大大增强。北京大学“邱庆枫事件”之后，很多同学被校园BBS的快捷、便利和它的号召力所吸引，他们开始关注和了解BBS，并积极参与到各个版块的议事空间中，从此高校校园BBS进入一个快速发展时期。

（二）网络民主参与主题校园生活化

综观全国各大高校BBS的十大热门话题，我们会发现，高校BBS的主题设置以校园学习、生活和娱乐为主，大学生在网络空间关注的话题与校园生活、学习和安全密切相关，体现出网络民主参与主题的校园生活化特征。

校园BBS作为高校校园网的舆论广场，在为大学生提供广泛信息的同时，也为他们积极参与校园公共事务提供了理想的空间。以水木清华BBS为例，在其人气最旺的清华特快版面及研究生之家等版面，经常会出现“校园黑车事件”“研究生选课系统的改革”“为某某同学捐款”“研究生搬家与宿舍分配”“外来培训人员就餐素质问题”“球场打架事件”“后勤管理人员服务素质问题”等涉及校园生活主题的讨论，相对于校外的新闻报道，大学生更愿意关注身边的人或事，并且不断拓展对校园公共事务参与的广度和深度。

2000年北京大学“邱庆枫事件”虽然是大学生第一次通过校园BBS发

起网上大讨论和网上串联并引导网下游行的事件，但是它却反映了广大在校生已经开始利用网络关注校园生活中涉及自身利益和公共安全的事务，更多的同学是从这一事件后才开始关注校园BBS的。作为校园BBS议事空间的主要参与者和实施者，大学生们在网络空间积极发表意见、提出建议和看法并形成讨论。他们参与讨论的内容和主题涉及学校学习生活的方方面面，大到学校的教育教学改革、学校相关政策的制定及涉及学校声誉和公共安全的校内外事件，中到校园环境建设、治安状况治理、学生管理、后勤服务状况等，小到身边的同学交往、个人身心健康和情感生活等主题。这些讨论充分表达了广大学生网民群体对相关事件的关注，形成了一定程度上能够引导校园舆论、影响学校管理和决策的“校园舆论场”。

（三）网络民主参与形式自发娱乐化

大学生的校园生活首先是个生活化、娱乐化和自然化的世界，高校BBS作为大学生网络民主参与的首个技术应用阶段和重要途径，为大学生网民群体的精神世界提供了一个思想交流的网络虚拟空间，在这个空间中大学生们把现实世界中的各种境况移植到网上，使得这个网络空间成为他们业余生活中娱乐的舞台。在这个舞台中，他们自由获取各种信息，涉猎学习、科研和娱乐生活等方面所关心的各类话题，在娱乐化的网络应用中，关注各类校园事务，表达各类诉求，他们在BBS空间的网络民主参与由此体现出明显的自发性和娱乐化的特征。

在高校BBS中，论坛内灌水、跟帖、盖楼、争上当天BBS十大热门话题成为大学生网络民主参与的主要形式。在校园BBS的议事空间中，各版面最受关注的前几篇文章才有资格竞争当天校园十大热点话题。楼主（BBS中的发帖人）确定某一话题后，就开始了为上当天校园十大热门话题而进行的“盖楼”活动，他们往往通过一个比较吸引人眼球的话题引入讨论，并带动周边熟人世界和陌生人世界的网友展开空间的互动，有的楼主还用不同的“马甲”为自己跟帖、盖楼和灌水，并通过掌握发帖时间（大多认为在凌晨12点前的时段发帖是上BBS十大的最佳良机）等技巧来达到先入为主、占领版面最受关注话题从而进入校园十大的目的。大学生们通过制造一个个的校园十大热门话题达到了在娱乐中参与的效果。

在高校BBS中，网络围观和创造与传播网络流行语也是网络民主参与的重要形式。网络围观是网民对某一网络事件表达关注的一种手段，是网络空间网络民主参与的一种重要方式。在高校BBS中，网络围观有自己的表现形式和特点。在高校BBS中，只有20%左右的活跃者，他们积极发帖、参与灌水，引导网络议事空间议题；其他80%的人则是沉默的大多数，他们以网络围观的方式表达对事件的关注，达到网络民主参与的效果。而网络流行语是在网络空间约定俗成的表达方式，是最简单、直观和便捷的网络语言，它一般分为数字表达式、字母表达式、符号表达式和汉字表达式四种主要表达方式。各种鲜活的网络语言的创造和流行无不留下大学生活的烙印，都具有大学生年轻化和有文化的特征。大学生们把掌握和使用网络流行语作为网络运用的敲门砖，不能在网络娱乐和交往中及时和迅速理解网络流行语则往往会被排斥在网络虚拟群体行为之外。

大学生在BBS网络空间的网络民主参与活动，正是渗透在这种实用化、娱乐化、生活化的校园活动中，同学们在“灌水”、网络围观、创造与传播网络流行语的过程中，自发地实践着网络民主参与的过程。

（四）网络民主参与途径校园主体化

作为大学生网络民主参与的第一个阶段，因为互联网技术运用还不够丰富和完善，高校BBS环境下大学生网络民主参与的途径体现出以高校校园网络为主体的特征，主要体现为大学生在校园BBS内部和其他校园BBS之间相互关联和转帖。

这一时期大学生因为刚刚接触网络，对校园BBS的应用有一个逐渐熟悉到熟练的过程，因而校园BBS虚拟社区首先以完成自身定位、熟悉网络环境和熟练技术运用为主，在此基础上开始建立熟人世界并拓展虚拟空间的交往范围。应该说在BBS发展初期的这十年中，高校BBS的主要管理制度、各个版面秩序规则的制定和维护都是由大学生网民自己来完成的，他们自我管理、自由聘任，维持着BBS的有序管理。大学生网民在校园BBS中的网络民主参与途径的校园主体化特征，更多地与校园环境单一、社会相关网络应用匮乏相关，这种情况下，可替代的途径较少，因此获取信息和集中进行网络议事的途径仍以校园为主。在“非典”肆虐的2003年，被封闭在高校校园内的大学生，把校园BBS和相关校内门户网站作为获取信息的主要来源，把BBS作为民主参与的主要途径，充分体现了校园BBS作为大学生网络民主参与途径的主体化特征。

通过对各高校BBS的考察我们发现，各主要高校BBS之间基本实现相互链接，这为大学生直接进入所关注的高校BBS提供了更方便快捷的途径，通过链接迅速浏览所关注的高校BBS的版面和议事空间状况，做到热点信息彼此及时共享和沟通，因此高校BBS之间的相互链接和转帖成为这一时期大学生网络民主参与的一个主要途径。

（五）网络民主参与性质的非理性化

网络虚拟空间，既是一个思想空间，又是一个宣泄的空间。高校BBS作为高校的校园舆论场，是校内外各类社会思潮的交汇地，同时也是各类思想意识的聚集地和释放区。大学生作为知识先进、思维活跃、富于激情、勇于参与的青年群体的代表，他们积极参与校园生活，关心国家大事，呈现出可喜的主体意识和自我实现意识，但也因其世界观、人生观和价值观尚未成熟，涉世未深，他们在高校BBS中的网络民主参与又体现出一定的非理性化和自发性的特征。

在校园BBS环境下的高校大学生，其网络民主参与意识的非理性化特征主要体现为大学生在网络民主参与过程中对民主观念的模糊认识和出现的偏颇观点，对民主参与行为责任意识的淡化或缺乏，多元化社会思潮是这一特征形成的重要因素。所谓社会思潮，即“在一定历史阶段，反映一定阶级、阶层和社会群体的利益诉求、情感需要和思想愿望，并有一定的社会理论做指导的社会意识形态和社会心理的思想潮流”（魏红霞，2009）[53]。从高校思想政治教育工作者的角度来看，它是一种与我国社会主义意识形态相对应，“反映某种现实利益诉求、具有较大受众基础、产生较大社会影响、对主导社会价值观念起一定消解作用的社会意识形态和观点”（佘双好，2010）[77]。由于社会思潮存在于社会生活的各个领域，这种多元化的社会思潮从学习、生活和娱乐等各个方面深刻影响着大学生的思想行为和价值观念。

目前，各种社会思潮[1]在高校网络虚拟空间对大学生的影响已经呈现出综合性的态势，在高校BBS空间各个版块的讨论帖中，我们发现，大学生对于自己所关注的诸如历史问题、价值观问题、恋爱婚姻家庭问题、国家政治经济运营模式及其改革等问题的诸多前卫观点，都受到当前多元化社会思潮尤其是西方社会思潮的强烈影响。这些社会思潮既有它的复杂性和多样性，也有明显的直观现实性，同时也具有深刻的批判反思性，它们在开阔学生视野、活跃学生思维、促进爱国情怀、增强现代观念的同时，也促使当代大学生能够结合实际、关注现实，进而增强理性思考的能力。同时我们应该深刻地认识到，这些网络空间的社会思潮在促使大学生成熟进步的同时也会对其产生一些消极影响，比如一些淡漠的理想信念、唯功利化的价值观取向、生活中的消费主义和享乐主义、狭隘的民主主义等观念在一部分大学生中盛行，严重影响了大学生的世界观、人生观、价值观和行为取向。

大学生在高校BBS环境下的网络民主参与还处于自发性的阶段，他们的世界观、人生观、价值观还未成熟，他们渴望参与社会政治生活、痛恨社会生活中的各种腐败和不公正现象，在BBS的议事空间中遇到相类似事件往往会立即批判甚至走向极端，从而出现群体极化现象，体现了他们在网络民主参与中容易情绪化和理性共存的传播学特征。

3.2　网络论坛和搜索引擎环境下的大学生网络民主参与

2005—2009年，是大学生网民群体对网络论坛和搜索引擎的广泛运用和发展阶段。这一时期，随着网络技术运用的逐步扩展，校园BBS开始实行实名制改制，国内高校BBS开始转向以校内IP登录的时代。此后，校外

[1] 目前在网络上流行的社会思潮来自国外的主要有新自由主义、民主社会主义、历史虚无主义、分析马克思主义、生态马克思主义、民族主义、消费主义、后现代主义、后殖民主义及普世价值观念，在国内则主要有文化保守主义和新儒学等。

网络论坛、社会商业网站和搜索引擎在互联网技术运用中得到迅速发展和普及，各类社会网络论坛进入大学生网络民主参与的视野，雅虎网站、搜狐社区、天涯论坛、猫扑社区、西祠胡同等社区网站开始成为大学生进行民主参与、民意表达和民主监督的重要舆论场域。这一阶段，大学生以校内BBS论坛为依托，积极参与校外网络论坛的讨论，在这一重要的舆论场域中积极参与社会公共事务，运用人肉搜索技术表达对正义的追求、对社会基本道德规范的维护。但在运用人肉搜索参与网络公共事件的过程中，也伴随着网络暴力等现象的发生。

3.2.1　网络论坛和搜索引擎的产生发展及特性

如前所述，我国BBS论坛主要分为高校BBS论坛和社会上的BBS论坛，为行文方便，我们将我国高校校外大量存在的商业BBS论坛统称为网络论坛。我国最早的网络论坛是1991年的长城站，当时是利用电话网组成的BBS系统，因未与国际互联网连接，因而还不是完全意义上的网络论坛。直到1994年5月，随着曙光站BBS开通，标志着我国第一个联入国际互联网的BBS开通。之后，随着功能的逐步完善，网络论坛在1997年达到一个顶峰。当时国内著名的网络论坛有“四通利方体育沙龙”“嘉星论坛”“星伴论坛”等，但由于论坛早期发展的无序和管理不善，很多论坛在网络经济的冲击下迅速消亡。之后，经过两年多的调整，从1999年开始，我国国内开始出现一批成熟的网络论坛，以人民网“强国论坛”为代表，其他论坛如“西路网站”“天涯社区”“西祠胡同”“猫扑论坛”等迅速崛起为与新浪、搜狐和网易三大门户网站BBS论坛分庭抗礼的网络论坛的中坚，吸引了大量网民的积极参与。

值得关注的是，2003年，国内最大的搜索引擎百度成立了百度贴吧，这是一个基于搜索引擎关键词的主题交流社区，由于紧密结合搜索引擎、准确把握广大用户的需求，迅速发展成为全球最大的中文社区。校外网络论坛一般由综合性栏目逐步分类细化，根据标准的不同，形成多个种类的划分[1]。随着2005年国内各高校BBS论坛大规模调整，校外网络论坛的用户规模大幅攀升，校外网络论坛与高校BBS相比，有如下几个不同的特点。

第一，用户进入门槛低。这是校外网络论坛与校内BBS的主要区别，因其多独立经营或挂靠在商业运营网站上，以其独特的商业活动来支撑，争取点击率和一定数量的稳定和流动用户是其主要目的，这就使校外BBS为招揽客户选择主题性强和有特色的内容，并极力迎合社会多数群体的需求。因此，在用户注册审核过程中一般不会加过多的限制即可通过。

第二，网友发帖更迅捷。由于是社会网站运营模式，它不可避免地在降低进入门槛的同时迎合大多数网民的兴趣和爱好。在大型门户网站的论坛新闻跟帖功能中，一个普通游客用短短几分钟就可以完成注册和发文的流程，有的门户网站还有匿名发帖功能，这种发文效率比起高校BBS论坛的严格审查周期和注册限制要简便、迅捷、灵活得多，也更能在短时间内聚集大量的人气。

第三，兴趣主体聚合人气。成熟的校外论坛网络除了通过好的营销手段获得经济利润以得到财力支撑外，最关键的是要想方设法聚集同一话题的网民。天涯社区、猫扑社区、百度贴吧等大型网络论坛均抓住了这一点。我们可以从百度贴吧的品牌推广广告中体会到："百度贴吧是以兴趣主题聚合志同道合者的互动平台，依靠搜索引擎，贴吧精确地聚集同好网友在这里交流思想、展现自我。"这样的一种设计理念，使这类网络论坛能够真正成为同趣者相聚的舞台、思想交流和碰撞的舞台。

与校外网络论坛同时发展并为广大学生所运用的一个主要互联网技术运用手段就是网络搜索引擎[2]。自互联网引入我国以来，网络搜索引擎技术一直是网民互联网应用中排名前三位的最基本的网络应用技术。依据搜索引擎的技术原理，它主要分为目录式搜索引擎（如Yahoo）、全文搜索引擎（如Google、Baidu）和元搜索引擎（如搜星）三大类。除此之外，还有一些

---

[1] 有关国内中文网络论坛的详细分类，国内学者已有相关详细论述。详见王天意《网络舆论引导与和谐论坛建设》一书（2008，人民出版社）。由于不是本书要分析讨论的重点，不作过多赘述。

[2] 有关搜索引擎技术的详细工作原理及其技术运用特点，国内外已有诸多著作作了相关论述，此处侧重对网络搜索引擎的一般性知识普及和人肉搜索的论述，故不作过多赘述。

非主流性形式的搜索引擎，如集合式搜索引擎和门户式搜索引擎等。目前较大的搜索引擎包括Google、Baidu、微软、雅虎等，其中，Google是全球最大的搜索引擎。2000年成立的Baidu是目前最大的中文搜索引擎，到2011年底，就已经牢牢占据中国70%以上的搜索引擎市场份额。目前国内主要搜索引擎还有搜搜搜索、搜狗搜索、有道搜索、必应搜索、新浪搜索、狗狗搜索、即刻搜索、360搜索等。

值得关注的是，1997年成立的猫扑网络论坛，从2006年开始推出了用于网络搜索的人肉搜索功能。人肉搜索（又称人肉搜索引擎）不同于Baidu、Google等利用机器搜索技术的引擎，它是“利用人工参与来提纯搜索引擎提供信息的一种机制”，“通过其他人来搜索自己搜不到的东西，与知识搜索的概念差不多”，“更强调搜索过程的互动”。人肉搜索是人工参与解答的一种搜索方式，它以论坛内设置的Mp虚拟货币作为奖励，通过悬赏并雇用“赏金猎人”来获取所要搜索的结果。自2006年推出这一功能后，发生了一系列人肉搜索轰动案例，如2006年的“虐猫门”事件、2007年的“华南虎事件”、2008年的“死亡博客事件”、2009年的“晕机女事件”、2010年的“钢管男事件”等。

人肉搜索引擎与网络搜索引擎最大的区别就是前者是靠人来完成的，而后者是靠机器。因而，人肉搜索必然在执行过程中带有许多人化的特征，从逐年增多的人肉搜索案例中，我们可以看到人肉搜索具有如下几个特征。

一是娱乐特征比较明显。人肉搜索本身就是诞生于网络论坛的网民在娱乐交往中通过信息传递，互通有无、相互帮助的过程。这种过程首先是建立在娱乐的基础之上的，因更多的案例素材取自人们生活的闲聊、茶余饭后的小道消息，这种消息和事件的点滴片段，被传到网络论坛，在论坛空间网民群体效应和猎奇心态带动下，很多人不由自主地采取从众心态，进行网络围观甚至积极参与其中，这种情况下很容易演变为人肉搜索行动，产生意想不到的结果，而人们最初的娱乐心态是促成事件的主因。

二是色情心态成为推手。应该说，校外网络论坛的注册用户总体素质和水平是远低于校内BBS论坛的，他们不论在网络技术运用上，还是在整体精神文化水平和道德文化素养上，都与大学生有一定的差距。这就造成了校外社区论坛注册用户整体素质良莠不齐，有各种想法和心态的人充斥于论坛空间，有些人怀着对性和色情的一种猎奇心态，遇到此类网络事件就会蜂拥而至，或驻足旁观，或积极参与到评论中，或加入“赏金猎人”的行列中，不剥离真相誓不罢休，这种色情心态加上猎奇心理是一些网络事件得以迅速传播的一个重要原因。

三是仇富仇官心态严重。网络论坛成功之处就在于能够将虚拟空间和现实空间很好地结合，虽然大多数用户天各一方，互不相识，但其核心版面的核心成员是能够通过一系列现实交往加以沟通并密切关系的，很多现实中的思想和矛盾都会在网络空间得到反映和再现。应该说，我们国家随着改革开放的逐步深入，社会中的一些矛盾随着贫富差距逐渐拉大，一些恃强凌弱、贪污腐败现象也日益加深，人们对现实世界长期积攒的不满很容易在网络虚拟空间借机宣泄。因而，一遇到涉及“官二代”与“富二代”、贪污腐败和政府执法性质的网络事件，大家往往不由自主地走向对立面，形成网络论坛中的群体极化现象，在这种心态下，人肉搜索就是大家反抗权威，反对“官二代”与“富二代”及腐败现象的重要工具。

四是维护公德弘扬正义。从逐年增多的人肉搜索案例中，我们可以看到，人肉搜索已经逐渐成为广大网民面对社会公共事件时所热衷采用的手段，人们借助这一手段在获取必要信息的同时也体现了对涉及社会公平和正义、违背公德和良心的言行甚至违法犯罪行为的关注，同时人肉搜索也成为网络反腐的重要途径。人肉搜索的使用，使得人的隐私无处遁形，正因为此，人们常常称赞人肉搜索带给社会的积极作用，把它形容成天使和利剑而加以褒扬。但它也带来了这样那样的问题，并在社会上产生了有关人肉搜索正义与暴力的争论，正如网络流行语所描述的那样——如果你爱他，把他放到“人肉搜索”引擎上去，你很快就会知道他的一切；如果你恨他，把他放到“人肉搜索”引擎上去，因为那里是地狱……

五是以暴制暴易伤无辜。应该说，人肉搜索在各个案例中，都显示了强大的信息搜索能力，但是，如果无节制、无规范地使用，也会使它的负面效应逐渐显现。个别案例虽然达到了弘扬正义、惩恶扬善的目的，但是这种网络空间以暴制暴的行为也因为侵犯个人隐私而伤及无辜，人肉搜索案例中的很多涉事主体家属都受到很大程度的骚扰。其他还有因为判断失误造成伤及无辜的现象，更有甚者这样的人肉搜索因缺乏事先的审查机制，还可能为违法犯罪分子所利用，使参与者成为罪犯的帮凶，这都是需要广大网民加以注意的地方。

目前针对相关网络搜索引擎和人肉搜索侵犯公民隐私和权利的行为，国际上还没有一种全球性的网络规范。国外一些计算机和网络组织针对自身用户制定了相关条例，其中美国计算机伦理协会制定的十条戒律，对研究室人员作出相关的10条规定涉及网络搜索的有5条：不应用计算机去伤害别人；不应窥探别人的文件；不应用计算机进行偷窃；不应盗用别人的智力成果；应该以深思熟虑和慎重的方式来使用计算机。在美国计算机协会对会员作出的8条伦理道德和职业行为规范中，有4条涉及网络搜索：避免伤害他人；要尊重他人的隐私；尊重知识产权；保守秘密。这些行为规范是从职业道德角度进行约束，但对我们仍有很好的借鉴作用。

我国2000年开始相继由国务院和各部委颁发《互联网信息服务管理办法》《信息网络传播权保护条例》（2013年修订）、《互联网文化管理暂行规定》《打击淫秽色情网站专项工作方案》《举报互联网和手机媒体淫秽色情及低俗信息奖励办法》等相关法规，对涉及互联网信息服务、文化管理及淫秽色情信息传播行为作了专门规定。我国台湾地区在2010年10月实施的“个人资料保护法”中规定，网络上常见的“人肉搜索”行为如超出公共利益范围可能要吃官司。2010年，安徽省等60家单位倡导发起《文明办网自律公约》。所有这些，必将对网络搜索中的信息无序传播和侵权行为起到抑制和规范作用，同时也对互联网行业的自我约束、公平竞争、形成自律起到很好的促进作用。

3.2.2 网络论坛和搜索引擎环境下的大学生网络民主参与现状

网络论坛和搜索引擎技术的发展和普及，为大学生网民群体搜索信息、了解社会、参与社会提供了很好的平台。相关数据显示，网络论坛/BBS和搜索引擎已经成为大学生网民群体的重要互联网技术运用手段。从表3-1中我们可以看到，在大学生网络群体与普通网民和青少年总体的网络基本应用的比较数据中，大学生群体在各个项目的网络应用比例均明显高于后两者，除交友网站外，均高于后者10个以上百分点；大学生群体在搜索引擎技术和论坛/BBS的应用上分别高于网民总体的16.3%和24.6%，体现了明显的差距。大型问卷调查（调查II）[1]的结果显示，网络搜索引擎已经成为大学生网络应用的首选。而在2009年关于社区论坛/BBS和SNS[2]之间所作倾向比较的调查（调查I）中，36.4%的大学生倾向于选择论坛/BBS，高于SNS的29%。

表3-1 大学生网民群体与其他网民群体网络社交应用比较情况

选项	大学生/%	青少年总体/%	网民总体/%
拥有博客	81.7	66.8	54.3
即时通信	91.0	80.2	75.3
交友网站	26.1	20.5	19.3
论坛/BBS	55.3	30.6	30.7
搜索引擎	84.3	67.3	68
网络新闻	89.8	71.8	78.5

注：资料数据来源于中国互联网络信息中心，2008—2009年中国互联网研究报告系列之“2009年中国青少年上网行为调查报告”。

如果说高校BBS论坛的出现和繁荣使得大学生开始形成自己的网络时代新生活方式、思维方式的话，那么，大学生积极进入校外网络论坛则为他们提供了更广阔的民主参与空间和途径，使他们的网络生活方式和思维方式更加丰富多彩。搜索引擎技术的普遍运用，尤其是人肉搜索技术的发

[1] 调查II系指2011年12月北京和内蒙古17所高校大型问卷调查，此次调查和调查I（2009年12月）详细说明请见第4章。

[2] SNS，全称Social Networking Services，即社会性网络服务，专指旨在帮助人们建立社会性网络的互联网应用服务，也指社会现有已成熟普及的信息载体，如短信SMS服务。SNS的另一种常用解释：全称Social Network Site，译为“社交网站”或“社交网”。社会性网络（Social Networking）是指个人之间的关系网络，这种基于社会网络关系系统思想的网站就是社会性网络网站（SNS网站）。

展，更为大学生提供了先进的网络民主参与技术手段。他们立足校内BBS，与校外网络论坛互通有无，根据自己的兴趣爱好积极参与校外网络各议事空间的讨论，并凭借自身优势迅速成为其中的主体运用者。

大学生在校外网络论坛中的民主参与行为[1]主要体现在对国内外重点事件和社会公共事务的关注、对公共道德的维护、对公平正义的伸张、对违法犯罪行为的抵制以及对涉及自身权益的保护等方面，他们充满激情，乐于奉献，体现了当代大学生应有的社会价值。南京"汉口路西延工程事件""武汉大学高架桥事件""大学生'扫黄'举报事件"等网络事件中，都离不开大学生踊跃参与的身影，他们用实际行动表达了对国家、社会、集体利益和生命安全的关注。

（一）对生命安全的维护——网络报警拯救他人生命

大学生的网络民主参与之所以不同于网络政治参与，就是因为他们的参与不局限于政治学意义，而是寓于网络生活的方方面面，涵盖在社会生活的点点滴滴之中。大学生网络群体在学习生活和娱乐之余，会从一个公民起码的道德素质和行为水准出发去面对所接触的每一件事。他们善于把网络空间与现实空间结合起来，在网络虚拟空间实践自己的理想和价值追求。

2010年10月，湖北某大学的一名学生在与网友聊天时得知对方因为与父母吵架产生轻生念头，并且已经吞服百余粒阿莫西林胶囊。这名大学生迅速通过网络向网友所在警方网监部门报案，并提供了对方手机号和家庭地址，当地警方快速出警，及时挽救了一个年轻的生命。

一个貌似简简单单的举动，看似平凡，但却体现出一个在校大学生对生命的重视和珍惜。网络论坛中这类案例还有很多，从中我们能够体会到，大学生们不再是象牙塔中不问世事的书生，他们通过网络空间时刻融入社会，关键时刻显身手，把握社会生活中的每个平凡的瞬间，在参与中发光发热。

---

[1] 社会网站论坛的匿名性特征，使得采集大学生群体参与的案例有一定难度，为此，本书将结合能够直接体现大学生网民群体同质性的案例来进行分析，以区别于普通网民。

（二）对公共道德的维护——人肉搜索声讨虐猫顽凶

“人肉搜索”看似与大学校园生活距离很远，很少在校园里大张旗鼓地进行，但发生在2009年1月的一起“虐猫事件”，却激起了大学生网民的义愤，他们义不容辞地发起并进行了这场保护弱小生命的声讨行动。

2009年1月11日，一只常年在河北大学工商学院信香楼下的草坪中生活，并深受学生喜爱的肥猫加菲，被人将爆炸物塞到嘴里当场炸死，施暴人落荒而逃。有目击者随后在河北大学贴吧上发帖，在帖中详细描述了该人的身高体貌特征和逃跑路线，号召大家行动起来找出这个虐猫顽凶。

此帖发出后，在校园内外迅速引发关注，被校内网、天涯社区、中国网、人民网、新浪网、腾讯网、猫扑大杂烩等各大论坛和门户网站转载。发帖30小时后，在百度贴吧的浏览量已经达到23500次，回帖达到220条，四天后浏览量达到60000次，回帖500多条。被声讨人炸猫的残暴行为在大学生中引起极大愤慨。

这起因“虐猫事件”而引发的校园内大规模的人肉搜索，使人们感受到了在校大学生鲜明的正义感，当某些事物触及或违背人性最基本的道德底线的时候，他们会义不容辞、毫不犹豫地站出来抵制和声讨。从这起轰动全国的炸猫案和人肉搜索事件中，我们看到了大学生对人类基本道德的维护和对社会丑恶现象的鞭笞。在校大学生们也通过这次网络民主参与，证明了人肉搜索的巨大潜力。

（三）对公共事务的关注——网络动员维护母校利益

网络动员是指网络社会化媒体环境下的一定网络主体，为达到某种利益诉求，通过网络媒介，面向特定网络群体广泛传播信息，从而达到某种预期目的的动员类型。2008年，先后有武汉和南京两地的大学生面对母校的利益因为修路而受损害的局面，冷静分析、据理力争，以校内外网络论坛为舆论阵地，积极参与到保护母校利益的行动中。

2008年5月，武汉市珞狮北路高架桥正式开始动工。据了解，未来这座高架桥将横跨于武汉大学的侧门外，这种未经武汉大学同意，破坏百年老校风貌的决定激起了武汉大学全体师生的强烈不满。武汉大学部分学生以学校新闻网站“未来网”和“自强网”为主，以校园BBS珞珈山水和校内网等网站论坛为延伸，撰写相关文章，将其发表在相关网站进行转载，并动员4.7万名武汉大学学生举行游行声援。最后在校方和学生的抗议下，该高架桥于当年6月宣布停工。

2008年11月20日，南方周末刊登《南京：要大学，还是要大路》的文章，首次披露了南京市汉口路西延要“劈开南京大学，经过南京师范大学，穿越河海大学”的消息，同时指出，这样的改善交通环境之举是否必须以牺牲大学的利益为代价。此消息一经刊登，马上在社会上产生强烈反响。三所大学的师生聚集在南京大学BBS论坛，热烈讨论该工程对大学文教历史区域造成的破坏，相关网帖的浏览量超过1000次。在连续几天的南京大学小百合BBS十大上，对该主题的讨论都占一半以上的版面，开了南京大学小百合BBS建站以来的先河。同时，部分大学生开始在校外网络论坛和博客上建立“汉口路工程事件总结”帖，以及在猫扑、天涯等校外网络社区和门户网站发声，以获取社会舆论的声援，同时，还有人开始动员三校10万人的签名活动，甚至有网友号召组织三校学生罢课。南京大学学生会更是代表南京大学学生向南京市政府发出公开信，从专业角度商讨汉口路西延工程可行性替代方案。

三校学子的努力在社会上引起了强烈反响，有些境外的传媒机构和南京大学校友也加入声援的行列。香港《亚洲周刊》发表了《南京三大学抗议校园被肢解》的新闻评论，南京大学香港校友会也发表了《南大香港校友会致有关领导的公开信》，表达他们对事态的关切，并在信中公开呼吁南京市领导和母校决策层暂停这一工程，在广泛咨询和研究的基础上提出更科学、更有效、更前瞻性的相关方案。在校内外校友的共同努力下，南京市政府通过组织专家调研，取消了以前的施工计划，并对工程作了重大修改，最终这件事情获得了圆满的解决。

从这一案例中我们看到，大学生网络群体的网络动员在网络民主参与过程中发挥了不可忽略的作用。同学们出于对母校的热爱，在网络空间自发组织了各种舆论宣传和网络动员，形成了支持母校的强大舆论，并对政府决策的改变起到很大的作用。虽然在这一事件中出现过激的言论，但大学生网民群体的主流是理性的。

（四）对违法行为的抵制——网络举报参与网络“扫黄”

互联网搜索引擎的使用，为大学生带来了无限的便利。他们在海量信息中体验搜索学术资料、生活和娱乐信息便捷性的同时，也深受色情淫秽内容信息的骚扰，一些黄色网站和信息经常通过垃圾邮件、网页弹窗以及论坛跟帖等形式强行进入人们的视野。为此，成长发育中的大学生深受其害。一些青年学生由于世界观、人生观、价值观还未成熟，对腐朽思想的抵制能力还很差，因而在其人生成长的关键时期很容易被这些不健康信息所误导和腐蚀，进而严重影响其学习生活。随着国家加大对互联网络“扫黄打非”的力度，深受其害的大学生们纷纷站起来捍卫自己的权利，为了防止这类黄色网站再贻害他人，他们通过网络搜索和网络举报积极参与国家整治淫秽色情网站的专项行动。

2009年12月5日，一位山西省的刚毕业的大学生向全国“扫黄打非”办公室举报中心发出一封举报信，在举报信中以大学期间的亲身体验和周围同学的经历痛陈网络色情、手机色情对大学生的危害，并举报了32家色情网站站名及网址。这封信12月11日于新华网刊登后，在网民中产生强烈反响，人民网、新浪、网易等国内各大门户网站和报纸都进行了转载，仅在新浪网的转载中就有相关讨论11400余条。从学生家长到社会各界，从中小学生到大学生都对网络色情和手机色情深恶痛绝，大学生们普遍认为，打击网络色情是建设先进文化的有力措施。还有大学生在举报信上表示：“作为当代大学生，一定要做到洁身自好，保持头脑清醒，与‘黄毒’彻底划清界限，不但要从自身做起，还要让更多的人参与到打击网络淫秽色情专项行动中来，共铸绿色网盾。”

2010年1月8日，经过核定有关举报信息，及时对被举报的32家黄色网站进行处罚后，全国“扫黄打非”办公室举报中心按照相关奖励办法，奖励了举报的学生。与该学生有相同经历的大学生还有很多，他们纷纷通过博客和新闻报道跟帖等形式叙述自己的遭遇，表达自己对淫秽色情网站影响自己人生历程的痛恨。

全国“扫黄打非”办公室举报中心后续公布的统计数据显示，仅2010年1月15日至2月28日，该中心就收到在校大学生的网络举报信76件。大学生们在通过网络举报揭露网络色情淫秽信息对在校青少年学生健康成长造成严重危害的同时，纷纷为打击淫秽色情网站、加强网络监管出谋划策。他们提供色情网站的查找方案，并为有效封堵这些网站提供建议和方法。他们以自己的切身行动体现了对国家、社会的爱和对国家严打行动的支持。

当然，在大学生积极参与到网络事务中的时候，也因自身素质问题产生了一些令人痛心的过失言行，比如“常熟大学生网络谣言风波”。2006年9月18日，常熟理工学院软件工程系大学生高某因担心大学女友的住宿安全，为了引起学院对女生宿舍安全的进一步重视，伙同其他两人在西祠胡同论坛发帖“谁能帮帮处在水深火热中的我们啊！——常熟理工学院再爆轮奸事件，又遭学校伙同派出所封锁，一施暴者再次逍遥法外”。此帖一经发出，在社会上引起强烈反响，各大网站纷纷转载，并在常熟理工学院引起恐慌，同时这个网帖也引起江苏省公安厅的高度重视。经过调查，发现了三人制造谣言的行径。最后，高某受到公安机关拘留5天的处罚和学校留校察看的校纪处分，其他两人也被处以罚款和被学校记过。相似地，还有哈尔滨某高校电子信息专业的同学，利用自己的网络技术侵入学校教务系统为其他同学更改考试成绩，收取费用上万元，也受到了国家法律的制裁。

通过以上案例我们可以看出，大学生在校外网络论坛的民主参与体现于社会生活的方方面面，发自大学生的本心，是大学生整体素质的真实写照。大学生通过网络报警、网络人肉搜索、网络动员以及网络举报等网络民主参与的实践形式，积极参与到发端于身边小事的网络事件之中，表达了对社会道德的维护和对公共秩序法律规范的尊重。尽管在一些网络民主参与事件中有不成熟、不理智甚至违反法律道德的表现，但这毕竟是学生群体中的微小部分，不能否定整个大学生网民群体在网络空间民主参与中的作用和价值，我们应该用理性的观点去分析和看待。

3.2.3　网络论坛和搜索引擎环境下的大学生网络民主参与特征

在高校BBS改革之后，高校BBS和学生网站的用户流量明显减小，这导致校内BBS议事空间变得相对冷落，而此时大学生们更愿意走出校门，逐步深入各个论坛的讨论之中。与高校BBS中的民主参与不同，大学生在校外网络论坛中的网络民主参与体现出如下特点和问题。

（一）网络民主参与交往主体扩大化

与高校BBS环境相比，网络论坛和搜索引擎环境下的大学生网络民主参与的交往主体已经由大学生与大学生之间的交往过渡到与校外论坛中整个网民群体的交往，这种交往主体的扩大化对大学生网络民主参与的思想和行为产生深刻影响。

首先，大学生网民群体交往主体的扩大促进了大学生网络空间的实践能力。校外网络论坛因大学生的加入而规模不断壮大，也需要懂技术和知识的网民参与到网络论坛的建设中，大学生网民则正好满足了这一需求。由于具有校园BBS灌水的成熟经验，大学生网民中的活跃分子纷纷参与到社会网络论坛的建设过程中，大学生积极地与不同的网民交往主体互动，并在网络论坛的网络民主参与过程中，熟悉了社会，积累了生活和工作经验，丰富了阅历，更加深了对网络虚拟社会和现实社会的认识。

其次，大学生网民群体交往主体的扩大深刻地影响大学生的思想和行为。校外网络论坛网名的虚拟化，隐藏了大学生网民交往主体的真实身份，但这些人言语和行为中所内含的思想是他们的生活环境和职业特征的外化，与不同职业、区域和背景的网民交往，对大学生的影响也是多样的。置身于网络议事空间的大学生，由于其自身所具有的技术和知识背景优势，很容易与各类网民打成一片，在思想的交流中，他们的思想和行为都会受到不同程度的影响。大学生由于掌握更多的网络知识，加上爱好广泛，会比普通网友接触更多的网络应用，要面临比学校环境更加复杂的虚拟空间。如果处理不好就会对大学生产生很大的负面影响。社会经验不足的大学生处于人生观、世界观和价值观还未完全确立的时候，他们的思想和行为也最容易受充斥在社会网络论坛中的各种社会思潮的影响而走向极端，也有个别同学因为不经意间接触了黄色网页、违法网站，从而沉迷其中不能自拔，这种网络环境的复杂性，为大学生的网络行为敲响了警钟，也对高校网络思想政治教育工作者的教育和引导提出了新的挑战。

（二）网络民主参与主题社会综合化

相对于高校BBS环境下大学生网络民主参与主题的校园生活化，在校外网络论坛和搜索引擎环境下，大学生网络民主参与的主题则呈现出相应的社会综合化特征，这种特征表现为由主要关注校园生活主题过渡到关注社会政治、经济、文化生活的方方面面，体现了更为宽泛的主题范围。

网络论坛和搜索引擎环境下的大学生网民民主参与主题的这种变化，使得大学生在加深对社会了解的同时，也增加了自身的社会责任。从本节的几个案例中我们发现，不论是网络报警拯救他人生命，还是利用人肉搜索声讨虐猫顽凶，或者通过网络动员维护母校利益，以及通过网络举报参与网络“扫黄”，都体现了大学生网民对社会基本道德规范和国家法律法规的维护以及对集体权益和公共事务的关注，在这个过程中，大学生群体充分展现了国家和社会主人翁的责任感，从而也充实了他们的现实精神世界，完善了他们自身的人格。

大学生网络民主参与主题的社会综合化趋向，促使大学生在网络民主参与主题范围不断扩大的过程中，加深了对网络民主参与本身内涵的理解，从而使他们的网络民主参与意识和行为更趋向理性，更有助于他们世界观、人生观和价值观的形成和民主素质的提高。

（三）网络民主参与形式实用娱乐化

与高校BBS环境下大学生网络民主参与的自觉性和娱乐化相比，在校外社区论坛中的大学生网络民主参与由于受社会商业网站的实用性、商业性的影响，其娱乐参与的目的发生了变化，并逐渐与实用性相结合，进而呈现出网络民主参与更强的实用娱乐化特征，体现为大学生在网络空间的人肉搜素、网络审判、网络围观、网络狂欢、网络动员、网络恶搞、对热点事件的阅读和评论以及网络流行语的创作与传播。

与高校BBS环境不同，在网络论坛和搜索引擎环境下，大学生的网络民主参与形式不断翻新，出现了人肉搜索、网络审判、网络围观、网络狂欢、网络动员、网络恶搞等新方式，他们通过对热点事件的阅读和评论达到对该事件关注和网络围观的效果。值得注意的是，人肉搜索作为这一阶段的一个主要网络民主参与方式，在大学生的网络民主参与过程中体现了令人震撼的影响力，在“虐猫事件”以及“铜须门”事件等案例中，都体现了大学生积极利用人肉搜索维护社会道德底线和社会公平正义的道德水平和网络民主觉悟。2009年，在视频网上广为传播一个名为“宅闻联播”的搞笑视频，是大学生把自己身边的每一件小事——宿舍生活、教育管理、逃课以及食堂饭菜等问题经过夸张手法拍摄成视频并发布在网络上，这些生活片段的描述引起了广大在校生的共鸣，在生活和娱乐中说出了这一群体的共同语言，通过娱乐参与的方式表达了对大学生生活环境和现状的关注。上述案例的素材都来源于校园生活，来源于网络娱乐空间，因此也使得这类网络民主参与事件具有明显的娱乐化特征。

与校园环境下的网络流行语不同，在网络论坛环境下的网络流行语体现了更接近于社会大众生活的一面，因而网络流行语的表达更倾向于文字表达式。大学生们积极参与这些流行语的传播与创造，用别样的形式表达对公共事件的关注。

（四）网络民主参与途径社会主体化

与高校BBS环境下的参与途径不同，在网络论坛和搜索引擎环境下的大学生网络民主参与途径呈现出以社会为主体的明显倾向，体现为在各大网络论坛和高校BBS以及商业门户网站之间的转帖链接。

网络民主参与的途径，属于网络民主参与的介体结构要素。在这一阶段的网络民主参与案例中，我们看到，每起网络事件的发生、发展和解决，都不局限于一种网络运用，而是跨越了多个网络运用平台。大学生网络群体以高校BBS为基础，积极参加校外各种网络论坛议事空间的意见表达，能够熟练通过各种手段和途径表达自己对网络事件的关注。在南京“汉口路西延工程事件”中，大学生们为了表达自己的目的，在校内，他们在校园BBS上聚集民意，发起网络动员，形成对事件决策机构的巨大正面压力；在校外，他们向校内网、天涯社区、百度贴吧、腾讯群落等各大国内网站、网络论坛发出求助信，甚至向境内外校友和媒体发出求助，力求在短时间内获得最大的舆论支持效果。

从以上网络案例中我们看到，在校大学生在网络民主参与中以校园BBS为基础，以社会网络论坛为主体，通过校内外网络论坛之间的相关转帖和链接达到关注热点事件、引导舆论导向和影响事件决策的目的。

（五）网络民主参与性质逐渐理性化

与高校BBS环境下的明显非理性化倾向相比，校外网络论坛和搜索引擎环境下的大学生网络民主参与行为则显出逐渐理性化的特征。

网络民主参与的主体意识和行为表达，是衡量网络民主参与性质的关键因素，属于网络民主参与的主体结构要素。应该说，在网络舆论事件的发生和发展过程中，理性总是伴随着冲动而来，这在网络事件中对是非观念的判断起到非常明显的稳定作用。大学生网民群体，当作为一个有组织的网络群体出现于网络论坛环境下的一个网络事件中时，往往具有自身的是非判断和理性分析能力，而不像漫无组织的普通网民群体，大学生网民群体会在自身的群体组织内达成比较一致的观点，这其中往往会有不理智的声音，但一般都会被主流的理性所淹没。

事实上，在具体的大学生网络民主参与的案例中，我们会发现，随着网络舆论的逐步发展，在大学生群体中始终会有这样那样的异样声音夹杂其中，会不时地影响事件的发展，比如在“邱庆枫事件”中，就有同学因不明事实真相而轻信并转载散布的谣言，在网络传播中起到了不好的舆论引导作用。在南京“汉口路西延工程事件”中，也有部分同学散布全体同学罢课，甚至攻击党和政府的言论，但随后都被一些理智的网帖所抵制而沉底。这些案例都表明，大学生网络群体在网络事件中的参与行为具有逐渐理性化特征。

校外网络论坛和搜索引擎环境下的大学生网络民主参与因环境的不同，体现出与校内BBS环境下不一样的特征，以上只列出了一部分具有代表性的特征，随着网络技术的不断发展变化，这种特征还会发生新的变化，大学生的网络民主参与也会产生新的问题。

3.3　博客和微博环境下的大学生网络民主参与

2009年以后，大学生的网络民主参与进入以博客和微博为代表的网络技术运用阶段。这样的发展阶段，突出了“个性化网络技术”的应用特征，体现出个性化、真实化和社会化的鲜明“自媒体”特征。个人博客在我国的发展始于2005年，到了2010年，随着个人微型博客的迅速普及和发展，博客和微博成为我国在校大学生展现个性、积极进行民主参与的重要舞台。这一时期，随着互联网技术运用的不断深入和丰富，个人微博在博客基础上衍生而出，并在二者的信息传播功能相互补充和完善中产生了巨大能量。新技术的产生，大大促进了广大网民尤其是大学生网络群体进行网络民主参与的热情。

3.3.1　博客和微博的产生发展及特性

人们普遍认为博客是继E-mail、BBS、ICQ（IM）之后新兴的第四类网络交往方式。在互联网技术进入Web 2.0时代，博客和微博已经成为人们网络技术应用的宠儿。

博客，即“Weblog”，或缩写为“Blog”。“博客”一词有多种解释，从名词的角度看，它首先是指一种传播个人思想的网络日志；其次，它也指写作或者拥有“Blog”或“Weblog”的人，即“Blogger”。从动词角度看，它是指在博客这一网络虚拟空间发布个人日志等各种形式的文章的过程。百度百科上给出的定义是“以网络作为载体，简易、迅速、便捷地发布自己的心得，及时有效轻松地与他人进行交流，再集丰富多彩的个性化展示于一体的综合性平台”。目前，学界比较流行的是中国互联网络信息中心给出的界定，即博客空间（Blog），又简称博客，是“由博客运营商提供网民通过注册获得使用资格的一种网络空间，或由网民单独申请域名和空间采用博客程序架设，网民可以在上面发表自己的言论、观点等供他人浏览”（中国互联网络信息中心，2009）[6]。

一般学界公认为，“Weblog”一词最早由Jorn Barger于1997年提出，并由Peter Merholz在1999年命名为“Blog”。2001年，随着“9·11”事件的发生，博客因为及时提供相关信息和难民对灾难的亲身体验而开始正式进入主流社会的视野。

由图3-1我们可以看出，博客2002年开始进入中国后，用户规模一直缓慢发展，2004年国人开始了解、关注和运用。2005年9月，随着新浪门户网站推出博客服务，并推出明星博客、名人博客策略，博客在2006年得到规模性增长，博客用户超过4300万个。2007年，在腾讯、新浪、搜狐、网易等传统综合门户网站的积极推广下，博客服务开始进入重要发展阶段。从2008年开始，博客用户规模得到飞跃式的发展，当年的用户就由2007年的4700万增加到1.62亿，用户规模增加246%。[1]2008年5月起，由于网络的娱乐化和生活化特征，具有内嵌博客功能的开心网、校内网等SNS网站快速兴起并成熟，带动了大批用户成为活跃博客用户，与此同时，伴随着微博的兴起，博客更新的频率也得到了很大提高。随着网络技术的发展，博客的功能逐渐完善，内容也已经涵盖个人日志、照片、音频、视频、时评、通信、小说、诗歌、散文、研究论文、电子杂志以及公告、公司新闻、产品发布等诸多方面。

---

[1] 相关资料和数据来源于中国互联网络信息中心的历次调查。

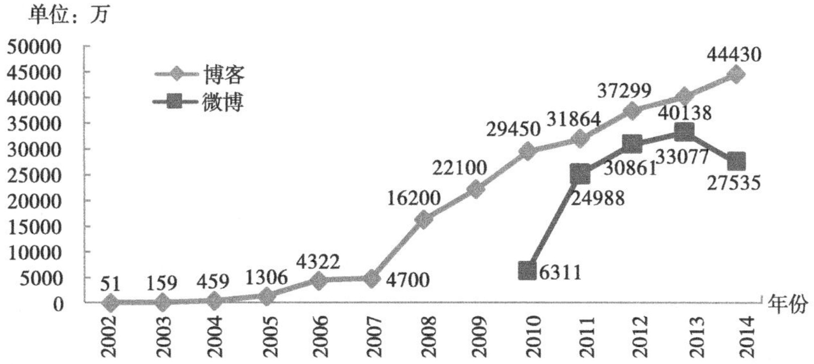

图3-1　博客和微博近年来网络用户规模变化

目前，社会上关于博客的分类众说纷纭，没有统一确定的学术界定。本书认为，最基本的应包括组织形式上和社会效应上的分类：从组织形式上看，博客分为个人博客和集体博客；从社会效应上分，博客可分为草根博客、名人博客、专家博客和官方博客等。

博客作为一种新型网络媒体，相对于传统媒体，它除了具有个性化、真实化和社会化的鲜明“自媒体”特征外，还体现出形式的自由性和开放性、内容的灵活丰富性、交流的平等互动性、传播的大众性和广泛性、信息发布的便捷和即时性等突出特点。其简单明了的网页主题内容设置、按时间顺序的倒置式排列且频繁更新的速度、风格各异超链接的表达方式使得它迅速为广大网民所接受。

作为博客功能的延伸和形式上拓展的微博，伴随着博客的兴起，于近几年在我国迅猛发展，已经成为目前全球最受欢迎的博客形式。微博，又称微型博客（MicroBlog），它是“基于有线和无线互联网终端发布精短信息供其他网友共享的即时信息网络”平台（喻国明等，2011）[1]。它具有明显的自媒体属性，由于用户只需要书写140个字符以内❶的信息就可以快速更新，因而成为众多媒体中即时性最强和最活跃的网络空间信息传播平台。

❶ 这一数字是大多数的微博字符数限制，网易微博的字符数就限制为163个。

微博最早诞生于美国，最早也最著名的微博是美国的Twitter，它于2007年4月运营，自出现以来就因其节点共享的即时信息动态传播网络构想而被世界互联网传媒界所推崇，进而引起全球互联网即时信息内容传播的大爆发。我国的微博发展紧跟美国，并随着2007年5月第一个创建微博的饭否网而广为人知。2008年，美国总统候选人奥巴马率先使用Twitter选举大获成功，进一步促进了微博在我国的发展。自2009年下半年开始，在新浪网和人民网等门户网站的带动下，我国各大门户网站开始相继发力微博，使得微博在2010年成为我国互联网发展最快的网络应用。从图3-1中我们可以看到，从2010年到2013年的短短四年间，微博的网络用户规模从6300万暴涨到3.31亿，两年时间增加了4.24倍。微博的网民使用率也由2010年的13.8%迅速上升到56%，提高了42.2个百分点。2013年，手机网民达到5亿，手机微博用户规模也达到1.96亿，即手机微博的用户占39.3%的比例，伴随手机网民的大规模增长，用户行为的移动化发展趋势也使得微博成为未来移动互联网发展中最具潜力的网络应用之一。[1]

经历了2011年的高速发展，微博持续扩大的用户规模使得它成为广大网民的主流应用，它在重塑社会网络舆论信息生产和传播机制的同时，还吸引了普通用户、意见领袖和传统媒介等用户，他们把微博平台作为获取新闻、传播新闻、发表意见和制造舆论的途径，这进一步巩固了微博在我国互联网舆论传播中的中心地位。

微博集即时通讯、博客、社交网站等网络应用的诸多优点于一身，以其平台的开放性、内容的简洁性、信息的即时便捷性、进入的低门槛性以及终端的可扩展性等鲜明个性化特征，短时间内吸引了众多的互联网用户群体，客观上也促进和加快了社交网络的技术创新和平台化发展。同时，其信息的即时性、迅捷性和碎片化的特征，也将促进实时搜索引擎等网络服务的技术开发和应用。

近年来，博客技术已经成为众多网络应用的基本组件，客户的同质化使其用户规模的增长空间越来越小，但是随着即时通讯、SNS等内嵌了博客

[1] 资料数据来源于中国互联网络信息中心第27~34次《中国互联网络发展状况统计报告》。

的个人空间功能的完善，反倒增强了其社交性，进而促进了博客及其个人空间维持用户规模的持续上升。未来发展中，能有效规避博客相对门槛较高、社交性不足和微博碎片化、信息质量不高弊端的“轻博客”和“长微博”概念开始流行，已经成为关注的热点，并将随着互联网应用的不断改变，进而促进博客形态的进一步更新。

3.3.2　博客和微博环境下的大学生网络民主参与现状

由于博客和微博的网络应用突出了“个性化网络技术”的个性化、真实化和社会性的鲜明特征，又兼有即时性、迅捷性、进入门槛低和超链接即时信息网络的特点，博客和微博具有鲜明的“自媒体”特征。从微博元年2010年开始，微博更像一股网络风暴席卷网络世界的舆论圈，先后走红网络的众多年度重要人物、网络事件，都使得微博成为网民关注和讨论的焦点。例如，某网络名人几年来利用博客和微博发起了多起学术打假事件，在引起舆论轰动的同时也使得普通人、公众人物、媒体都感受到了“自媒体”的魅力与影响力。总之，博客和微博已经影响人们的生活方式和思维方式，同时也成为高校大学生网络民主参与的重要平台和途径。

大学生在博客和微博环境下的网络民主参与不像在BBS和网络论坛以及人肉搜索环境下的大规模群体化网络参与，而是更多地采用了单打独斗式的参与方式，主要体现在生活娱乐、集体建设、母校发展、批判丑恶、维护生命、举报违法、监督政府和对自身维权等方面。

（一）生活娱乐——一句话“微”生活

微博已经成为广大大学生介入网络民主参与的一个重要途径，是正在迅速扩展并占据大学生网络应用的主要方式之一。表3-2是调查I有关学生在微博上最常用的操作分析状况。数据显示，23.9%的学生上微博最常发表日志，13.5%的学生上微博最常做的事情是联系朋友，19.7%的学生上微博最常做的事情是浏览关注人员的状态，3.8%的学生上微博最常做的事情是评论灌水，另有39.1%的学生从来不用微博。由此可以看出，微博作为一种网络应用发展的新形式，已经迅速为广大学生所接受，并有着很好的发展潜力。

表3-2 样本学生微博最常用的操作分析

选项	频率	百分比/%
发表日志	356	23.9
联系朋友	202	13.5
浏览关注人员的状态	294	19.7
评论灌水	56	3.8
从来不用	583	39.1
合计	1491	100

微博的娱乐性使人们释放心情，用微博的娱乐性达到心理的自我调节，同时可以在娱乐中表达对事务的关注。例如，清华大学某网络红人在自己的新浪微博上晒出自己新作的简介，并将博客原文进行链接。

大学生们在表达娱乐生活的同时，利用微博的短小精悍和博客的精华功能，使得二者相得益彰，达到了很好的结合。

（二）举报违法——体现自身社会责任

在互联网技术应用发展阶段，大学生网络民主参与行为不仅体现在虚拟网络环境中，还更多地体现在与现实生活的结合与互动中。很多同学在生活的点点滴滴中，发现问题，及时利用手中的先进网络技术，参与到网络举报和维护法律尊严的行动中。

2010年6月，一位北京高校的大学生发现自己家乡的检察院开通了官方微博，他就通过微博向检察院举报了家乡基层组织干部在宅基地管理中以权谋私的情况。检察院接到这封举报信后立案侦查，一起贪污腐败案及时得到依法查处。

2012年7月22日，一位大学生在暑假回家的长途客车上，发现客车严重超载，善于玩微博的他于是将客车超载的现象用手机录制成视频发布于微博，并@浙江高速交警的官方微博。浙江高速交警接到微博报警后，立即展开布置，在45分钟后及时将超载客车拦截并对其违法行为进行了处罚，从而消除了发生交通事故的隐患，保证了长途客车上行人的安全。

2013年2月21日，一名河北大学生在山西找工作的过程中，在晋中榆次区被传销组织非法控制，于是逃到屋顶通过微博向当地警方求助并及时通报相关信息，最终当地警方一举摧毁了这个非法传销组织。

类似的大学生用微博举报违法事件的网络案例还有很多，大学生通过微博这一新型网络技术应用，利用即时迅捷的信息把违法事实通知警方，使得违法犯罪行为得到及时处理，既维护了社会治安，也保障了自身的合法权益，体现了大学生的社会责任感。

（三）理性抗争——博客微博自身维权

近年来，随着我国改革开放的深入发展，社会上各种矛盾不断激化，在涉及政府和百姓利益的问题上，部分地区执行不力，造成了官民关系的紧张，这些社会现象都影响了在校大学生的思想和行为。他们关心政治，善于使用最新的网络方式，通过博客和微博等网络应用途径，积极参与到监督地方政府、维护自身合法利益的行列之中，引发了媒体和社会的关注。

2010年10月30日，复旦大学博士生孟建伟在太原市晋源区金胜镇古寨村的老家的房屋被强拆，父亲被暴徒殴打致死。得知这一消息后，他在一年多的时间内，通过博客和微博连续多天实时记录暴力拆迁和事后处置的全过程，用网络维护自己家和全村村民的利益。2011年1月5日，在多家新闻媒体的持续追踪报道和网络舆情的关注下，山西省太原市晋源区“10·30”暴力拆迁致人伤亡案审查终结，太原市人民检察院对17名被告人以故意伤害罪、故意毁坏财物罪、包庇罪依法提起公诉。

大学生勇敢地面对现实，敢于担当，不回避矛盾，用自己的知识和能力展现了对违规执法的监督控诉和对自身权益的维护。

（四）关注时政——热点事件评说

大学生在网络空间的意见表达和参与行为不仅体现为对涉及自身权利的诉求，更多的还体现为对国内外热点事件的舆论关注。而微博的相对快捷性、碎片化，使得大学生们更热衷于关心国内外大事，并积极在微博中参与表达。例如，在北约军队开始轰炸利比亚之后，一位河南大学生在微博上发表一篇七律，表达自己对西方霸权主义的不满。

2011年4月初，正值清华大学百年校庆来临之际，清华大学新闻传播学院某学生在博客上发出了给清华大学的一封信，信中通过叙述所见所闻，从办学理念等方面表达了自己对母校百年办学的反思，表达了对母校的无限关爱和眷恋。

（五）批判丑恶——“微博门”事件

微博，这个曾被媒体和公众寄予诸多美好期许的新事物，你合理利用它，你就会幸福，但是没有限度的话，就可能是灾难。2011年春节期间，广东汕头一家中医院的一名刚刚大学毕业的年轻女医生，2月16日和17日在自己的微博上用手机三次发出图文微博，发表了诸如“您等我下班再死”等不当言论。

2月22日，上述微博经过新浪微博网友的微博转发，迅速在微博和其他网络社区传播，截止到2月26日，微博直接转发就超过20000次，微博评论有3700余条。与此同时，各大门户网站、报纸也争相报道，由此引发对医生职业道德和医患关系的深层次反思。网友根据该医生在微博上传的一张发自国外的明信片，“人肉”搜索到了其姓名和所在单位。对此，事件的矛头直接指向了医生所在的医院，网络的评论如潮。

面对社会和媒体的巨大压力，汕头市中医院在医院网站发表郑重声明，并就此事给社会造成的不良影响深表歉意。该医院在对当事医生李某提出严厉批评教育的同时，停止了该医生的处方权并调离临床岗位。李某本人先是否认是自己发帖，在接受单位的批评教育和处罚之后，也于2月24日晚，通过新注册的微博发出致广大博友、社会各界人士的道歉信。她承认自己发出“冷血微博”，并向社会各界道歉。

对于付出代价的微博事件，发帖人自己经历了人生的一次重大转变，个人的人生观、世界观、道德观和职业道德素质都经受了一次洗礼，从教育人的角度来说，微博事件起到了监督和重塑社会公民道德的作用。

在这起微博事件中，广大博友的积极参与、声讨，成为事件的转折，使得原本是一个普通医生发泄内心工作情绪的日记，升级为对整个医疗行业医生职业道德、尊重生命价值和社会道德素质水平的讨论。如果说这起微博事件有所收获的话，那么有收获的不仅仅是受处分的那位发帖医生——经历了一次人生洗礼，而更应该是那些围观驻足的广大博友和网民——教会他们如何合理利用网络、正视网络空间应该遵循的基本道德尺度。

大学生在博客和微博环境下的网络民主参与案例还有很多，我们不能逐一穷尽所有的案例，加之案例搜集的难度，大学生同质化的案例少之又少，但这都不能否认大学生在通过“个性化网络技术”积极参与网络民主事件中出色的发挥和表达能力。我们有理由相信，随着网络技术的进一步发展，还会出现更多的大学生网络民主参与的途径和方式。

3.3.3　博客和微博环境下的大学生网络民主参与特征

随着互联网技术在Web 2.0阶段的深入发展，博客普遍被各大社交网站设置成基本功能，博客的用户规模进入低速增长期，而手机网民用户的快速增长，使得微博综合了博客、即时通讯、手机传播等优势，获得了越来越多的网民尤其是青少年网民的青睐。网上曾经有一段广为流传的话，它这样形容微博的影响力：“当你的微博粉丝超过100个，你就是一本内刊；超过1000个，就是一个布告栏；超过1万个，就是一本杂志；超过10万个，就是一份都市报；超过100万个，就是一家电视台；超过1000万个，就是一家省级卫视；超过1亿个，那你就是CCTV。”

微博用一个个的粉丝数据，使得许多草根变成网络名人，也为网络空间的公众意见表达提供了一个广阔且活跃的平台。

大学生网民群体作为青少年网民群体的主导力量，他们在博客和微博环境下的网络民主参与突出显示了其“自媒体”的特征，具体表现在以下几个方面。

（一）网络民主参与交往主体广泛化

与前两个阶段的交往主体相比，在以博客和微博为代表的社交网络环境下，大学生网络民主参与交往主体呈现出广泛化的特征。

高校BBS将学生作为交往主体，大学生交往主体较单一，在网络论坛环境下交往主体进一步扩大，而到了博客和微博为代表的社交网络环境下，则呈现出无限扩大化的趋势。这与社交网站自身的技术特性直接相关，我们知道，前两个阶段相对应的技术应用主要是“群体化互动技术”，而第三个阶段则是“用户个性化技术”，加之社交网络自身的理论支撑——“六度分隔理论”[1]的优势，使得它能够迅速扩充网民群体，从而迅速扩大了大学生网络民主参与交往主体的范围和深度。

大学生网络民主参与交往主体的广泛化在扩大大学生社会交往的范围的同时，也为大学生更好地了解社会、熟悉社会，参与社会的民主政治实践提供了机遇，从而使大学生的网络民主观念更加完善、网络民主参与的行为更趋于理性。

（二）网络民主参与主题高度现实化

与前两个阶段的网络民主参与主题相比，在博客和微博环境下网络世界与现实世界的结合更加紧密，大学生网络民主参与主体呈现出高度现实化的特征，突出表现为既涵盖了社会生活的方方面面，又突出了个体化、草根化的特征。

3G技术的运用和智能手机在我国的迅速普及，使得博客和微博环境下的大学生网络民主参与，基本实现了现实世界与网络世界的“无缝对接”，现实世界的主题事件，能够迅速地体现在虚拟空间。这为大学生的网络民主参与创造了便利的条件，在这里大家可以尽最大可能发挥主观能动性，通过博客可以长篇大论、图文并茂、谈古论今，通过微博可以瞬间出击、快速反应，可以用最快的速度与粉丝交流，也可以在瞬间捕捉话题进行讨

[1] 六度分隔理论，即Six Degrees of Separation，亦被译为小世界理论等，是一个数学领域的猜想。该理论认为：你和任何一个陌生人之间所间隔的人不会超过六个，也就是说，最多通过六个人你就能够认识任何一个陌生人。

论，还可以把这个平台当作工具，在自己的小天地娱乐、享受，表达对人、集体、社会和国家的赞美和眷恋，在平民化的草根生活中实现网络民主参与的价值。

微博的技术特点为大学生提供了一个自由发表言论的平台，它的低准入门槛，使得他们可以在最短的时间内完成注册，它的即时性使得大学生更自由、便捷地参与到国家和社会事务当中，他们在几分钟内不经意间就完成了对某事的评论或主导话题，或网络报警，或嬉笑怒骂搞怪生活中的点点滴滴，微博的这种个性化、草根化、平民化特征淡化了博客中精英、名人群体的话语权。

（三）网络民主参与形式自觉娱乐化

与前两个阶段参与形式的自发娱乐化和实用娱乐化不同，博客和微博环境下的大学生网络民主参与则呈现出自觉娱乐化的特征，突出体现为大学生网民把娱乐参与与价值诉求相结合，通过图片反腐、网络围观、网络串联、实名举报和随手拍以及网络流行语的传播与创造等网络行为表达对事件的关注。

个性化网络技术的广泛应用和移动互联网技术的融合，突出了大学生网络民主参与中的主体意识，使得图片反腐和网络串联、网络围观、实名举报和随手拍等成为这个阶段网络民主参与的重要形式。网络围观作为一种新型的网络民主参与形式，突出了参与者的好奇心理和从众心理以及对网络事件的关注，反映了围观者非暴力不合作的心态。博客和微博为大学生的意见表达提供了远远多于BBS论坛的服务功能，这些功能包括文字、声音、图像、视频超链接等几种表达形式。大学生在网络民主参与过程中，可以根据当时情况有目的地自由选择意见表达的参与方式、工具以及特定的网络语言和符号，加入相应的话题进行讨论，因而使得这种参与呈现出自觉性和娱乐化的特征。

由于博客和微博的个性化、迅捷性、互动性、社会化和开放性等特性，发布、接收信息和设置议题变得非常容易，大学生们可以在诸如政治、经济、军事、文化、科技、教育、体育、历史等各个方面就自己感兴趣的议题进行选择并交流和讨论，从而体现出在博客和微博环境下网络民主参与议题设置的多样性特征。在微博的关注和转发过程中，网络串联也以各种形式得以发展，除了对热点事件和关注人物的言论转发外，还有诸如“是中国人就得发”这种主体设置意图非常明显的网络串联形式，大学生们在关注和转发、串联的过程中还不断用手机拍摄视频和图片以及录制声音等加以说明，进一步推动了网络事件的发酵和传播。

与前两个阶段的网络流行语不同的是，博客和微博环境下的网络流行语更体现出“微时代”的个性，网络流行语除了与社会热点事件密切相关之外，有了更多“微”的特征，短小精悍且经典，这些网络流行语在大学生每天的微博与人人网中迅速分享，他们在传播和创造网络流行语这个动态网络参与过程中享受着网络上的自娱自乐。

（四）网络民主参与途径综合多样化

与前两个阶段参与途径的校园主体化和社会主体化不同，在博客和微博环境下的大学生网络民主参与则体现出明显的综合多样化特征。

大学生网络民主参与的综合多样化特征，也是在“个性化互动技术”的应用过程中，伴随着博客和微博这种“自媒体”的自身显著特征而体现出来的。由于博客和微博日益发展成为重要的社会化媒体，它们也成为大学生网民群体获取个人信息、新闻时事、进行人际交往、自我表达，以及信息分享和社会参与的重要信息交流互动平台，同时由于微博相对于其他网络技术应用的巨大优势，它正成为社会公共舆论、传统媒体传播以及各类企业品牌产品推广的重要平台，在这样的平台上进行网络民主参与体现出大学生们的网络民主参与内容和范围的综合化及多样化特征。

“自媒体”强调信息主体的交流与互动，因而博客和微博环境下大学生网络民主参与的鲜明社会性特征还体现在它所参与的途径和平台的多样化方面。由于微博是一个新型的信息集散地，大学生在这里可以快速便捷地将信息传递给自己的粉丝，同时微博作为一个发现新闻线索的平台，大学生可以通过它征集话题并与好友互动，从而使自己时刻处在社会化的过程之中。

（五）网络民主参与性质的趋理性化

对三个阶段大学生网络民主参与的性质进行纵向比较分析，我们发现，大学生网络民主参与的性质呈现出由非理性到逐渐理性再到趋于理性化的渐进过程。

在高校BBS和网络论坛背景下，由于未实行网络实名制，大学生在网络民主参与过程中的非理性化更浓一些，大学生在网络民主参与过程中更多的是随性而为的娱乐参与，因为网络的虚拟化和匿名性使他们较少顾及非理性因素所产生的不良后果，网络民主参与过程中的群体极化现象和网络暴力等非理性的现象时有发生。到了博客和微博时代，由于实行实名制的注册管理，网民更注重个性化和真实化的个人空间形象展示，大学生们开始从参与与自身的切身利益相关的事件向自觉参与转变，通过对社会发展规律的充分认识，在网上追求社会公正的理念、道德和公平正义，在此基础上的网络民主参与就体现出更为理性和客观的一面，从而体现出高度自觉的理性化特征。

第4章 大学生网络民主参与的实证分析

由网络民主参与的内涵可知，大学生网络民主参与是指网络虚拟环境下，大学生个体或群体在政治、经济、文化、生活、微观管理等领域实施民意表达、民主监督，进而影响或改变公共事务民主决策的一种思想和行为表达过程，是大学生这一特殊网络群体在网络运用基础上，通过校内外网络平台，在参与校园事务决策以及涉及国内外重大事件的议事过程中民主意识和民主参与行为的集中体现。它既包含参与者的思想和意识表达，也包含参与者的行为表达。大学生的网络民主参与特征集中体现在交往主体、参与主题、参与形式、参与途径和参与性质五个方面。为从实证分析角度验证第3章中大学生网络民主参与三个阶段和五个维度的特征，本书以两次全国大型调查为基础，结合2001年中共北京市委教育工作委员会的调研数据和2003年清华大学“非典”期间的相关调研结果来进行数据说明。

2009年12月，我们针对大学生的主要网络行为进行了一次全国性的区域调查（此次调查简称为调查I）[1]。在文献综述的基础上主要针对大学生的网络观念（包含网络政治观、网络道德观与网络参与）进行了系统而全面的问卷设计，在全国范围内对于不同地区（东、中、西部，沿海和内地）、不同高校（“985”“211”和地方重点大学）的不同层次（专科、本科、硕士与博士）、不同年级（包括非毕业生和毕业生）的19所高校开展调研，除清华大学发放600份问卷（每套问卷150份）外，每所学校发放400

[1] 此次调查是清华大学课题组承担的2009年首都大学生思想政治教育战略规划课题“‘80后’大学生基本思想特点与发展趋势研究”的一部分，调查共分四套问卷，涉及大学生互联网运用的问卷部分有政治观问卷和心理与网络观问卷，以及价值观问卷的少部分问题。笔者参与了该课题“80后”大学生网络观部分的研究，本书中所引用的数据以这些问卷的基本数据为主。相关调查问卷见附录A、附录B和附录C。

份问卷（每套问卷100份）。调查院校包括：北京地区高校有清华大学、北京交通大学、北京科技大学、中国农业大学、北京工业大学、北京电影学院、首都医科大学、首都师范大学，高职院校有北京工业职业技术学院、北京电子科技职业学院；其他地区高校有中国科技大学、南开大学、华中科技大学、西安交通大学、重庆大学、复旦大学、中山大学、吉林大学、山东大学。共发放问卷5850份，回收有效问卷5043份，有效回收率为86.2%。回收问卷后，对问卷进行了录入统计，最终形成问卷总数据。在对问卷数据进行科学分析的基础上，形成相关数据分析、发展趋势、相关影响因素和结论建议等。研究的目的是从高校思想政治教育的角度把握和了解大学生基本网络运用的现状、网络观的现状和影响因素、大学生网络民主参与的相关数据，从而为大学生民主参与的相关研究提供依据。

在此项调研的基础上，于2011年12月在内蒙古自治区的7所高校和北京市的10所高校同时进行了一次全面问卷调查（此次调查简称为调查II，见附录D），除清华大学和中国石油大学各发放350份问卷外，其他高校均发放200份问卷。这次调查对象涵盖两地不同层次（“985”和“211”、重点大学、普通院校和高职院校）、不同年级（从大学专科一年级到博士四年级）和不同专业（涵盖理、工、农、医、艺术和管理等）的有代表性的院校。北京地区有北京大学、清华大学、人民大学、北京师范大学、北京科技大学、北京体育大学、中国石油大学、北京联合大学、中华女子学院、吉利大学（高职）10所高校；内蒙古自治区有内蒙古大学、内蒙古工业大学、内蒙古财经大学、内蒙古科技大学、呼伦贝尔大学、包头职业技术学院、呼伦贝尔职业技术学院7所少数民族地区院校。共发放问卷3700份，回收有效问卷3594份，回收率为97.14%。调查数据经过输入后运用SPSS 17.0进行了系统分析。调查内容针对所在高校大学生的网络民主参与意识以及网络民主参与行为现状。此项调查既可从整体全观北京和内蒙古两地高校的大学生网络民主参与的现状特征，也为二者进行比较提供了相关数据。

本章立足两次大型全国高校问卷调查，运用实证分析方法验证大学生网络民主参与的特征，以验证大学生在网络民主参与实践中的表现。在比较前人相关研究数据基础上，从进程发展变化和区域差异角度来分析大学生网络民主参与的发展趋势。

4.1 大学生网络民主参与的特征

通过对调查II问卷数据的SPSS 17.0系统的数据描述分析、回归分析和比较，总结出大学生网络民主参与的特征主要体现在网络民主参与主题的广泛化、参与形式的娱乐化、参与途径的多样化、参与性质的理性化、参与结果的两极化五个方面。

4.1.1 网络民主参与主题的广泛化

与普通网民的网络民主参与相比，大学生的网络民主参与的主题呈现出更加广泛化的特征，不仅涉及政治范畴，还涉及经济、文化以及社会生活的方方面面。大学生网络民主参与的主题主要围绕对网络空间国内外热点问题的讨论、与大学生切身利益相关事件的参与、对网络突发事件的认知、对校园生活的关注等。

表4-1的数据显示，在校大学生在面对“通过网络进行哪些校内外民主参与活动”选项时，把“在校园BBS/人人网发表对校园热点看法”“在网络空间投票评选优秀教师”“人大代表的投票选举”以及“加入政党或政治性社团并参加党团组织活动”作为前四位选项，选择比例分别为37.6%、34.8%、27.9%和18%，体现了广泛的网络民主参与范围。

表4-1 大学生网络民主参与经历状况

选项	频率	有效百分比/%
人大代表的投票选举	1004	27.9
加入政党或政治性社团并参加党团组织活动	646	18
政治表达（如请愿、集会、游行等）	565	15.7
为某件涉及个人利益的事致信校长信箱	499	13.9

续表

选项	频率	有效百分比/%
在网络空间投票评选优秀教师	1250	34.8
在校园BBS/人人网发表对校园热点看法	1351	37.6
从未参加过此类活动	432	12
其他	97	2.7

表4-2的数据显示，在“最关注网上何种类型的政治事务”选项中，大学生们把“国际局势”“国家重大政策决策的出台”“反腐倡廉”“两岸关系”以及“各种政治传闻”作为前五位选项，选择比例分别为68.2%、45.1%、41.1%、33%和25.1%，并且这五项数据均在25%以上，体现了大学生政治参与过程中关注内容的广泛性。

表4-2　大学生关注网上政治事务状况

选项	频率	有效百分比/%
国际局势	2452	68.2
国家重大政策决策的出台	1622	45.1
反腐倡廉	1476	41.1
党政人事调动	619	17.2
法律法规	859	23.9
两岸关系	1187	33
各种政治传闻	902	25.1
其他	87	24

另外，表4-4的数据也显示，两地大学生在民主参与过程中把“看视频、聊天、网游等娱乐活动”“搜集资料、进行各类学习活动”“更新博客/微博与个人主页”和“关注时政，浏览国内外新闻”作为前四项关注内容，并且这几项的选择比例均高于20%，体现了大学生所选择内容广泛而均衡的特性。

4.1.2　网络民主参与形式的娱乐化

网络技术的运用是网络民主参与的基础，大学生的网络民主参与建立在对互联网深入了解的基础上，蕴含于网络技术运用的娱乐化过程中。近年来，随着大学生手机拥有率的大幅度提高，各大网络公司纷纷在高校实施校园网络优惠业务，大幅度降低了高校大学生的手机上网费用，也使得网络个人空间及自媒体的运用在大学生中的普及率达到新的水平，从而丰富了高校学生网络民主参与的工具和技术手段。

调查Ⅱ的分析结果表明，互联网已成为大学生获取信息的最重要渠道。表4-3的数据显示，86.4%的大学生把互联网作为获取信息的最重要渠道，这说明大学生已经把互联网作为获取信息的第一选项。

表4-3　大学生对网络技术应用与实际生活关联的认知状况

选项	符合/%	不符合/%	不确定/%
互联网是我获取信息的最重要渠道	86.4	9	4.6
有了网络，我会每天关注网上新闻	51.9	31	17
网络新技术的使用丰富了我进行民主参与的渠道	60	27.7	12.3
我会经常通过更新博客/微博日志、论坛发文等表达自己的看法	59.3	29.2	11.4
有了网络，让我更积极主动地关心社会热点时事动态	69.6	19.1	11.2
通过网络，我保持了跟同学、好友、家人更紧密的联系	82.6	12.2	5.2
BBS/博客/微博/人肉搜索等技术的运用丰富了我们的学习生活	69	21.7	9.2

表4-3的数据还显示，有69.6%的学生因为有了互联网而更积极主动地关心社会热点时事动态，这显示出互联网作为一种技术运用对传统媒介的巨大冲击和对民主参与的推动。

表4-4的数据显示，在对在校大学生进行上网目的的调查中，“看视

频、聊天、网游等娱乐活动”“搜集资料，进行各类学习活动”“更新博客/微博与个人主页”“关注时政，浏览国内外新闻”分列前四项，可见大学生在网络应用中娱乐、学习活动占据了上网的主要时间。在调查II的其他项目调查中，在校大学生选择“搜索引擎”“网络新闻”“博客/微博”作为常用互联网应用的前三项。由此可见，大学生网络民主参与是建立在娱乐、学习和生活等技术手段运用基础上的网络参与。

表4-4　在校大学生上网目的认知状况

选项	频率	有效百分比/%
关注时政，浏览国内外新闻	820	22.8
搜集资料，进行各类学习活动	1365	38
更新博客/微博与个人主页	1001	27.9
看视频、聊天、网游等娱乐活动	1878	52.3

4.1.3　网络民主参与途径的多样化

与传统民主参与相比，网络民主参与以其虚拟性、互动性、平等性和开放性等技术特征为参与主体拓宽了参与途径和渠道，提供了更多便利又可供选择的网络民主参与的方式。网络空间特性改变了民主参与过程中的人们以往接受、处理和发送信息的方式，使其可以迅速便捷地获得想得到的信息并参与到政治生活当中，网络民主参与途径由此呈现出多样化的特征。

调查II显示，目前高校有92.1%的大学生使用手机上网。随着互联网技术在高校的普及，大学生网络民主参与经历了以邮件转发和校内BBS论坛为主要途径的初始阶段，并伴随网络技术的不断发展向着新的发展阶段演进。

表4-5的数据显示，高校大学生在“网络民主参与最常用的信息转发、共享方式”的选择中，“博客/微博共享与转发”“即时通讯工具转发”“移动飞信/短信转发”超越之前一直位于前列的“邮件转发”和“论坛转帖”而排名前三位，进一步的数据分析显示，这三种选择所占比例都超过30%。

表4-5 大学生民主参与最常用的信息转发或共享方式认知

选项	频率	有效百分比/%
移动飞信/短信	1084	30.2
博客/微博	1619	45
邮件转发	665	18.5
论坛转帖	307	8.5
即时通讯工具	1158	32.2
其他	72	2

结合第3章中大学生网络民主参与的诸多案例我们可以知道，随着互联网技术应用的不断发展，大学生在网络环境下的民主参与活动有了更多的途径选择。他们已经能够熟练利用各种网络平台，达到在各个平台间自由交流和共享信息，并在网络民主参与过程中通过这些平台的链接和共享，使得信息更快地传播，以达到最佳的舆论效果。南京“汉口路西延工程事件”、武汉大学“高架桥事件”等案例均显示了在校大学生网络民主参与过程中对参与途径的熟练运用。

4.1.4 网络民主参与性质的理性化

理性行为是合理地指向有意识的目标实现的行为，大学生网络民主意识理性化主要体现为大学生对自身网络民主意识的清醒认识和在网络民主参与过程中体现出的负责任的态度及行为。这种意识理性化体现在如下几个方面。

一是对民主观念的把握较为清醒。调查II的数据显示（见表4-6），高校大学生中有53.4%的学生对于网络民主概念非常了解或了解一些；有37%的同学听说过，但不清楚；只有9.6%的同学表示完全不了解。以上数据显示，大学生网络群体整体上对网络民主的概念还是有清醒认识的。

表4-6　大学生对网络民主概念的了解程度状况

选项	频率	有效百分比/%
非常了解	287	8
了解一些	1630	45.4
听说过，但不清楚	1329	37
完全不了解	343	9.6
合计	3589	100

二是对民主素质的认知较为现实。对民主素质的认知主要体现在对大学生网络民主意识和能力的看法上。调查II的数据显示（见表4-7），有10.4%的学生认为当前大学生的网络民主意识和能力很强；有55.8%的学生认为当前大学生网络民主意识和能力一般；有30.9%的学生认为当前大学生网络民主意识和能力十分薄弱。数据显示，大学生对于当前环境下自身网络民主意识和民主参与能力的认知还是比较现实和真实的。

表4-7　大学生对自身网络民主参与意识和能力的看法

选项	频率	有效百分比/%
很强	374	10.4
一般	2006	55.8
十分薄弱	1110	30.9
可有可无	102	2.8

三是对所参与事件的认知较为理智。表4-8的数据表明，有47.4%的大学生在网络民主参与过程中对所参与的事件有比较清晰的认识；有42.7%的同学在网络民主参与过程中对所参与事件的认识较不清晰；只有9.9%的同学在网络民主参与过程中对所参与的事件很不清晰；以上数据分析表明，在网络民主参与过程中大学生网民有将近一半的稳定群体，这对网络议事空间的舆论导向来讲是个非常稳定的主体。

表4-8 大学生网络民主参与中对事件认知的清晰度

认知程度	频率	有效百分比/%
比较清晰	1702	47.4
较不清晰	1530	42.7
很不清晰	355	9.9
合计	3587	100

表4-9的数据显示，在问及参与网络事件的动因时，有54.9%的同学选择即兴参与网络民主；有23.8%的同学选择主动参与网络民主；有15.8%的学生选择被动参与网络民主。这体现了两地大学生对民主意识的自我认知具有理性化的一面。

表4-9 大学生参与网络民主的动因认知

选项	频率	有效百分比/%
上网时偶尔浏览到相关网页，即兴参与	1974	54.9
应学校政策要求和工作职务要求，被动参与	533	15.8
网络是实现民主权利的重要方式，主动参与	855	23.8
为自身以后的发展准备（考公务员等）	370	10.3
随大流	152	4.2

四是对公共事务理性参与和分析。表4-10的数据显示，在实施网络参与过程中，有62%的大学生表示，在网上转载或应用信息时，有必要核实信息的真实性；有53.3%的大学生表示，在网站要求实名注册时，通常会注册真实个人信息；有53.3%的大学生表示，不崇拜攻陷美国国防部网站的黑客行为；有75.3%的大学生反对利用木马获取他人账号信息的行为；有31%的大学生表示，为了维护社会公平和正义，会人肉搜索相关人，同时有62.7%大学生不赞成参与应用人肉搜索；有65.1%的大学生反对为了赚钱和锻炼网络运用能力去参与“网络水军”，有45.7%的人认为即使不会也不去

学习并运用黑客技术；有60.6%的大学生能够在面对网络突发事件时冷静分析后再作出评议或者跟帖。以上数据表明，大学生在网络民主参与过程中的民主意识体现出理性化的特征。

表4-10 大学生参与网络民主时对应用传播网络信息的认知

选项	符合/%	不符合/%	不确定/%
在网上转载或者应用信息时，没有必要核实信息的真实性	29.6	62	8.4
在网站要求实名注册时，我通常会注册真实个人信息	53.3	33.2	13.5
对于攻陷美国国防部网站的黑客行为，我很崇拜	32.4	53.3	14.3
利用木马等获取他人账号信息，只要不是恶意的就没关系	19.5	75.3	5.2
对于人肉搜索行为，我非常赞赏，也会积极参与	23	62.7	14.3
为了维护社会公平和正义，我会人肉搜索相关人	31	55.1	13.9
为了赚钱和锻炼网络运用能力，我会参与“网络水军”	23.2	65.1	11.8
如果不违法，我会学习并运用一些黑客技术	43.6	45.7	10.7
面对网络突发事件，我会冷静分析后再作出评议或者跟帖	60.6	22.7	16.7

在大学生参与公共事务的网络态度的交叉分析中，我们发现，大学生能够从理性出发而很少从自身利益出发考虑问题。从性别、年级、学历、政治面貌与大学生在面临公共事务时的态度的交叉分析中，我们发现，无论从大学生性别差异因素，还是从大学生本科年级差异因素，或是从大学生学历差异因素，抑或是从大学生政治面貌差异因素进行分析，大学生在“进行客观冷静的分析，理性地参与讨论”上的选项率，均占个体选项的第一位，并且呈现出男生较女生冷静，本科生随着年级升高比例逐步降低，政治面貌和学历越高而比例越高的特征。

4.1.5 网络民主参与过程的两极化

大学生网络民主参与过程是大学生网络群体综合运用各类网络技术，实施和展现网络民主意识的过程，这一过程也受到传统媒介和社会环境的影响，体现出大学生在网络民主参与过程中行为和观念的矛盾性和两极化特征。

一是积极参与网络空间公共事务。调查Ⅱ的相关数据表明，不同学历比较之下，54.2%的本科学生有参与网络投票活动的经历，明显高于专科、硕士和博士学生的比例，说明本科生最富有激情和热情，敢于表达自己的见解和想法。数据显示，有93%的学生参与学校BBS上对学校公共事物的激烈争论，说明学生对网络民主有积极的认同感。大学生由于活动范围大部分都在学校里，所以参加的民主活动大都是学校的活动和网络活动，如40%~50%的大学生参与过网络投票、学生党代会、团代会、学生代表会议及学生干部选举活动。

二是参与中观念和行为的两极化。从相关调查结果分析可知，两地大学生网络民主参与的积极性较高，认知水平高，但真正参与时，却又往往退缩不前。与北京地区相比，内蒙古地区的大学生在这一过程中更趋向沉默、保守，缺乏自信。

这种明显的知行反差造成了大学生面对网络技术的一种矛盾性悖论和两极化现象，即网络技术的日益普及，使得大多数人离不开网络虚拟生活，但又在具体使用过程中变得不相信这一技术所产生的虚拟信息。体现出大学生在网络民主参与过程中，面对网络新技术和信息既跟随又拒斥、既盲从又理性、既理性又犹豫的矛盾性和两极化倾向。从技术运用的角度，他们担心错过网络新技术会显得落伍从而盲目地采取跟随策略来学习使用，但从心理意识上，传统的理念又迫使他们用理性的判断去约束这一技术的具体实施和运用。

调查Ⅱ的数据显示，有86.4%的在校大学生确信“网络是在民主参与过程中获取信息的最重要渠道”，但又有超过56.4%的同学认为与传统媒介相比网络信息不可信；有78.3%的同学认为可以或者在小范围内进行“网上人大代表或学生会组织的公开选举”，也有47.2%的同学选择不一定会参与这个选举活动。

纵向比较分析的调查结果还显示，在校大学生有78.2%的人认为非常有必要关心和参与政治；有61.2%的学生认为网络会增强大学生的民主参与意识、提高政治参与热情；有57.1%的人认为网络的运用会拓宽大学生民主参与的途径并增加其参政议政的机会；有81.9%的人认为“大学生参与校园内外网上选举、评论、民意调查、信访等网络民主参与活动对社会主义民主政治”非常重要或比较重要。但这种认识上的热情并不能改变他们实践时的犹疑不定，在面对“经过‘王帅帖案’后是否会在网络平台发表揭露时弊的意见”这一问题时，有30.4%的人选择“犹豫后再去做”，有30.3%的人选择“比较忧心，拿不定主意”，只有31.3%的人选择“当然会，坚持做”。

从以上几项特征的结论我们发现，实证分析得出的结果印证了在高校BBS论坛、校外网络论坛和网络搜索引擎、博客和微博三阶段发展环境下大学生网络民主参与实践的现状和特征，这一实证分析结果也体现了大学生网络民主意识和网络民主参与行为的内在统一关系。通过以上大学生网络民主参与特征的实证分析可知，大学生在网络空间进行的民主参与活动，既体现在生活和娱乐的过程中，也体现在对专门热点事件的意愿表达中，既具有大学生朝气蓬勃、富于激情、勇于表达的一面，也具有普通网民的平民化和草根性，既体现出理性化的一面，又时现非理性甚至极端化的一面。这种受网络技术应用所影响的网络民主参与过程中的异化倾向，值得我们高校网络思想政治教育工作者深思。

4.2　大学生网络民主参与的发展趋势

大学生网络民主参与既包含大学生网络民主参与的行为表现，也包含主导这种行为表现的网络民主观念特征。而大学生网络民主观念产生于网络运用的环境之下，它的形成离不开现实世界生活环境的熏陶。对于大学生网络民主参与的相关研究不仅要注重案例分析的方法，还需要进行基于调查的实证分析研究。本书将立足调查I、调查II的数据分析，结合国内其他相关权威调查研究数据，从进程发展变化和区域差异上对大学生网络民主观念和行为进行比较，以期从中寻找大学生网络民主参与的发展趋势。

4.2.1　进程发展比较分析

互联网进入我国高校已经二十多年，这期间大学生的网络应用日新月异，与网络技术相适应的大学生网络民主参与意识和行为在参与途径、形式手段上都有了显著的发展。大学生网络民主参与的时间维度比较分析体现为大学生网络民主参与因参与途径的阶段性变化而发生变化的趋势，这是通过时间跨度的纵向比较而得出的差异特征体现。本书以调查Ⅰ和调查Ⅱ为基础，结合国内前人的两次相关调查（分别简称调查Ⅲ和调查Ⅳ）[1]，经过比较分析，得出大学生网络民主参与的发展趋势和特征。确切地说，这种发展趋势和特征主要体现为网络民主参与过程中的网络基本应用、参与途径、参与中的信息共享和传播工具、参与的主体意识等随着时间进程的延伸而展现出的发展倾向性特征。

（一）网络应用状况的发展变化

大学生网络民主参与随着互联网在高校的应用逐步深化而发展，随着以互联网为代表的信息化技术的推广应用而逐渐加强。通过四次调查的数据比较分析我们发现，大学生在网络民主参与的各个阶段，其网络应用参与手段具有明显的变化。

首先，这种变化体现在上网时间上。从表4-11的对比可见，在校大学生上网比例随时间推移变化显著。在每天上网小于1小时的学生状况比较中我们看到，从调查Ⅲ到调查Ⅱ的数据分别是58.6%、44.1%、40.4%和23.2%，体现出随时间向后推移百分比逐步下降的趋势。而与此相对应，大

[1] 主要包含2001年中共北京市委教育工作委员会组织的对北京市15所高校的随机调查(简称调查Ⅲ)，张瑜副教授于2003年在清华大学所作的抽样调查(简称调查Ⅳ)。之所以结合这些调查，是因为：前者是官方组织的第一次大规模(15所高校参与)的针对北京市高校的互联网应用调查，涉及范围广，参与专家学者多，所调研的数据和结论在学界被广泛应用；后者的调查数据是在校园BBS成立最早的清华大学作的重点调查，其调查数据和研究成果——校园网络亚传播圈的研究在我国高校网络思想政治教育中具有重要的参考价值。以上两次调查数据和研究成果在我国高校网络思想政治教育领域享有较高的引用率。以上四次调查均采用SPSS相关数据系统分析。

学生上网时长在1~2小时和大于2小时的有效百分比却呈现出随时间推移而上升的变化趋势。

表4-11 在校大学生每天上网时间分布状况比较

小时数	调查III 有效百分比/%	调查IV 有效百分比/%	调查I 有效百分比/%	调查II 有效百分比/%
	2001年	2003年	2009年	2011年
<1	58.6	44.1	40.4	23.2
1~2	20.7	23.3	26.5	37.5
>2	20.7	32.6	33.1	39.3
合计	100	100	100	100

其次，这种变化体现在网络应用手段上。大学生网络基本应用的手段除互联网外还有一个重要手段就是手机上网。从图4-1可见，随着互联网技术的加速发展，移动互联网在我国飞速发展，作为移动互联网主要载体的手机网民数从2006年开始呈现出迸发的态势，从2006年的0.13亿人到2012年的3.88亿人，6年间增加了28.85倍，体现出普通网民手机上网比例随时间推移差距显著的趋势。

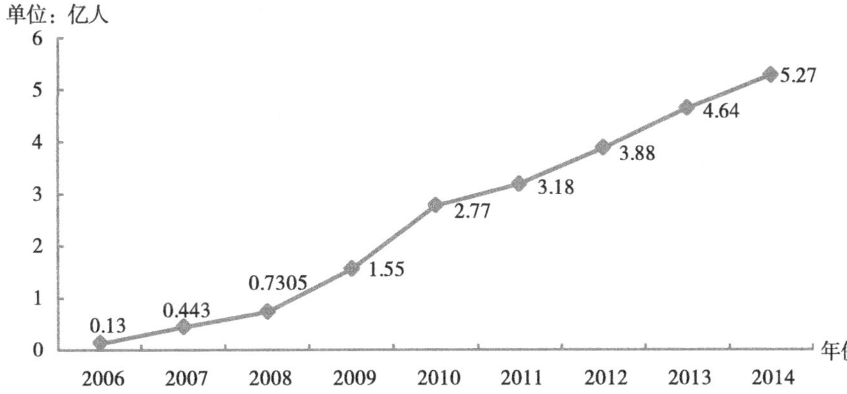

图4-1 近年来手机网民的数量变化

手机上网是衡量微博等自媒体普及的一项重要标志，因其方便、快捷深受广大同学喜爱，大学生作为青少年网民网络应用的主体，更是积极引领网络潮流，他们近年手机上网的比例变化更是快速增高。从表4-12我们可以看到，从调查III到调查II显示的手机上网率分别为0%、0%、75.2%和92.1%，在校大学生手机上网变化显著，尤其是调查II显示两年间手机上网率比调查I高出约17个百分点，到2011年手机上网已经达到九成以上。

表4-12　在校大学生使用手机上网状况比较

选项	调查III 有效百分比/%	调查IV 有效百分比/%	调查I 有效百分比/%	调查II 有效百分比/%
	2001年	2003年	2009年	2011年
是	0	0	75.2	92.1
否	0	0	24.8	7.9
合计	0	0	100	100

最后，这种变化体现在上网目的比较上。表4-13的数据分析显示，在信息获取的网络应用上[1]，四次调查数据分别为73%、63.75%、66.4%、79.8%，显示出信息获取始终是大学生网络应用的最主要选择，这与我国网民网络应用的整体特征稍有不符，据CNNIC统计数据显示，我国网民的互联网第一应用直到2010年底才由信息获取转为交流沟通。在交流沟通这一网络应用上，四次调查依时间顺序比例逐年增加，呈现出逐渐赶超信息获取这一网络应用的趋势，这与近年微博和SNS网站等自媒体的迅猛发展有关。在休闲娱乐的网络应用上，四次调查在整体态势上呈现出随时间后移而逐渐增加的趋势，但所显示的数据均呈现较低比例，与CNNIC有关我国网民整体数据的比例相差悬殊，显示出大学生与普通网民在网络应用上的差距。

[1] 按中国互联网络信息中心(CNNIC)的分类，各类网络应用主要包含网络娱乐、信息获取、交流沟通、商务交易四大类。其中，信息获取包含网络新闻和搜索引擎，交流沟通包含即时通讯、博客应用、电子邮件、社交网站和论坛/BBS，网络娱乐包含网络音乐、网络视频、网络游戏和网络文学等网络应用，其他还有商务交易等，此处不涉及，暂不予列出说明。

表4-13　大学生上网目的比较

对比项	调查III 有效百分比/%	调查IV 有效百分比/%	调查I 有效百分比/%	调查II 有效百分比/%
	2001年	2003年	2009年	2011年
信息获取	73	63.75	66.4	79.8
交流沟通	53.8	19.55	24.5	79.5
休闲娱乐	35.4	9.83	8.6	47.8

（二）网络民主参与途径的发展变化

大学生网络民主参与途径是大学生在参与某一网络事件时根据校园内外网络的技术环境和信息环境所作出的最优化选择。表4-14的分析结果显示，随着时间的推移，四次调查中大学生选择网络民主参与的途径和渠道发生明显的变化，在校园BBS、校外网络论坛和博客/微博之间依次过渡，体现了学校网络技术运用由“群体化互动技术”向“个体化互动技术”阶段的转移。

表4-14　大学生互联网网络民主参与最主要途径

选项	调查III	调查IV	调查I	调查II
	2001年	2003年	2009年	2011年
首选项	校园BBS	校园BBS	校外网络论坛	博客/微博
次选项	校外网络论坛	校园新闻网站	博客/微博	校外网络论坛

同时，这种变化也与大学生网络民主参与的三个发展阶段相印证，与CIINC统计中所展示的普通网民网络民主参与的场域转换相符合。调查I和调查II正是我国博客和微博迅速发展的阶段，从第3章的图3-1中可以看出，微博在2009年开始在我国发力，2010年进入跨越式发展阶段，到2011年达到了雪崩式发展，一年内网络用户就由6311万飞速增加到24988万，新增网络用户18677万，净增2.96倍。微博也由此成为全国网民最主要的网络应用之一。

（三）信息共享传播工具的发展变化

互联网作为第四媒体，它的自由、平等、信息传播的快捷性和扁平性等特征为广大网民带来比传统媒介更方便快捷的服务。调查的对比分析表明，大学生网络民主参与的信息传播与共享工具具有时间性的差异。表4–15的数据显示，邮件转发方式从调查Ⅲ到调查Ⅱ的数据分别是43.2%、6.1%和18.5%，体现出明显的差距，并呈现出随时间推移比例逐渐大幅度降低的趋势。即时通讯工具作为大学生日常生活联系的主要应用工具，从调查Ⅲ到调查Ⅱ的数据分别是43.2%、18.2%和32.3%。邮件转发和即时通讯工具在大学生常用信息传输方式中始终处于前两位。移动飞信作为移动互联网的最新应用，这几年获得了飞速发展，在大学生中获得了广泛应用，后虽因微博等自媒体的出现而有大规模的回落，但仍呈现出较高的使用率。从表4–15的比较中我们发现，调查Ⅲ的应用方式中体现了互联网在高校发展初期功能和应用还不普及的现实状态，当时的书信联系、电话以及见面交流等传统传输和交流信息的方式已经随着互联网在我国高校的迅速普及而被更新的功能、更全的信息传输方式所取代。而今，新的信息传输与共享方式如微信也已经出现并迅速在广大大学生网民中普及和运用。

表4–15　大学生民主参与最常用的转发或信息共享方式比较

选项	调查Ⅲ百分比/%	调查Ⅰ百分比/%	调查Ⅱ百分比/%
移动飞信/短信	—	56.0	30.2
博客日志共享	—	16.6	28.9
邮件转发	43.2	6.1	18.5
论坛转帖	11.5	2	8.5
即时通讯工具	43.2	18.2	32.2
微博转发	—	1.1	2
电话	28.5	—	—
书信联系	10	—	—
见面	10.4	—	—

大学生使用微博是伴随微博引进我国后开始的。微博于2009年引进我国，从2010年开始规模增加，并在2011年开始规模呈爆发式增长，迅速成为包括大学生在内的广大网民的网络应用。微博作为大学生网络民主参与第三阶段的主要应用工具和途径，从内容和基本操作上也体现了其时间性的特征。

表4-16的数据显示，调查I中有39.1%的大学生从来不用微博，而这一数据在两年后的调查II中已经迅速降低为11.7%，相对于庞大的学生群体体现出微博快速的普及。两年间，在发表日志这一微博操作的比例基本未变的情况下（分别为23.9%和23.3%），联系朋友和浏览关注人员的状态两项操作则得到大幅度提高，分别由13.5%和19.7%迅速攀升至23.5%和37.9%，一跃成为大学生微博最常用操作的前两位。这体现出大学生群体经过两年多的发展，在微博应用上开始更注重交往，增加与以往好友联系的同时，也增加了与网友的微博互动。值得注意的是，在大学生微博利用上，“评论灌水”这一BBS常见的网络行为却很少有人使用，调查I和调查II分别只有3.8%和4.2%的比例。这说明，微博作为最方便快捷的自媒体，不适合BBS和网络论坛那种群体式的评论灌水。而简单的发表日志和浏览关注就已经能轻松达到网络快速传播信息的目的。在微博上，一句简单的话语和普通的关注就已经赋予某一个网络事件的网络民主参与行为的性质。

表4-16　大学生微博最常用的操作分析

选项	调查I频率	调查I百分比/%	调查II频率	调查II百分比/%
发表日志	356	23.9	832	23.3
联系朋友	202	13.5	843	23.5
浏览关注人员的状态	294	19.7	1361	37.9
评论灌水	56	3.8	152	4.2
从来不用	583	39.1	426	11.7

（四）民主参与主体意识比较

网络民主参与意识体现了大学生在网络民主参与过程中的网络认知态度，包含接触和处理事务过程中所体现的世界观、人生观、价值观等内容。四次调查显示，大学生在网络空间进行网络民主参与的不同时间段上，对网络事物的认知既有相同的一面，也有不同的一面。具体体现为以下几方面。

第一，都把互联网作为获取信息的主要渠道。表4-17的数据显示，四次调查中大学生对互联网作为大学生民主参与中获取信息的主渠道持肯定意见的比例分别是82.7%、79.2%、84.8%和86.4%，体现了较高的认同率和趋同性。而对传统媒介持肯定的比例则基本在10%~20%，体现了较低的认同率。

表4-17　大学生对互联网是否网络民主参与获取信息主渠道的认知

选项	调查III 有效百分比/%	调查IV 有效百分比/%	调查I 有效百分比/%	调查II 有效百分比/%
	2001年	2003年	2009年	2011年
符合	82.7	79.2	84.8	86.4

第二，在对所获取信息的真实性认知过程中，都认为传统媒介更可信，但又有内部明显的差距。表4-18的数据显示，在大学生对是否感到“与传统传媒相比更相信网络新闻”这一问题时，四次调查持肯定态度的数据分别是5.3%、29.2%、31.2%和33.2%，体现了按时间顺序依次提高的趋势。我们看到最早开始的调查III相较于后三者，在数据比较上均有明显的差距。这与近年来网络实名制的实施、网民整体素质不断提高、相关立法工作的完善以及网络空间管理逐步规范有直接的关系。

表4-18　大学生对于“与传统传媒相比更相信网络新闻”的感受

选项	调查III 有效百分比/%	调查IV 有效百分比/%	调查I 有效百分比/%	调查II 有效百分比/%
	2001年	2003年	2009年	2011年
肯定	5.3	29.2	31.2	33.2

4.2.2　区域差异比较分析

互联网在我国高校的发展推广和应用是个不均衡的过程，按其发达程度和普及程度体现出与教育程度相一致的特征，即东部强西部弱、沿海强内地弱的整体概观。本章有关大学生网络民主参与的地域性维度比较分析，主要是通过对调查II中北京和内蒙古地区两地高校大学生的问卷数据比较分析，总结出大学生网络民主参与从基本应用到民主意识和民主参与行为的区域性差异特征。具体来说，两地大学生网络民主参与的差异主要体现在网络民主参与中网络技术基本应用和参与内容的差异、参与途径的差异、参与过程的差异以及参与主体的整体意识差异等几个方面。

（一）参与的网络基本应用差异

网络基本应用是制约大学生网络民主参与的关键因素，通过比较北京和内蒙古两地高校大学生具体上网时间和网络应用情况的数据，我们发现二者存在明显的差异性，体现在以下几方面。

一是两地学生在上网时间上有明显的差异，北京地区大学生上网强度更高。表4-19显示，北京和内蒙古两地在校大学生每天上网时间不足1小时的比例分别是20.7%和31.7%，内蒙古地区大学生明显高出北京大学生11个百分点。在3~4小时和5~6小时这两个时间段上，北京地区大学生均明显高于对方，在3~6小时这一时间段上，北京高校大学生上网比例（39%）高出内蒙古高校大学生（21.4%）17.6个百分点，体现出北京高校大学生明显的上网强度。

表4-19　两地大学生每天使用互联网时间状况比较

选项	北京高校		内蒙古高校	
	频率	有效百分比/%	频率	有效百分比/%
不足1小时	580	20.7	252	31.7
1~2小时	1059	37.9	287	36.1
3~4小时	808	28.9	132	16.6
5~6小时	281	10.1	38	4.8
其他	68	2.4	85	10.7
合计	2796	100	794	100

二是两地学生在常用互联网应用上有较明显的差异。表4-20显示，北京和内蒙古两地大学生常用互联网应用的前三位选项都是“搜索引擎”“网络新闻”和“博客/微博”，两地大学生在整体选择上一致，但横向比较两地大学生的数据发现，北京高校大学生在“搜索引擎”的利用率上要远远高于内蒙古地区大学生，二者的比例分别为53%和40.6%，相差12.4%。而在“网络新闻”和“博客/微博”“网络音乐”等项目的选择上，内蒙古高校大学生的选择比例均高于北京高校大学生7%以上。

表4-20　两地大学生常用互联网应用状况比较

选项	北京高校		内蒙古高校	
	频率	有效百分比/%	频率	有效百分比/%
搜索引擎	1482	53	324	40.6
网络新闻	783	28	279	35
即时通讯	662	23.7	148	18.5
电子邮件	581	20.8	175	21.9
博客/微博	669	23.8	249	31.2
论坛/BBS/SNS 社区	337	12.1	59	7.4
网络音乐	369	13.2	161	20.2

续表

选项	北京高校		内蒙古高校	
	频率	有效百分比/%	频率	有效百分比/%
网络视频	400	14.3	139	17.4
网络游戏	229	8.2	81	10.2
网络购物/售物	221	7.5	88	11
网络支付	107	3.8	59	7.4

三是两地大学生在对网络应用的作用认知上存在明显差异。通过表4-21的进一步交叉分析我们发现，虽然两地大学生都选择互联网技术作为民主参与的主要手段，但是两地之间仍有着明显差异。从“网络新技术的使用是否是丰富民主参与的渠道”这一选项的选择结果可知，北京高校持肯定态度的学生比例明显高于内蒙古地区高校，选择符合的为64.1%，高出内蒙古高校大学生（45.6%）18.5个百分点，这种巨大差异体现了北京高校大学生对网络技术作为网络民主参与手段的认知水平更高。

表4-21　网络新技术的使用丰富了大学生进行民主参与的渠道的认知

选项	北京高校		内蒙古高校	
	频率	有效百分比/%	频率	有效百分比/%
符合	1791	64.1	364	45.6
不符合	738	26.4	258	32.3
不确定	267	9.5	176	22.1
合计	2796	100	798	100

（二）网络民主参与的内容差异

大学生网络民主参与活动，是基于大学生网络基本应用基础之上的民主参与，也是基于大学生网络应用娱乐性基础之上的民主参与，其内容都源于生活和网络应用的方方面面。

表4-22显示，北京高校大学生通过网络进行的民主参与活动排前三名

的依次是“在校园BBS/人人网发表对校园热点看法”“网络空间投票评选优秀教师”和“人大代表的投票选举”。而内蒙古高校大学生通过网络进行的民主参与活动排名前三的依次是“网络空间投票评选优秀教师”“在校园BBS/人人网发表对校园热点看法”和“为某件涉及个人利益的事致信校长信箱”。

表4-22 两地大学生通过网络进行校内外民主参与活动状况比较

选项	北京高校		内蒙古高校	
	频率	有效百分比/%	频率	有效百分比/%
人大代表的投票选举	860	30.8	144	18
加入政党或政治性社团并参加党团组织活动	488	17.5	158	19.8
政治表达（如请愿、集会、游行等）	419	15	146	18.3
为某件涉及个人利益的事致信校长信箱	333	11.9	166	20.8
网络空间投票评选优秀教师	966	34.5	284	35.6
在校园BBS/人人网发表对校园热点看法	1088	38.9	263	33

从排第三位的选项和数据差来看，北京高校大学生参与“人大代表的投票选举”的有30.8%，远远高于内蒙古高校大学生18%的比例，而内蒙古高校大学生则更关注身边的事，把“为某件涉及个人利益的事致信校长信箱”作为第三项选择的共有20.8%的同学，高于北京高校11.9%的比例。由此我们可以看出，北京高校的大学生更乐于参与政治。

（三）网络民主参与的途径差异

大学生网络民主参与的途径包含大学生在网络民主参与过程中的参与平台和参与方式的选择。表4-23显示，北京高校的大学生在选择民主参与平台时，把“博客/微博”“贴吧”和“大学论坛/BBS”作为前三项选项，而内蒙古高校大学生则把“博客/微博”“QQ群落”和“贴吧”作为前三项选项。

表4-23 大学生最喜欢的网络民主参与平台状况

选项	北京高校 有效百分比/%	内蒙古高校 有效百分比/%
政治网站	14.3	17.7
时事网页论坛	30.6	31
大学论坛/BBS	34.2	30
贴吧	36.1	44.6
博客/微博	55.5	74.9
电子邮箱	12.7	20.2
QQ群落	33	48.7
其他	4.1	4

表4-23的数据显示，内蒙古高校大学生对“博客/微博”的利用率比较高，达到了74.9%，高于北京高校大学生19.4个百分点。内蒙古高校大学生对“贴吧”的利用率也较高，高出北京高校大学生8.5个百分点。表4-23的数据表明，大学生网络民主参与平台的选择正好验证了本书第3章对于大学生网络民主参与第三阶段的划分。

大学生表达对公共政策的关注并投入其中，是其积极参与民主政治的体现。表4-24的数据显示，北京高校大学生的网络民主参与更注重大的利益诉求，并建言献策，而内蒙古高校的大学生则更注重把关心公共政策的网络民主参与作为培养自己能力和丰富学识的机会，对于这一项的选择，内蒙古高校大学生的选择比例为57%，高出北京高校大学生（42%）15个百分点。

表4-24 大学生对公共政策的关注与参与预期比较

选项	北京高校		内蒙古高校	
	频率	有效百分比/%	频率	有效百分比/%
关心，我希望能表达利益诉求，建言献策	1578	56.4	437	54.8
关心，我希望选出代表我的代言人或领导人	789	28.2	248	31.1
关心，我把它作为培养自己能力和丰富学识的机会	1174	42	455	57
不关心，我对这些不感兴趣	272	9.7	136	17

（四）网络民主参与的过程差异

大学生在网络空间参与热点问题讨论是网络民主参与的重要形式，调查表明，北京和内蒙古两地大学生有着明显的区域性差异，体现在以下几个方面。

一是大学生群体在参与过程中存在积极者和沉默者两大群体。见表4-25，有73.1%的北京高校大学生“经常参与”或“偶尔参与”热点问题讨论，体现了大学生对网络民主积极参与的一面。但也有近30%的学生“从未参与”热点问题讨论，这一选项内蒙古高校大学生的选择比例高达41.2%，比北京高校多14.3个百分点。可见，内蒙古地区大学生网络民主参与过程中沉默者相对较多，差异化和两极化更为严重。

表4-25　两地大学生参与网上社会热点问题讨论现状比较

选项	北京高校		内蒙古高校	
	频率	有效百分比/%	频率	有效百分比/%
经常参与	327	11.7	40	5
偶尔参与	1718	61.4	426	53.7
从未参与	751	26.9	327	41.2
合计	2796	100	793	100

二是北京高校大学生在民主参与过程中参与热情较高。调查II的数据显示，北京地区大学生在“我会更关注与大学生切身利益相关的事件并在网络上发表意见”“我会经常关注校园相关服务网站，并在上面发表自己的意见”“面对网络突发事件我会冷静分析或再作出评议或者跟帖”等项判断中，选择“符合”选项的同学比内蒙古高校大学生高出10个以上的百分点（三项的百分比数据分别为61.4%和48%，42.4%和32.1%，60.6%和49.2%），显示出较高的参与热情。

三是内蒙古地区大学生在民主参与过程中比较沉默。调查II的数据显示，内蒙古高校大学生面对网络环境下的民主参与的相关选项时体现出明显的不确定性，选择“不确定”选项的数据（分别是24.8%、26.9%和

29.6%）均高于北京高校大学生10个以上百分点，体现了内蒙古高校学生参与过程中两极化更为严重，沉默者的比例相对较高，对待事物持观望态度，缺乏信心等心态和特征。

（五）参与主体的整体意识差异

大学生网民的网络民主参与意识包含对网络民主的概念认知程度、对所参与事件的理性认知程度以及对网络民主的发展趋势的认知等方面的内容，两地大学生的网络民主意识差异体现在以下几个方面。

一是对网络民主概念的认知度有较大差距。表4-26的数据显示，北京高校大学生对网络民主概念“非常了解”和“了解一些”的占56.2%，高出内蒙古高校大学生这一选项（43.4%）12.8个百分点。而内蒙古高校大学生选择“完全不了解”的比例为15.5%，高出北京高校大学生（7.9%）7.6个百分点。两地大学生分别有35.9%和41.1%“听说过，但不清楚”网络民主这一概念，这说明，网络民主思想还没有在广大高校学生中深入普及，这也对高校网络思想政治教育引导工作提出了警示。

表4-26　两地大学生对网络民主概念的了解程度比较

选项	北京高校		内蒙古高校	
	频率	有效百分比/%	频率	有效百分比/%
非常了解	244	8.7	43	5.4
了解一些	1329	47.5	301	38
听说过，但不清楚	1003	35.9	326	41.1
完全不了解	220	7.9	123	15.5
合计	2796	100	793	100

二是对网络民主参与的事件是否清晰认知有较大差距。表4-27的数据显示，对所参与的网络事件有“比较清晰”认识的占北京高校大学生的50.8%，对这一问题内蒙古高校大学生只有35.2%的人作出这一选择，整整低于北京高校大学生15.6个百分点。内蒙古高校大学生有17.8%的同学选择对网络民主参与的事件“很不清晰”，这一比例高出北京高校大学生（7.6%）

10.2个百分点。同时，两地高校大学生分别有41.6%和46.1%对所参与网络事件“较不清晰”，这说明，相当一部分当代大学生缺乏对所参与事务应有的责任感，这些人在不知情的情况下随波逐流，很容易被人利用。

表4-27　两地大学生对网络民主参与事件清晰度的比较

选项	北京高校		内蒙古高校	
	频率	有效百分比/%	频率	有效百分比/%
比较清晰	1421	50.8	281	35.2
较不清晰	1162	41.6	368	46.1
很不清晰	213	7.6	142	18.7
合计	2796	100	791	100

三是对网络民主的发展趋势认识整体模糊消极，二者之间也有较大差距。表4-28的数据显示，在面对“网络空间的自由表达能否成为中国式民主新通道甚至主导主流舆论”这一问题时，北京高校大学生选“是”的比例不高，只有29.7%，但这仍比内蒙古高校大学生的选择（19%）高出10.7个百分点。面对这一问题，选择“不一定”的两地大学生的比例分别为43.5%和57.2%，内蒙古高于北京13.7个百分点。由此可见，两地在校大学生对网络民主的发展前景认知是模糊和消极的。

表4-28　网络空间的自由表达能否成为中国式民主新通道认知比较

选项	北京高校		内蒙古高校	
	频率	有效百分比/%	频率	有效百分比/%
是	831	29.7	151	19
否	750	26.8	189	23.8
不一定	1215	43.5	454	57.2
合计	2796	100	794	100

4.3 大学生网络民主参与的问题分析

通过以上的实证研究对比和特征分析，我们对当前高校在校大学生的网络民主参与现状有了初步认识，也通过系统分析和比较发现一些规律性的特征，从这些规律性特征中，我们也看到了一些值得关注的问题。为强调其重要性，我们单列一节进行分析。大学生网络民主参与存在的问题，具体体现为大学生在网络民主参与过程中的民主观念和行为方式两个方面。

4.3.1 大学生网络民主参与民主观念存在的问题

大学生网络民主参与民主观念方面存在的问题是大学生网络民主意识在网络民主参与过程中的体现，主要表现在网络民主参与认识模糊、知识产权保护意识淡漠以及对民主参与的消极心态等方面。

（一）网络民主参与认识模糊

如前所述，在全球化和我国社会主义市场经济影响下，大学生的价值观念逐步趋向多元化，面对西方敌对势力政治思潮的影响和资产阶级文化的侵蚀，有些大学生本身就对党和国家的历史缺乏了解，面对西方思想和文化的侵袭，很容易放弃对马克思主义思想的信仰，去接受其他不同的政治观点和理论信仰，从而对我国的社会主义信念产生动摇和怀疑。经过深入研究发现，有一些学生不了解中国的民主运动史，看不到社会主义的优越性，有14.5%的学生“说不清”社会主义与资本主义哪个更民主（苏胜儒，2005）。这种认识论上的常识性偏差已经为高校思想政治教育工作者敲响了警钟。在意识形态的斗争中，来不得半点模糊，必须在大学生的思想教育中明确大是大非，从而使其坚定社会主义信念，增强社会主义制度的优越感，真正做到“家事、国事、天下事，事事关心”。

同时，多数大学生有揭露社会黑暗、与腐败势力作斗争的勇气，这体现了当代大学生朝气蓬勃、健康向上的一面。但问题是，许多同学在引用信息时不加以验证，便轻信网络，这会让国内外敌对分子有机可乘。因此，思想政治教育工作者应指导大学生提高自己的政治素养，有效地利用网络进行民主参与。

（二）知识产权保护意识淡漠

数据调查显示，大学生对网络信息的利用存在认识偏差，具体体现在对待网络抄袭、拼凑等行为的认识上，高校大学生也体现出令人担忧的一面。针对毕业论文的抄袭、拼凑现象，有74.8%的大学生认为是可以理解的，其中更有高达24.5%的同学认为这是完全正常的现象。这种认识上的偏差，对于在校大学生未来的发展显然是极其不利的，作为高校网络思想教育工作者，应时刻关注并及时加以正确引导。

关于对信息真实度的认识，调查Ⅱ的样本分析显示，有19.7%的学生表示在网上转载信息时，没有必要核实信息的真实性，但有65%的学生表示有必要核实信息的真实性，有15.3%的学生对此态度不明确。

通过调查Ⅱ的数据分析我们发现，近2/3的同学对于网络乱载持理智的态度，认为有必要核实所载信息的真实性，但仍有超过1/3的同学认为没有必要核实信息真实度或态度不明，由此可见，知识产权保护意识的培养在大学生中还有很长的路要走。相关数据还显示，有62.4%的学生表示愿意与好友共享付费资源，而有21.5%的学生表示不会与好友分享。由此可以看出，大学生有关网络知识产权保护观念的现状令人担忧，六成以上的本科生对于网络知识产权保护的观念淡漠，在一定条件下可能会产生侵权行为，并且对侵权行为的违法概念认识模糊。进一步的数据分析显示，不同年级的调查样本对网络侵权意识了解程度没有显著区别，女生对于网络侵权行为的理性认知略优于男生，党员和共青团员对网络侵权行为的理性认识也略高于普通群众。

（三）对民主参与的消极心态

大学生在网络民主参与过程中主导其行为的心态有不可忽略的消极现象，体现在对网络民主参与的效果信心不足、对网络民主参与的前景预期消极、对自身网络民主参与能力缺乏自信等，具体体现为以下几方面。

一是大学生对自身网络民主参与的效果信心不足。大学生如何客观地看待当前网络民主参与存在的问题是专家学者的关注点之一，调查Ⅱ的相关分析显示："信息来源广、真假难辨""官方与网民在线互动不够""参与渠道不畅或尚未开通""权威机构信息反馈不及时"等选项分列当前网络民主参与主要问题中的前四位。同时，有40.9%的同学对当前参政议政的机会和途径持不满意态度，认为没有参政议政的机会，参政途径少。

二是大学生对网络民主参与的前景预期消极。调查显示，两地高校只有27.2%的大学生认为"网络空间的自由表达能成为中国式民主新通道"，有26.2%的同学持否定态度，有46.6%的同学持观望态度。可见，大学生对网络技术促进民主发展的前景信心不足，整体呈现出一种消极的态度。

三是大学生对自身网络民主参与能力缺乏自信。调查显示，只有10.7%的同学认为当前大学生的网络民主参与的意识和能力很强，有57.5%的同学选择"一般"，有30.8%的同学选择"十分薄弱"。可见，高校大学生对自身的网络民主参与意识和能力缺乏信心。

4.3.2　大学生网络民主参与行为方式存在的问题

大学生网络民主参与的行为受大学生网络民主意识的支配，在网络民主参与过程中主要表现为网络民主参与积极性逐渐降低、参与过程中的无序化倾向以及在民主参与过程中的政治效能感不强等特征。

（一）参与积极性逐渐降低

具体体现为在校园BBS以及校外网络论坛中"沉默的螺旋"效应明显，导致大学生校园网络社区BBS民主参与积极性逐渐降低。在高校校园虚拟社区的BBS议事空间中，存在"沉默的螺旋"现象，这一现象的存在使得大学生们在虚拟社区的议事空间中存在事实上的沉默的多数和活跃的少数。"沉默的螺旋"这一概念是由德国学者Elisabeth Noelle-Neumann于1974年在《传播学刊》上发表的论文《重归大众传播的强力观》中首次提出的，1980年她在《沉默的螺旋：舆论——我们的社会皮肤》一书中进一步完善了“沉默的螺旋”理论。按照这一理论，在校园网络社区BBS的议事空间中，由于“舆论领袖”现象和群体极化效应的存在，多数人成为议事空间的沉默者，这种现象不利于调动大学生网络民主参与积极性。

如前所述，我国高校BBS社区经历了高速发展的辉煌阶段，但是自2005年按教育部指示由校外型转为校内型之后，开始进入转型期。其间，各高校BBS经历了多次技术支持的革新，扩充了WWW服务的功能，完善了版面和社区功能，纷纷开通了博客等，大大改进了服务效率，提高了访问速度。作为最大限度地反映本校师生思想交流、民主参与和文化生活的舞台，高校BBS社区为校园管理、学生网络思想政治教育工作提供了无数研究样本和案例资料。

但是，由于校内网络实名制的实施以及校外社区和新媒体的冲击，在校大学生的注意力转向校外社交网站（如人人网）、校外论坛（如天涯、猫扑、百度贴吧等）、各门户网站的博客和微博等校外网络社区。在这种情况下，大学生在高校BBS的民主参与体现出热度迅速下降的一面，具体表现在：一方面，对校内BBS社区的关注与参与程度持续下降，各版面主题帖数和回帖总数不断下降，平均在线人数明显下滑。导致部分版面迅速衰退，为了聚合人气，BBS社区不得不整合版面，关闭和合并部分版面。另一方面，大学生在BBS社区参与讨论的公共话题由社会时政、国计民生等向娱乐性话题转变，并且讨论环境呈现浮躁的态势。

（二）参与无序化倾向明显

互联网技术的迅速普及和发展形式的多样化，为大学生民主参与提供了丰富的舞台，他们可以随时随地获取自己关心的政治、经济等各种信息，并在网络社区表达自己的观点和主张。由于网络的匿名性和开放性、信息传递的迅捷性等特征，各种不同的网络文化和言论可以共存，而网络带给大学生的信息鱼龙混杂，不仅包括一些政治主张，也包括西方的一些价值观念和极端的错误言论。

受西方发达国家反动势力支持的一些国外组织也借助于网络推行无国界的“互联网自由”，极力鼓吹西方和所谓的自由、民主、人权，更有甚者，一些邪教组织和非法组织也利用互联网宣传一些反动的消极思想，从事各类违法活动。由于各类即时的网络信息难以及时监控，加之大学生群体的网络搜索水平较高，因而他们能够即时、随意地接触这类信息，而大学生正处于世界观、人生观、价值观尚不成熟和稳定的阶段，极易被这些消极、反动的思想所影响，进而使他们的世界观、人生观和价值观发生偏转，体现在民主参与的行动中便会发展成无序化和极端化的行为。这类现象经常存在于比较封闭的议事空间，如QQ群和网络社区、校园BBS的时政论谈等版块，一些学生把看到的偏激言论加以包装，发表在社区和社群的聊天室内，借助于敏感词和敏感问题的轰动效应，使得这类话题产生群体极化效应，进而主导版面的舆论。

（三）政治参与效能感不强

政治参与效能感是参与主体对自身民主参与行为影响力的主观评价。据一项对青年政治参与的全国性调查：政治参与的效能感对青年政治参与起着直接的决定作用（吴鲁平，1994）。按照吴鲁平的观点，青年政治效能感与青年社会参与意识和行为呈正相关关系，政治功效水平越低，人们社会参与的意识和行为水平越低。调查发现，大学生政治效能感普遍偏低，相当多的大学生认为自己“无能力”影响政府的决策，部分学生“不清楚”自己有没有能力影响政府的决策（林命如，2006）。

对重大事件或突发事件的言论表达是提升学生民主意识与社会责任感的重要途径。本书的样本数据分析显示，56.9%的学生面对重大事件或突发事件只是与同学私下议论，并没有更多积极的行为表达。同时仍有3.5%的学生不关心这类信息，这是我们民主法治教育上的一个薄弱环节。因此，应当着力改变目前大部分同学只与同学私下议论而很少主动发表意见的现状，鼓励大家关心、关注并敢于表达自己的意见，这对提升大学生群体的整体民主法治观念至关重要。

针对以上实证研究所体现出的特征和反映的问题，结合当前大学生网络民主参与的实际现状，高校网络思想政治教育工作有必要进行工作方法方式的创新和改进，以便切实提升网络思想政治教育的针对性和实效性。

第5章 大学生网络民主参与的影响机制分析

互联网技术在我国高校20多年的普及和广泛运用，对高校大学生的生活方式、思维方式和行为方式等产生了深刻的影响。在校大学生是网络技术应用的主要群体，也是高校网络议事空间的主要参与者，更是校园网络文化建设的主体和生力军，他们的民主参与的思想和行为的发展变化与互联网的全方位影响密不可分，他们的网络民主参与意识和行为的状态更是高校网络思想政治教育关注的焦点。因此，对大学生网络民主参与影响机制的研究成为当前网络思想政治教育工作者的重要内容。

互联网世界虽然具有虚拟的特性，但它仍然具有现实世界的技术维度、社会维度与人文维度，互联网世界的这三个维度[1]渗透着虚拟性和现实性的双重属性。互联网对大学生的影响体现了网络虚拟空间与现实空间相互作用的结果，对大学生网络民主参与影响机制的研究也离不开对互联网世界三个维度特性的分析和具体运用。

5.1 大学生网络民主参与影响机制分析框架

对大学生网络民主参与影响机制的研究，也是互联网内部各要素影响作用于大学生网络民主参与的过程分析，这些内部各要素自然涵盖于大学

---

[1] 曾国屏教授认为网络世界均具有虚拟空间、精神空间和文化空间三重维度；段伟文博士认为网络世界具有客观性、主体性和主体际性(或者主体间性、主体通性)三重维度；冯务中博士则认为，网络世界具有技术维度、社会维度和人文维度。本书接受以上专家学者的观点，同时认为，正是由于互联网世界以上特征的存在，互联网在利用其技术性和文化性影响人的过程中，也应强调不同主体际共同存在的新形式，即群体在“网络中共在”这种新的共在形式。而从自组织理论来看，这种网络群体的新的共在形式，都可以以组织的形式来归类，这一点笔者将在互联网的技术特性中进一步分析。

生网络民主参与的影响机制之中。因此，我们有必要从机制入手，解读大学生网络民主参与影响机制的内涵和确定意义。

5.1.1　大学生网络民主参与机制的含义

“机制”一词，最早源于希腊文Mēchanē，原意为机器、机械，机器的构造和动作原理。在实际应用中它有多重含义。在《现代汉语词典》中把它解释为“泛指一个系统中，各要素之间相互作用的过程和功能”。

“机制”一词的概念最初产生于自然科学，后广泛应用于物理学、生物学、医学等学科。在物理学中，主要强调机器构造、机器制造和工作的原理以及工作过程中内部各零件由于某种原理而形成的因果联系和运转方式，如计算机构造等；在生物学中，主要强调有机体的机理结构和变化机制，如生物机制；在医学中，则主要指有机体的病理变化中各个器官之间的关联和调节方式，如脑血管动脉硬化的机制、肝功能衰竭的机制等。“机制”这一概念现在已经被经济学、政治学、心理学以及马克思主义理论等学科广泛应用，以阐述和说明所研究对象内外有机关联所形成的因果关系和运转原理。

我国人文社会科学研究领域在20世纪70年代末的改革开放初期开始使用“机制”一词，在高校思想政治教育研究中，大规模出现“机制”这一概念是从进入21世纪开始，在一系列思想政治教育著作的部分章节中都能看到“机制”一词的身影，比如陈秉公的《思想政治教育学原理》(2000、2006)，张耀灿等的《现代思想政治教育学》(2001)，张再兴等的《网络思想政治教育研究》(2009)，吴东莞等的《思想政治工作机制论》(2008)，郑永廷、张再兴等编著的“高校辅导员专业化”丛书等一系列著作。在这些著作的研究中，主要涉及“思想政治教育过程机制”“思想品德形成与发展机制”“辅导员队伍建设机制”“思想政治工作机制”“自主创新机制”“心理辅导机制”以及各式各样的“影响机制”和“教育机制”等内容，这些研究有的把机制作为一种影响要素来分析，并不去追究各要素之间的相互作用和关联，有的强调工作系统内部各要素的关联，把各要素的机制研究作为整体机制的体现，更多的是强调把机制作为制度和方法，或者制度化的方法来进行研究。在期刊网的论文中，也有部分文章涉及机制的论述，诸如“监督机制”“管理机制”和“长效机制”等内容，但这些期刊文献由于篇幅原因，大多阐述实际工作运用层面的制度和方法，而较少涉及机制原有的内涵阐述。以上相关论著的研究，对本书的研究起到了很好的借鉴作用。

我们研究大学生网络民主参与的影响机制，首先应该明确机制的一些普适性特征。作为一种制度化的方法，机制是“经过实践证明行之有效、较为固定和相对系统的方法”，“机制一般是依靠多种方式、方法来起作用的，而方式、方法可以是单一起作用的”（张再兴等，2010）[233-234]。

在此基础上，我们作出如下定义，即大学生网络民主参与的影响机制是指在大学生网络民主参与的过程中，对大学生网络民主参与意识、民主参与行为实施影响的各种内外界要素之间相互联系、相互作用的关系及其调节方式。互联网内部各要素对大学生网络民主参与行为的影响，是指基于影响大学生网络民主意识和民主参与行为的互联网各要素之间的有机关联性而形成的因果联系和运转方式。

5.1.2　网络环境下民主参与影响机制分析的三维度框架

互联网相关因素对大学生网络民主参与影响机制的研究工作，具有非常重要的现实意义。它有助于总结高校互联网影响大学生网络民主参与行为的相关规律，提高网络思想政治教育工作的有效性。同时，对互联网影响大学生网络民主参与机制的揭示，还能为广大网络思想政治教育工作者厘清在虚拟空间主导大学生民主参与意识和行为的主要因素及其相互之间的关联性，进而从整体上了解大学生网络民主参与的影响机制，为有针对性地引导大学生进行网络民主参与提供借鉴。

互联网技术及其应用的迅猛发展，形成了信息时代一种新的社会生活环境。这种新的网络环境深刻地影响着人们的生活方式和社会交往，网络环境下出现的新现象、新问题都可以通过对网络环境的分析来探索其中的影响机制和规律性作用。

网络环境是网络技术及应用的产物，对于网络环境的分析，实际上存在技术、社会和文化这三个维度。互联网首先是一种技术的存在，网络技术所提供的信息空间和传播功能，为人们在现实社会中已有的民主参与活动提供了各种“工具”式的支持，而网络技术的特性又使传统民主参与的方式和途径得到了新的发展。网络技术及其空间通过信息的交流、交互使人们在虚拟空间形成了一种新的社会交往关系，这种交往关系在网络空间自组织特性的影响下促进了虚拟社区、虚拟社群的发展。而虚拟社区中的社群凝聚和演化、各种思想观点的竞争与协同等特性，带来了网络民主参与与传统民主参与不同的活动机制和效应的新特点。网络空间是以人为主体的生活实践空间，人们在网络空间的思维方式、交往方式、行为方式、发展方式等，同样体现着现实社会中存在的思想观念、人格心理、价值观念、精神追求等文化现象。网络在作为一种技术条件和社会关系的同时，也具有显著的文化承载特性。网络环境下的人们在创造着新的网络文化，又在网络文化的影响下发展变化。网络民主参与作为现实政治诉求的虚拟化表达，参与主体在网络文化与现实社会文化的互动交融过程中，其参与意识和行为呈现出与传统民主参与不同的新情况。

环境是思想政治教育过程的重要因素。环境因素是思想政治教育活动的重要条件，在思想政治教育过程中起重要的导向作用。在思想政治教育的视野下，大学生网络民主参与的影响机制研究必须围绕环境的新发展、新特点、新情况来展开。网络环境是一个多维度的复杂系统。结合大学生网络民主参与意识和行为的具体实际，并突出网络环境社会维度下对虚拟社区组织的分析，本书把技术维度、社会维度和文化维度作为分析框架，侧重网络的技术特性、网络的自组织特性和网络的文化承载性，探索大学生网络民主参与的影响机制因素，并将这种三维度分析框架贯穿于大学生网络民主参与教育引导对策的研究中。

5.2 技术维度下大学生网络民主参与的影响机制分析

互联网技术的发展和应用，促进了大学生网络民主参与形式和途径的发展阶段的相应发展，并因此形成了网络技术特性与网络民主参与形式和途径的发展对应关联。

5.2.1　互联网技术与大学生网络民主参与形式和途径对应关联

网络技术在我国高校的普及，促进了高校内部教学、科研、管理工作的全面进步，随着高校内部网络信息技术环境的不断完善，大学生的网络行为也发生了明显的变化。网络技术在高校网络思想政治教育中的应用发展进程对大学生的网络民主参与产生了高度的关联性，这种关联性体现在网络技术的应用对大学生网络民主参与途径和渠道的对应关系上，具体而言，就是群体化和个性化的网络技术应用与大学生网络民主参与途径之间形成了一种技术—途径的对应机制。这种机制是与网络技术的特征和大学生网络民主参与的实际密切关联的。

由第3章的论述我们知道，按照网络技术在我国高校发展和应用的特点，其应用分别经历了“内容传输技术”阶段、“群体互动技术”阶段、“用户个性化技术”阶段三个发展阶段，相应地，作为我国网民主体的大学生网民群体，他们运用高校网络技术进行网络民主参与的过程、途径也经历了三个阶段，即校园BBS的应用与发展阶段（1994—2005年）、网络论坛和搜索引擎的应用与发展阶段（2005—2009年）、博客和微博的应用与发展阶段（2009—2013年）。

“内容传输技术”是指文件传输技术（FTP）、万维网技术（WWW）等技术，大学生主要运用“内容传输技术”在日常学习、科研和生活中交流信息、查抄资料，进行上传、下载和信息的沟通。20世纪90年代中后期，我国高校校园网内部网络平台都是在“服务器—客户端”技术模式上进行信息传输和发布的，这一技术的实施丰富了大学生的校园文化生活，也体现了信息传播中的一对一特征，因此主要作为大学生生活学习和娱乐的工具而存在。

“群体互动技术”是指以BBS为代表的互动技术运用，此类网络技术的主要功能在于其互动功能强大，在信息传播中能够发挥良好的人际传播、群体传播以及组织传播的效果。在2001年前后，以一塌糊涂、水木清华和北大未名BBS为代表的一些高校网络论坛逐渐显示出强大的影响力，吸引了广大校园大学生的注意力。校外的强国论坛和天涯社区等社会网络论坛也形成呼应之势，在网络舆论中产生了不可忽视的传播效果。在这一时期，大学生网民通过虚拟群体在BBS论坛积极参加设置议题的讨论，就某一议题积极进行交流与互动，充分体现了在网络事件中的舆论表达、舆论监督和影响决策的群体互动效应。

“个性化网络技术”是指以博客、微博、轻博客和长微博等为代表的新兴的“个性化”网络应用技术。因其有很强的“个性化”“真实化”和“社会性”特征，因此在传播学上经常被称为“自媒体”技术。在这一过程中大学生通过在博客、微博、轻博客和长微博以及个性化空间中积极展示自己的个性，充分发挥信息的自主选择功能，积极展示个人的真实生活，实现了社会交往和现实交往的互动，因而极大地激发了大学生的网络应用和民主参与的热情。

网络的基础技术构架是由计算机、连接计算机的网线、网关、路由器等设备及其互联协议组成的。互联网的技术维度反映着网络本身的工具属性，在这一层面，网络的存在同其他信息传播技术一样，都是物的属性。作为物的网络存在一个使用其自身的主体，这就是使用网络的人。而通俗地说，人具有理性且善于思考和懂得选择利弊，人在使用网络技术的同时具有主观选择性，这种选择性正是价值取向的体现。

互联网时代的来临，加速了这种趋势和方式的发展，使得当代大学生在迅速掌握这项信息时代最先进的科学、文化和技术的同时，迅速参与到小到身边小事大至国家大事和社会发展的涉及政治、经济、文化以及个人、集体和国家不同层次、不同方面的民主化进程之中。当代大学生在现实社会的民主参与中，比20世纪80年代的大学生更趋理性，虽然看似思想多元、开放，但行为更符合实际。学生民主参与的行为随着经济和社会的发展，更趋理性化，参与的方式更趋多样化。

5.2.2 互联网技术特性对于大学生网络民主参与发展的影响

互联网技术对民主的影响，是一个从技术到观念再到实践的过程。“网络的产生和运用对民主的影响巨大，出现了许多新型的民主理论并开创了许多新的民主实践。网络从技术乃至‘方法论’的角度影响着民主，改善并促进着民主的发展，改变着民主的运作形式，网络民主成为时代的一个热点问题。”（田科瑞，2004）[410-414]互联网技术的每次创新和应用在大学生的网络民主参与实践中都体现出相应的发展形式和途径的变化，可以说，互联网技术造就了一种新型的大学生民主参与途径和实践形式。

（一）互联网技术特性造就了大学生网络民主参与平台

互联网技术造就了人们进行民主参与的途径和技术平台，使得大学生具备民主参与的技术手段。互联网技术使得全球各个角落都能够通过互联网实现连接，使之日益演变成名副其实的“地球村”。互联网技术对信息交流的影响是深远的，它带来通信的速度和质量以及信息传播数量的空前提高，而同时通信成本大幅度降低的事实深刻改变着人们的社会生活，包括政治生活。就公众的民主参与来说，大学生的民主参与在互联网技术的支撑下变得极其便捷，“以至于人们足不出户，在自己的家里仅仅靠一台连在网络上的电脑，点击鼠标和键盘就能完成民主参与的全过程”（田科瑞，2005）。更重要的是，电子市场的扩大和信息技术运用的日益广泛，使得电脑技术的使用门槛越来越低，相反其性能却越来越高。随着互联网技术的逐步完善，消除了直接民主实现的客观性困难因素，诸如地理交通、通信条件、运行成本等。

对于大学生群体而言，这种直接的便利性更能予以体现。相对于大学生有限的经济条件、交往能力和表达渠道，网络是他们实施民主参与的最佳平台和技术选择。与社会其他机构相比，大学校园的互联网络连接程度较高，大学生很容易获得使用网络的相关技术支持。加之大学生群体之间的从众、模仿等心理的影响，也使得这种民主参与的意识和意愿能够得以快速传递，这也能够很好地解释为什么大学生网络群体容易成为网络民主参与行为的主体。

（二）互联网技术特性为大学生网络民主参与提供了新型“舆论场”

互联网技术造就了人们进行民主参与的话语平台和主渠道，使得大学生具备了民主参与的“舆论场”。随着互联网在我国各高校和社会的普及，各高校校内互联网社区建设日臻完善，校园门户网站、校园BBS社区论坛、博客/微博社区、各类社团网站、红色网站、教学服务平台、后勤服务网站、就业网站、校长信箱BBS等纷纷开通，校外各类门户网站、社交网站和论坛以及即时通讯工具也发展迅速，手机上网短时间内得到了跨越式的发展，这些技术进步和虚拟社区的构建为在校大学生多方位、多层次、多渠道地实施民主参与构架了舞台。大学生通过互联网对校内外事务进行参与，成为当代大学生实施民主实践的新形式，大学生进行民主参与的行为主要表现为对校内外热点事件的知情权、表达权和监督权的实施，其过程体现为知情和意见参与两个阶段。

依据大学生所在的不同网络社区和社群，大学生在民主参与过程中会形成不同规模、层次和性质的“舆论场”。借助于校园客户端登录外网的各类公共论坛、社区网站，比如百度贴吧、校内网、QQ班级或者社团群落等网络虚拟组织，大学生们很容易就身边发生的小事或国家大事发表意见，进而发起评论；在校内网络社区的公共论坛，大学生们可以围绕学校的行政管理、教学管理、后勤服务以及校园文化建设等各个方面，针对出现的问题积极发表意见、提出建议和展开讨论；通过讨论，在一定程度上造成舆论氛围，形成“舆论场”，从而影响某一事件的解决和决策过程。从自组织演化系统发展的特征来看，每一个虚拟社区都是一个自组织演化的系统，因为在这个虚拟世界中，信息成为主导虚拟世界发展走向的重要因素，而“信息的‘涨落放大’，成为虚拟社区形成和发展变化的内在机制”

（张再兴等，2009）[181]。在这个虚拟社区中，“舆论场”的形成过程伴随着信息的涨落放大与虚拟社区共同经历从无序到有序，再到新的有序的演化过程。

（三）互联网技术特性影响了大学生网络民主参与的价值观念

互联网技术的特性便于大学生接触、接受民主价值观念、民主思想和行为方式，促进大学生民主价值观念和意识的形成。互联网技术的交互平等性、开放性、虚实二重性、快速增值性、文化承载性以及扁平化、去中心化等特性在很大程度上也要求打破现有不合理的民主局限与区隔。在不同政治民主模式和制度下，公众的信息知情权和利益表达权时常是不尽一致的。在代议制民主条件下，信息存在大部分为各级官员所垄断的可能性，造成高层往往能掌握左右决策的全局信息，普通民众对这些信息一无所知，带来了整个社会的不公平。在这种状态下，人们对民主政治的呼声必然是高涨的，也会设法来改变现状，寻求政治参与。然而，在现代社会条件下，互联网技术异常发达，信息化程度极大提高，加上市场经济的深入发展，极大地促进了社会、政治、经济、文化、教育、卫生等各项事业的发展，知识、科技和信息的传播逐步改变着人们的知识水平、知识结构，促进了人们的科技文化素质以及参政能力的提高，提升了他们参与各种公共事务进行理性分析、作出科学决断的能力和水平，从而为废除“代议”“代表”程序，自己参与决策增加了可能。可以说，互联网在其中所扮演的角色，或者说所承载的功能，就是改变了过去单一的信息传输的渠道，建立起全方位、多层次、多方式、宽领域的信息传输渠道，由此各级官员与普通民众获取信息的范围、数量以及时差上的差别正在日益消融。

互联网技术是一种价值观念的资源，在网络技术高度发达的今天，网络已经成为公众掌握信息的主要工具和重要渠道，为民众直接的民主参与提供了信息基础。互联网技术本身所具有的交互平等、开放共享等积极价值观念，促进了大学生民主参与意识的发展和提升。对于大学生来说，互联网所带来的民主政治参与模式的改变同样在这一群体得以充分体现。大学生对互联网的熟悉程度以及对自身合法权益较高的关注度使得他们愿意选择网络来寻求有序政治参与，表达理性呼声、维护自身权益。利用互联网实施知情和意见参与来影响决策、展现主体性表达，在这一过程中，民主参与的意识不断得以深化。

（四）互联网技术特性对于大学生网络民主参与具有双面性效应

互联网技术对民主参与的负面作用，影响了大学生民主参与的价值判断和行为取向。正如一枚硬币总有正反两面，互联网技术在为人们的民主参与带来积极意义的同时，也带来了诸多负面效应，而且这种负面效应如今也越来越成为一个值得关注的问题，互联网技术垄断导致的“数字鸿沟”现象，使得网络呼声所喊出的甚至有可能是“伪民主”。这种负面作用体现在以下几方面。

（1）互联网技术的垄断使得网络可能成为一种社会控制的工具，信息的“窄化”造成了数字鸿沟。互联网技术在政治上的运用，受到了权力结构的影响，这主要体现为美国对互联网世界的垄断霸权地位，这是与现实世界的霸权地位密不可分的。数字鸿沟是指“信息富有者和信息贫苦者之间的鸿沟”（沃德·赛佛林、小詹姆·斯坦卡德等，2000）[283]，“是不同主体在电信产品和服务上的差距”（曹荣湘，2003），其实质就是数字资源的各种不平等分配状况。数字鸿沟又分为国际鸿沟、社会鸿沟、民主鸿沟、性别鸿沟、代际鸿沟等，互联网特有的信息与交往选择以及匿名登录发言很容易导致群体极化现象，即如桑斯坦所描述的，“团体成员一开始便有些偏向，在商议后，人们朝偏向的方向继续移动，最后形成极端的观点”（桑斯坦，2001）[47]，桑斯坦继而指出了网络技术的运用是造成群体极化的主因，“新科技，包括网络，让人们更容易听到志同道合的言论，却也让自己更孤立，听不到相反的意见。仅仅由于这一原因，这就种下了极端化的因子，对社会和民主都是潜在的危险”（桑斯坦，2001）[48]。互联网技术的运用所导致的网络霸权主义、数字鸿沟以及群体极化等消极现象，都是科学技术运用负面性的体现。对运用互联网积极进行民主参与的大学生来说，很容易产生消极影响，进而导致大学生群体对民主参与的冷漠。

（2）网络的特性容易导致大学生在网络民主参与过程中的言行失范。而“网络所具有的开放性特征和高度的自由和随意，使得网络中很可能出现民众非理性的‘情绪性民主’来左右政治”。在这种情况下，网络舆论和网站意见的合理性、正当性本身需要质疑。通常，“大量的决策与所需求的相应信息需要一般的普通民众通过自己的判断和掌握来进行。在这个相对冗杂的过程之中，民众自己制定、思考、分析和执行决策与管理的能力必定要受到其非理性因素的影响。从现今网络心理的分析来看，无理性的情绪化因素左右着网络居民的许多决策过程，他们与民选代表相比，明显缺乏理性容易情绪化”（田科瑞，2005）[52]。这在大学生群体当中体现得更加明显。大学阶段是一个人的世界观、人生观形成的重要阶段，加之身处社会的转型时期，大学生群体缺乏相对主体的社会信仰标准，自我观念尚未定型，在这种情况下作的行为选择常常带有盲目性，要么犹豫不决、瞻前顾后，要么充满了矛盾和迷茫，妄自菲薄，悲观消极，在选择上非此即彼。在公众生活中，不是把自身发展不顺利的原因归咎于社会和政府，就是归咎于自身。

（3）网络技术的滥用，滋生了一些以追求不法利益为目的的非正当、不合法的“伪网络民主”，催生了一批不代表真实网民意愿和政治主张的群体。“网络水军”是这种现象的突出代表。所谓的“网络水军”，是对在各种网络论坛中大肆“灌水”的网民的泛称。“水军”群体可以跟随他人的发帖通过“灌水”式的大量回帖加以造势，可以针对某类发帖进行围攻和打压，可以联手制造话题左右网络论坛的“议程设置”，进而形成“民意”的假象，强制影响网络舆论的演化。值得注意的是，“网络水军”往往是一些网络公关公司的应征雇佣，这种由商业利益促发的虚假民意严重地干扰了网络民主参与的健康发展。而且，大量的调查发现，部分在校大学生充当了“水军”现象中的“推手”和“帮凶”，为获取少额适量的经济报酬，这些在校大学生群体利用充裕的可支配的时间参与了这一行为。另据记者调查，“每个在网站上注册的‘水军’，都有自己的银行账号，根据他们任务完成情况，每周二进行核实。核实后，就将现金打到他们账户上……推手做完任务，经雇主审核通过后，推手将得到80%的佣金……论坛发帖或者QQ群发，一般1帖1元；问答类推广，一般一问一答2元。单价最终由雇主决定，不限论坛类型的可以0.5元1帖”（韩立勇，2011）。

（4）网络民主通常深受网络舆论的影响并产生不尽相同的效果，也影响网络参与行为自身的正当性和合法性。大学生网民同普通网民一样，也是单一的个体，同样具有普通网民所具有的网络行为特征和思维模式。通常，一种声音和一件平常的事件经过众多网民的浏览、评论，事件的原委可能被放大、歪曲，形成错误的“偏离性”舆论，这样一来，会直接导致网络舆论与事实相背离。因此，应该引导大学生认识到互联网技术的两面性特征，规范他们在民主参与过程中的行为。

综上，互联网技术在发展应用过程中已经呈现出与大学生网络民主参与相对应的效应，客观上促进了大学生网络民主参与行为的发展。互联网技术的出现为大学生网络民主参与提供了技术平台和话语平台，促进了大学生民主参与意识的形成和发展，使得大学生民主参与行为有了技术保障，是对传统民主参与方式的跨越式发展。互联网作为大学生民主参与的技术手段和话语平台的综合体，其技术化特性在其中起到了关键作用，其快速、便捷、廉价、高效的特征促进了大学生民主参与形式及效果的根本性变革，为大学生民主参与提供了有利的条件，成为当代大学生民主参与的技术“生长点”。

5.3 组织维度下大学生网络民主参与的影响机制分析

按照网络空间自组织理论，互联网在高校校园的普及和应用，也催生了大学生新的群体聚集模式——网络虚拟社群。互联网技术的自组织特性决定了网络社会微观层面的虚拟社区的组织特征，大学生网络民主参与的影响机制主要体现在网络虚拟社区自组织特性产生网络民主参与的群体极化效应和信息放大效应。

5.3.1 自组织状态下的大学生网络虚拟群体形成特性

这里所指的组织维度，是指大学生群体在网络空间的虚拟组织形式与路径，而不仅仅是现实世界具体的学生组织，作为现实组织、社群、社团诸组织形式的延伸，虚拟社区各类组织形式延续了现实世界组织的特征，又赋予网络世界特有的特征，如组织的虚拟性、无边界开放性和平等性。大学生群体网络空间的虚拟组织形式主要有虚拟社区、虚拟社群、大学生网络社团、网络班级、QQ群落等。

网络对大学生组织形式的影响是网络对大学生民主参与影响的体现和重要内容。网络在改变着个体的同时，也改变着作为群体生活的团体和组织。笔者认为，网络与大学生虚拟组织形成关联性体现在以下几方面。

一是网络的自组织性激发了大学生群体向虚拟空间的转化。所谓自组织，是指如果不存在外部指令，系统也能够按照相互默契的某种规则，各尽其责而又协调自动地形成有序的结构状态。在网络环境下，大学生组织越来越不依靠特定的或传统的外部权威力量，而可能更多的只是依赖某种兴趣爱好，或暂时的个人利己考虑，抑或个性的满足等。这种自组织性体现在网络社区、网络社群、网络社团等网络形式当中，大家依据一定的规制，相互保持一种有序的默契状态，这是其他组织中不常有的现象。因此，可以说这是网络环境下大学生组织形式的一种新的发展。

二是网络激发了大学生虚拟组织的多样化发展。这里所指的多样性，体现在互联网技术的出现所带来的以网络为背景和环境，依靠计算机建立起来的具有各种各样不同目的的大学生虚拟组织。网络的出现极大地降低了学生组织化成本，提高了沟通的效率，使得不同资源的共享成为可能，网络的优势加上当代大学生日益鲜明的个性追求，促使大学生组织形式得到了多样化发展。

三是网络促进了现实空间大学生组织的分化。在传统现实人际环境下，大学生群体之间的交往限于时空因素、经济因素、环境要求等多方面因素，呈现出学生组织形式的单一性特征。在网络虚拟环境下，由于思想价值观念多元化以及与现实诉求的殊同在当代大学生群体间表现得较为明显，大学生组织形式出现分化并向虚拟空间发展。网络带来的对大学生组织形式变化的影响根源于网络技术本身对整个社会大背景形成变革的影响。从这个意义上来说，网络并不仅仅作为一种技术，或者一种载体而存在，其实质是现代人生活和存在的一种方式。

网络空间的自组织特性使得网络环境下的大学生组织维度，包含着从宏观到微观的过渡，涵盖着网络社区、网络社群、网络社团等形式，体现了大学生网络组织虚拟世界与现实世界相互联系、相互作用的二重性特征。

5.3.2 网络虚拟社区对大学生交往方式的影响

虚拟社群引发了大学生群体人际交往的变化。互联网对人的思想和行为的影响已经深受人们的关注。现实中，人们的社会交往活动存在于网络当中，即幻化为虚拟的交往场景。可以说它真实，亦可以说它如“梦”。作为一种现实群体生活的延伸，“虚拟社群”同“虚拟社区”的概念一样，都是网络生活的伴生物。网络技术的出现和发展，深刻地影响和改变着人们的社会交往形式和生活方式。同样，它也深刻地影响和改变着象牙塔内大学生群体的日常化生活学习场景。

社群，顾名思义，就是社会交往的群体。虚拟社群，是由网络技术搭建起来的虚拟的“比特”空间，这种以“身体不在场”为特征的聚合方式，一方面消除了地域、时间的自然性、物理性因素的限制，使得更多的人可以因共同的兴趣爱好、理想追求、共同利益等极其便利、高效地聚合到一起；另一方面，也将日常生活中的身份地位、面貌、财富、健康状况、性格特质等隐匿起来，使得互动者可以以一种更加平等、自由、自主的方式进行互动交流。人与人之间的交往变成了符号、声音和图片的交往。随着互联网对人类社会生活的不断介入，虚拟社群这种虚拟的聚合方式，正越来越受到在校大学生的青睐，吸引越来越多的大学生加入。

与“虚拟社群”相对应的是“虚拟社区”的概念。应当强调的是，国内外研究者经常把二者混用，“虚拟社群”主要强调虚拟空间成员间个体的相互联系，比如群聚性；“虚拟社区”则侧重虚拟空间的物理场域特性，从空间范围加以强调。国内学者对虚拟社群的研究，笔者在第1章综述部分有所涉及，在此不多赘述。

网络社群的出现和发展，从现实的角度来看，对人类现有的人际关系、组织形态乃至生活方式都产生了深远影响。这种影响有积极和消极的两个方面。积极的一面在于：虚拟社群中这种特定的人际互动方式，使得工业化社会所导致的日趋冷漠，包括由此引致的相对隔离的人际关系具备了一个新的、可愈合的生长空间。虚拟交往虽然有着现实交往的不足，但它可以帮助人们快捷有效地建立新的社会关系。这种网络建立的社会关系虽然不时带有非正当的目的，但本质上还是属于社会关系的范畴，并且这种关系往往发生在异质性的不同群体间，能够突破现实人际交往中的诸多外在因素的限制，有效扩大人际交往圈。可以说，这为现实社会中各种大学生群体尤其是一些相对来说较少占有社会资源的弱势群体提供了一个得以自由平等地发展的平台。这是现实交往所不能抵及的。

而消极的一面则表现为：虚拟社群中的人际交往一定意义上削弱了既有社会关系，包括一定的交往价值原则和道德底线。置身于虚拟社群中的交往，匿名的前提性使得大学生可以逃离日常生活中的角色，卸掉责任感，充分表达自己，追求实现自我，运用无穷的想象力来重塑任何自己乐意扮演的形象。因此，虚拟社群中的这种人际交往以及由此建立起的人际关系普遍是不牢固的，特别是在这种交往的初期，更不值得信任，随时可以开始，也随时可以终止。与此同时，网络的虚拟性对每一个大学生来说都是有诱惑力的，网络所承载着的海量庞杂的信息能够让每个人得到不同的满足，获得自己想要的信息。而且社群中的人际交往会占用大量的时间，使得在校大学生的现实交往空间不得不受到一定程度的挤压，现实关系面临人情淡漠的潜在危险，容易使原有的人际关系网络萎缩，变得与现实社会疏离。

5.3.3 群体极化效应和信息放大效应

群体极化效应机制是大学生网络组织极端化的表现。这种网络组织体现了大学生以网络虚拟群体的形式进入网络虚拟社区，体现了对网络舆论传播中信息把握的同趣性原则。而网络社区的议题设置和同趣化讨论促进了网络舆情的加速传递和扩散，从而短时间形成聚集效应，对有关事态和焦点问题的弥散起了推波助澜的作用，这种效应发展的极致就会形成少数人主导虚拟空间的舆论，而大多数人沦为沉默者，在舆论导向上盲从于少数人主导舆论的群体极化现象。虚拟空间的群体极化现象，体现出群内同质化和群际异质化的特点，并且这种发生在网络空间的群体极化现象要比现实空间的频率高。

发生在组织层面的群体极化现象，体现出现实空间大学生群体中非理性、易激动的特点，在虚拟空间中又体现出群内之间同质化、群际之间异质化的特点。虚拟空间网络群体的群体极化效应，极易导致大学生群体认同现象发生，而网络虚拟空间的讨论和交流则会将大学生网络群体的情绪导向极端的方向。

网络空间的信息放大效应是群体宣泄的重要体现。在虚拟社区中的虚拟社群，在议事空间的民意表达中容易叠加和激化非理性的感性因素，包括现实中的矛盾，进而激化群体的不理智情绪。“一传十，十传百”的叠加效应在网络中体现得尤为明显。借助于网络优势，大部分因时空限制不能迅速而广泛传递的事件常常在网络中快速传递。在一些大型的论坛社区中，如天涯、猫扑、网易社区等，一个帖子在短短一分钟的时间里常常可能会有上千人来阅读，这种信息传递的速度和效率是以往任何信息技术所不能比拟的。便捷的信息传递方式、无须现实的顾忌、有时匿名的需要等因素使得不少人会选择网络来表达和传递现实生活中不能表达或不敢轻易表达的信息。从这个意义上说，大学生网络民主参与行为实际上是对现实某些方面问题的不满，是依靠网络虚拟社区的议题设置，借助网络空间的传播机制优势来完成的个人情绪的一种宣泄，本身也是对现实的一种妥协的表现。

在这个过程中，网络虚拟社区起到了非常关键的作用，从对大学生民意表达的环境提供到议题设置，再到民意表达的机制和虚拟组织的引导上，都渗透着虚拟社区作为互联网组织维度的影响。

5.4 文化维度下大学生网络民主参与的影响机制分析

网络既是一种技术，也是一种文化。从传播学角度来讲，互联网就是“第四媒介”，是借助于国际互联网的信息平台，用文字、图像、声音等形式来进行新闻信息传播的媒介。因此，互联网通过所展现的文化特性，传递知识信息和进行娱乐服务，改变了大学传统校园文化的内涵，形成了信息时代的校园网络文化。

互联网文化对青年大学生民主参与的影响，主要体现在通过民主参与行为所透视出的民主意识上，而互联网文化对民主意识的影响从属于虚拟世界与现实世界的博弈，主要体现为网络文化与现实文化的碰撞和融合，而这种融合决定了青年学生将以何种方式、何种面貌进行网络民主参与。

文化维度，意谓网络自身所承载的文化价值，包括传递文化的功能带来对人们心理、思想和行为的影响。作为网络文化影响大学生民主参与机制的维度解读，文化自身代表着稳定的、长期的能够影响人、熏陶人、教化人和改变人的思想文化信息。网络文化的客观性要求，使得网络文化信息资源的开放与利用成为一种必要的职责和使命。本书所讨论的对大学生网络民主参与意识和行为带来影响的文化因素将从三个互动关系来理解，即虚拟文化与现实文化的互动、本土文化与全球文化的互动以及传统文化与流行文化的互动。

5.4.1 虚拟文化与现实文化互动下的影响

互联网技术在进入21世纪后获得了飞速发展，从原有的电子邮件、网络聊天到后来的网络日志、即时信息发送、语音网络电话、微博等的运用，这些都对网络语言的发展产生深远的影响，互联网的各项功能中体现得最明显的是它的语言特征。因此，如果说互联网是一场革命，那么它很可能是一场“语言学的革命”。以网络语言为灵魂和表达方式的网络虚拟文化与现实文化的互动，直接改变了人们的思维方式和语言表达范式，进而影响了人的行为模式。

虚拟文化与现实文化的互动，实际上是一种拟人化的假想，因为文化间的互动指的是文化制造与使用主体间的互动，因此笔者认为，所谓虚拟和现实之间的文化互动，实质上是人们在不同情境下对不同文化的吸纳、受熏、学习、内化过程中的思想与心理的交替。就网络带给文化样态变化的功能而言，毫无疑问，这是深刻的变革。如有观点认为，“网络时代给文化带来一个全新的界面，使文化范式发生剧烈的改变：现实文化与虚拟文化的兼容，文化信息全球一体化与文化本体个性化的统一，开放中的平等与共享，文化消费与生产的共时性，人性回归的载体，虚拟文化的构筑”（靳艳，2005）[99-101]。虚拟文化是虚拟的，但同时又是现实的。它的虚拟，是指其存在形式和阅读理解方式，说它现实，则是说网络文化尽管有各种各样的表现形式和内容，但大多来源于人们的现实生活，尽管经过了无数次的加工和改变。“虚拟文化为人类创造了崭新的文化载体，扮演了时空超越者与压缩者的角色，推进了人类文化的转型与跃升，使人们传统的价值观念、思维方式、行为方式、认知模式都发生了巨大变革，使人们的视野空前开阔。”（靳艳，2005）虚拟文化是独特的，它因拥有独特的符号话语表达方式而自成体系，事实上它也因最大限度地发掘了文化资源和潜力而节省了人类实践和认知活动的不少成本，包括许许多多文化活动的成本。这些都是虚拟文化的优势。

虚拟文化与现实文化的互动对大学生网络民主参与行为的影响，既包含互联网技术的文化承载性特征对大学生的影响，也包含网络语言的飞速创新对大学生的影响，在这个过程中，大学生既是被动接受者，又是积极参与者和改造者。在新网络语言的创造过程中，生动地体现了这一点。在各个网络虚拟社区中，大学生网民以个体和群体的身份出现，通过积极参与社区的各项活动，在交往和讨论、争辩中，各种思想、文化和价值观念不断交会、碰撞，虚拟与现实的不协调在网络语言的表达上得到更直接的体现，经过长期的不断博弈，产生了使各方达到妥协和合二为一的办法，这得益于根源于现实世界或者根源于网络虚拟世界的新的网络语言的诞生，在这个过程中，大学生展现了自己的知识、文化和教育背景，实现了与各种文化、思想价值观的交流与互补，增加了对社会的理解和认识。

虚拟文化与现实文化的互动，集中表现在网络语言的产生和运用上。在这个过程中，作为网民主体的大学生起到了推波助澜的作用，网络语言的诞生和传播的过程，也是大学生积极参与并作为媒介介质传播的过程。网络语言符号不论数字表达式、字母表达式，还是文字表达式、网络流行语等，无不留下大学生活的烙印，大学生们活跃于高校网络社区、社群、社团的论坛之中，网络成为他们主要的生活方式，他们更多地在日常生活中使用网络语言，成为虚拟文化与现实文化的最好创造者和执行者。

事实上，在各大网站常常热传的大学生恶搞视频和段子，所反映的正是一种当代大学生日常生活当中久久根植的阶段性人生场景，大学生群体的某些网络极端行为不仅仅是外部客观现实文化刺激之下而形成的带有反叛性的结果，而是这种网络上的极端行为本身也深受虚拟文化的影响，并带有其烙印。现实文化是客观的，虚拟文化是客观与主观的统一体，二者的互动则表现出真实性与虚假性。而且这种互动是在网络主体——大学生与计算机网络视窗的互动过程中完成的，其间，是大学生群体网络思想与心理的选择、排斥、理解、认同的复杂历程。

毋庸置疑，大学生网络民主参与行为的发生同其周围的文化环境息息相关。大学生所处的文化环境实际上就是一个由现实文化和虚拟文化相互交织的综合体。虚拟文化与现实文化互动，是人自身在不同情境下对文化的独自选择行为，包括对一定文化价值理念、思想观点的认同与接受。因此本质上，二者之间的互动是不同思维活动的互动。通过这一分析，我们能够认识到以下几个方面。

一是大学生网民民主参与意识和行为的发生并不直接起源于不同文化本身的价值冲突，而是与大学生自身内心深层的价值信仰体系直接相关，而这种深层的价值信仰体系的形成则是长期的多样文化滋养、熏陶、影响的结果。因此，文化对大学生网民民主参与意识和行为的影响是长时的，而不是短时的。

二是大学生网民民主参与意识和行为的发生主要是由大学生群体的主观意识和自身选择所决定的，而这种主观意识和自身选择，一方面在一定时期内通常深受各种文化环境因素的影响，另一方面起源于特定时间点网络舆情、突发事件的即时影响。

5.4.2 本土文化与全球文化互动下的影响

网络文化既是虚拟的文化，也是现实的文化，它具有开放性、快捷性和包容性的技术特征，这使得本土文化与全球文化的交融与互动成为可能，从这个意义上来说，网络文化促进了全球的文化交流。

全球文化传递是伴随着全球化大趋势的形成发展而来的，而网络技术的出现，则更加速了文化的多样性。同时，在全球化的“裹挟”之下，这种文化传递更没有了国门的限制，一方面使得文化传递更加畅通无阻，另一方面也使得本土文化与外来文化之间别具张力。

今天，“全球化”（globalization）已经从学者、专家书斋中走出，成为不同学科都不得不研究和面对的问题。作为一个词汇，“全球化”的内涵也由经济领域扩展到文化领域，使得文化的全球化趋势越发增强。毫无疑问，文化全球化是经济全球化的结果，是经济全球化的一部分。因此，当人们议论当今人类社会文化多元化时，实际上已经揭示了人类社会不同文化交融、交汇的发展趋势。经济全球化浪潮推动了文化全球化的产生。

在这一过程中，网络技术的出现加速了文化全球化，在为多元文化融合提供技术支持和创造条件的同时，也深刻地引致出属于特定民族的本土文化与全球外来文化二者的张力。当然，网络对文化全球化的影响不仅在于其所提供的一种技术和载体的支撑上，还在于其形成了一种特殊的文化样态，即网络文化。本土文化与全球文化的互动同样也在争抢网络阵地，并力求占据最高点。

网络本质上还是一种信息媒介和载体，因此很多时候网络本身不能影响和改变人，只依赖它所承载的文字、声音和图片等内容，由此形成了网络文化。网络文化来势迅猛，使得从农耕时代、工业文明滋养至今的传统道德文化，对它的应对、衔接和包容发生了某种逆转或倒置，导致当今文化中的一些消极状况。

一方面，网络时代本土文化与全球文化的互动带来的是对本土文化价值的反思，而且伴随这一反思过程的是传统道德日渐式微的反思。传统文化道德的精神宝库并没有很好地借助于网络文化整体充分地展示，也没有很好地统摄网络文化的表现形式。相反，网络文化的西方化、快餐化、工具化致使本土传统文化发生了某种失范和滑坡。过度功利和商业化的网络行为，错误反动言论、西方价值观念等多渠道的渗入，以及网络自身带来的浓厚文化趋同，“‘西风压倒东风’式的泯灭文化、多样性的文化霸权主义、文化殖民主义，对我国传统文化和传统道德带来了巨大的影响”（张其学，2004）[24]。另一方面，西方政治势力所秉持的国家政治战略思维也借助于网络开展无所不在的渗透，所宣扬的民主理念和政治价值观也在不同层面挑唆了网民的神经。在今天的大学校园里，大部分学生对我国民主政治制度的认知，包括对政治制度的偏见，都来源于网络中的相关信息，很多大学生借以支撑的针对我国民主政治制度的反面观点也大多存在于网上。

5.4.3 流行文化与传统文化互动下的影响

流行文化是社会上大多数成员参与，以物质或非物质的形态表现的这个时代的人们的心理状况与价值取向的一种文化现象，它通常借助于这个时代先进的传媒工具传播与消亡，并对该社会产生一定的影响（马红霞，2004）。流行文化是具有流行性特征的文化现象。尽管各个年龄阶段的社会群体都会受到流行文化的影响并有所反应，但流行文化的行为主体主要是青少年学生群体。传统文化是“文明演化而汇集成的一种反映民族特质和风貌的民族文化，是民族历史上各种思想文化、观念形态的总体表征。中国传统文化是中华民族几千年文明的结晶，除了儒家文化这个核心内容外，还包含有其他文化形态，如道家文化、佛教文化等。传统文化是起源于过去、融合现在与未来的动态的主流观念和价值取向，作为一种意识形态的存在，广泛影响人们的思想和行为”。笔者在此主要阐述网络环境下流行文化与传统文化的互动。

网络环境下流行文化显示了独有的特点，由于其行为主体是青少年，流行文化焕发出蓬勃的生命力，主要体现在流行产品、流行领域和流行语言上。流行产品上，流行领域内所出现的前所未有的新产品，包括博客、微博、手机短信文化、微信、Flash“闪客”文化和以QQ为主的网络聊天文化等；流行领域上，包括影视、音乐、出版、服饰、团购、视频等文化产业；流行语言上，某一时期会在青少年群体中广泛流行某些网络语言。这些流行语集中反映了青少年流行文化的指向。对这些词汇的解读，是探寻当前青少年观念和心态的一把钥匙。

流行文化依托手机、互联网络等现代科技，以“消费主义”“休闲主义”以及思潮的多元化为特点，直接体现了青年一代面对传统文化时所作出的反应。作为快速步入信息社会的我国，应该实行一条传统文化与现代流行文化相融合的道路，唯此，才会使传统文化随着时代变迁和社会的发展进步进行改造和创新，使流行文化在突出个性与前卫特点的同时以传统文化为底蕴，适应现代化发展目标，吸收、融合世界一切先进的文明成果。

流行文化与传统文化的这种互动，在大学生思想观念上体现得最为明显，作为流行文化的主要年龄群体，他们既要接受传统文化的世界观、人生观、价值观和道德观念的教育，又在行为上踏上流行文化的节拍，进而受西方民主价值观念影响，这种矛盾和冲突，是中西方文化的冲突，如何洋为中用，吸收西方文化的合理内核来教育学生，是我国思想教育工作尤其是网络思想政治教育工作者面临的一个重要课题。

事实上，网络文化对大学生网络民主参与行为的影响机制是一个较为复杂的问题，文化范畴本身的宽泛性使得把握大学生的网络民主参与行为的影响因素有一定难度。但网络本身所呈现出来的这种文化特征对大学生群体在校期间的心理、思想的影响是不可否定的，因此文化本身的确是影响大学生网络民主参与行为的主要维度之一。

5.4.4 代际文化对大学生网络民主参与的影响

代际，原本是社会学当中的一个很重要的概念。代际公平、代际延续、代际文化等都是较为常见的概念。“代际理论是描述和研究不同代的人之间思想和行为方式上的差异和冲突的理论。‘代’指的是一定社会中具有大致相同年龄和类似社会特征的人群，具有自然和社会两重性。不同代人由于所处的社会文化环境不同，在价值观念和行为方式上存在差异。我们把这种差异称作‘代差’或‘代沟’。”（焦润明，2003）[40]

在本书中，代际文化指的是作为当代大学生的“80后”“90后”与作为师者和父母辈的一代人之间在思想、价值观念等方面的文化差异。代际文化对大学生网络民主参与的影响，实际上就是指“80后”“90后”大学生群体独特的民主意识和自由平等观念。

可以预见，“80后”大学生必将在未来半个世纪的时间里深刻而广泛地影响整个中国。研究他们的网络行为特别是网络民主参与有着十分重要的政治价值和社会价值。作为一个代际符号，“80后”“90后”的思想行为特征，在许多人看来是不同的，“在2006年以前，研究文献对该群体鲜有肯定的态度，更多的是对‘80后’大学生的忧虑，甚至有人用‘迷茫的一代’‘垮掉的一代’来描述他们”（张瑜等，2010）。代际文化对大学生网络民主参与的影响主要体现在两个方面。

一是独特的成长背景和生活环境塑造了当代大学生独特的文化自觉，也包括追求民主、自由和开放的政治思想意识。当代大学生的主群体，正是改革开放以后即20世纪80年代以后出生的。在改革开放和人口控制这两大背景下出生和成长起来的他们，受社会大环境的影响，在价值取向、人生态度和行为方式等方面与20世纪60年代和70年代的人有明显的不同，尤其是“90后”，这种差异或许会更大。围绕大学生独特的政治思想意识，有研究者认为当代部分“80后”大学生，“政治理想上，政治淡化倾向明显……不同程度地存在对马克思主义信仰、对社会主义的信心和对共产党的信任危机；生活理想上一味讲究吃穿，追求物质享受，艰苦奋斗精神淡化；择偶理想上标准世俗化；道德理想上从注重奉献的理想主义转向注重实惠、实用和物质享受，提倡合理的利己主义，诚信意识淡薄；职业理想上更偏重经济价值和权利价值……社会责任感缺乏、团结协作观念较差等”（赵金飞，2006）[41-43]。这是对这一群体比较具有代表性的观点。“80后”和“90后”独特的文化自觉和政治思想意识都是代际文化的集中体现，都是他们自身成长背景和所处环境长期塑造的结果，这是必然的，也是客观的。

从整体上，当代大学生身上所体现出的代际文化特征是明显的，而这种代际文化特征也主要体现在大学生群体的普遍心理和思想行为特征上。当代大学生群体有四个方面的基本特征，一是多元化的价值取向；二是务实的人生态度；三是效用观念和利益观念强烈；四是心理素质的相对薄弱。这些特征也充分反映在他们的网络生活中，如网络行为中社会责任和道德良知的普遍缺失、网络法纪观念意识的淡薄、网络失范行为的频繁发生以及网络依赖成瘾的高比例等。在很大程度上，群体特征既体现在网络民主参与意识和行为之中，又一定意义上使得这一群体的网络表现成为一种可以被理解和被预见的“必然”。

二是群体间普遍存在的模仿、从众等心理行为常常能引致周围人的仿效，形成群体参与规模的“扩大效应”。一方面，在网上，某些大学生群体对某一问题的看法和意见常常能引起其他一些网民的“围观”（这在校园网中更为普遍），这实际上是一种被不断放大的传播路径。另一方面，已经对某一问题形成的适度规模的大学生群体的行为表现会对其余同学形成一定心理攻势，从而一定程度上也表现为顺从、效仿等参与性心理，这也是网络民主参与迅速扩大的原因之一。

笔者以为，代际文化对当代大学生群体网络民主参与的影响是整体性的影响，而不是个别化、个案性的，差异只在于表现程度不同而已。从这个意义上看，我们应当辩证地看待当代“80后”“90后”大学生群体的网络民主参与意识和行为，做到有理有节，加强引导和防范。

在校园网络环境中，校园网络舆论传播机制各要素对大学生网络民主参与意识和网络民主参与行为起到了直接的关键作用，校园网络文化各类文化交织互动对大学生网络民主参与意识和参与行为的影响则体现在潜移默化之中，二者不是截然分开的，而是相互联系、相互消融，共同作用于大学生网民群体的网络民主参与意识和行为，并通过内化使大学生的网络民主意识达到影响大学生网络民主参与行为的效果。因此，对二者都应该引起足够的重视。

在本章的论述中，我们基于网络环境的技术维度、组织维度和文化维度，深入分析了大学生网络民主参与的相关影响因素及其规律性作用，分别是：网络技术特性与网络民主参与形式和途径的发展对应关联；网络虚拟社区自组织特性产生网络民主参与的群体极化效应和信息放大效应；虚拟与现实世界之间的文化互动深刻影响大学生网络民主参与的意识和行为。这三个维度的视角分析所体现出的大学生网络民主参与影响因素及其作用方式，形成了大学生网络民主参与的影响机制。

第6章　大学生网络民主参与的教育引导分析

网络环境下大学生的民主参与行为教育引导，是新时期高校网络思想政治教育的研究重点之一，就其理论性和实践性而言，对我国各高校都具有积极的借鉴意义。本章将从高校网络思想政治教育的角度，结合大学生网络民主参与过程中存在的问题，贯穿大学生网络民主参与的影响机制这一主线，提出对培养大学生民主参与行为的教育引导的对策性建议。

6.1　大学生网络民主参与一般性引导原则

互联网空间是一个信息网络的自由开放体系，突破了时空限制，把思想政治教育工作推向更加开放、广阔的大环境，使思想政治教育的内涵和外延、方式和方法适应这个网络时代的发展。要在高校的互联网空间培育好大学生的民主参与行为和意识，就必须有效占领校园网的思想阵地，加强舆论和思想的导向功能以及校园网络思想政治教育队伍建设，构建高校网络思想政治工作全新平台。为此，作为高校的网络思想政治教育工作者，应该在大学生网络民主参与的引导工作中遵守相关的一般性原则。

6.1.1　教育过程中疏与导结合的原则

疏，意指疏通，就是要广开言路，集思广益，放手让各种意见和观点充分发表。导，意指引导，就是要说服教育，循循善诱，肯定正确的思想观点，促进其发展；转变不正确的思想观点，化消极因素为积极因素。疏通是前提，引导是目的，疏导结合，是思想政治教育的原则和方法。这一原则既是党思想政治教育工作成功实践经验的科学总结，也是人们思想行为活动规律性的真实反映。

贯彻这一原则要求高校思想政治教育工作者在网络空间的实践中，要做网络舆论的疏导员。此时的高校思想政治教育工作者不能站在与大学生舆论对立面的位置，而是要深入他们之中，先了解他们的意见观点和基本立场，通过耐心观察、认真研究，作出具体的教育引导策略，从而把他们的思想和行为引向正确的发展方向。在这个过程中，疏通与引导二者的关系密不可分，互为前提。

在校园网络舆论危机处理的过程中，尤其要坚持这一原则，而在学校校园网络社区开辟多种公共论坛，使之分流学生民调意见和呼声，减缓学校主体的压力，则可以为学校广开言路、集思广益。

目前，我国已经有很多高校在主页开辟了校长信箱BBS平台，校长信箱从以前的单向信息流动到现在的BBS式的双向信息流动，体现了高校对学生民意表达的重视程度，如北京大学校长信箱BBS、安徽大学校长信箱BBS等均吸引了很多大学生的目光。实践证明，这些信息沟通形式较好地发挥了教育过程中疏与导结合的原则，增强了高校网络思想教育工作的实效性，值得各高校进一步推广。

6.1.2 教育者与被教育者互动的原则

教育者与被教育者互动，是指在“思想政治教育过程中，教育者与被教育者之间的关系是互动的，互为主客体的”（张耀灿等，2001）[330]。这一原则强调的是对对方平等人格的尊重以及相互间思想的交流，教育者通过吸收教育对象思想中反映的合理成分并反馈回大脑，以达到理想的教育效果。这一原则又可以说是引导教育对象参与的原则。这里真正的参与是思想上的参与，是教育对象与教育者共同思考和交流互动的过程。

在实际操作中，要实现这类交流，就是要教育者：①放弃说教者、训导者、指令者的强势姿态，而代之以商量者、探讨者、参谋者的平等姿态。在实际交流中，要真正放下身段，虚心交流，还要了解对方的民意表达和利益需求，尊重并及时吸收对方思想中的合理成分，补充自己相关知识的不足。②讲话是为教育对象留有充分的思考时间，以利于良性沟通。以往在思想政治教育的工作中，常常会说话不假思索，不留余地，引起对方的强烈反感，进而冲淡了这类教育的效果。③注重仪表形象和学术民主风格，增强教育效果。在交流中，最好事先准备相关的背景知识，从举止上力求保持学者风度，注重整体形象，以体现学术民主的风格。这样才能在心理上缩短与受教育者之间的距离，增强被教育者的信任感，才能取得更好的教育效果。

"光明论坛"嬗变的网络案例给了我们更多的启示。2004年10月，武汉某大学的二年级学生小东与几位志同道合的"论友"创建了一个名叫"光明论坛"的网络社区，专门讨论学校、社会存在的诸多问题。辅导员丁老师得知小东创建"光明论坛"的事情，匿名登录了"光明论坛"，欲看个究竟。论坛的言语令丁老师大吃一惊，且不说某些涉及学校、老师的过激言论，其中对社会、国家的讨论也存在重大的政治导向问题。丁老师意识到事情的严重性，立即找小东谈话，给他讲国家的政策方针、学校的规章制度。小东承认了所犯的错误，并表示关闭论坛。但事与愿违，很快，丁老师发现小东不仅没有关闭论坛，反而进行了严格的加入限制。反思自己的教育方式之后，丁老师改变了方法，引导小东参加班级的各项文娱活动和社会实践，让小东看到同学间的团结友爱和社会群体间的互助。在活动中，丁老师还时常与小东真诚交换对学校和社会的看法，使他明白社会的阴暗面是存在的。但正面是主要的，发展方向是好的。丁老师还鼓励小东多去参观，观看学校专家学者举办的各类现实论坛，让他了解到学校和国家取得的重大成就。效果是明显的，小东逐渐认识到沉迷于批判现实之中不仅于事无补，还影响大家的学业和健康发展，甚至造成严重的社会危害。正当小东要彻底关闭论坛时，丁老师找到小东，谈到还有大批的学生思想没有改变，可能会产生更多的"光明论坛"。接受丁老师的建议，小东保留了论坛，并准备把它改造成一个思想教育论坛。后来在学院主管副书记的支持下，在学院计算机中心管理员的协助下，丁老师和小东把"光明论坛”改造成一个交流思想、宣传理论的“红色阵地”。在2005年世界反法西斯战争胜利60周年活动中，“光明论坛”更是成为学校表彰的思想政治教育优秀网络基地。

网络社区的兴起不只对传统思想政治教育提出巨大的挑战，也为网络思想政治教育提供了重要的机遇，为其广泛深入开展提供了可能的平台，以上“光明论坛”转化为“红色阵地”就提供了一个较好的施教方案。在这个网络虚拟空间的互动案例中，教育者与被教育者的互动由冲突发展到良性互动。在这个互动的过程中，不仅教育者、被教育者双方都得到了收获，而且周边的人也受到了教育。

6.1.3 渗透性与实效性相结合的原则

渗透性与实效性相结合的原则，要求教育者在教育中贯彻正面教育的方针，通过日常活动潜移默化地达到灌输的目的。正面教育为主，就是在思想政治教育过程中，以正面引导和说服教育为主。在实施过程中坚持思想政治教育的规律性并进行必要的灌输和疏导，坚持表扬优点与批评缺点相结合，肯定正确与批评错误相结合，引导教育对象用积极因素克服消极因素。这里的灌输，不是注入式和填鸭式的，而是用正面的榜样力量积极鼓励和疏导受教育者。在实际操作中，正面教育体现了思想政治教育渗透性与实效性相结合的原则，有利于调动受教育者参与的积极性。

在网络思想政治教育的实际操作中，贯彻渗透性与实效性相结合的原则要求教育的实施方，在网络思想政治教育过程中积极把网上教育和网下教育相结合，从受教育者思想成长的角度想问题，去设置网络议题，用正面的有意义的互联网空间议题设置去争取青年大学生。下面的“百万青少年网上重走长征路”的活动议题设置，把假期的大学生从虚拟环境的网络游戏中引向现实环境的游戏中来，体现了网络思想教育过程中渗透性与实效性相结合的原则。

为隆重纪念中国工农红军长征胜利70周年，中国教育电视台和教育部基础教育司联合推出“‘新长征’特别行动”大型活动。活动中推出了

“百万青少年网上重走长征路”的网上教育活动，引起了强烈的反响。“百万青少年网上重走长征路”活动以红一方面军的长征路线为主线，互联网上“新长征”路设置了12道关口，每周启动一关，将红军长征路途中的艰难险阻与拼搏精神浓缩到生动形象的互动游戏中，专门设置的闯关问题也是对参与者知识面以及沟通协作能力的挑战。在活动期间，主办方联合全国各大、中、小学校，以号召百万大中小学生加入到活动中来。该游戏中，把历史上的长征移植到虚拟世界，把长征中的重大事件、重大活动设置为各个场景，让网民身临其境，感受体验。参与者通过登录中国教育电视台网站“网上重走长征路”页面，进行简单注册即可成为一名“红小鬼”参与闯关活动。从瑞金开始长征，“红小鬼闯关”要闯过开始长征、湘江战役、遵义会议、四渡赤水、巧渡金沙江、强渡大渡河、飞夺泸定桥、翻越雪山、穿过草地、激战腊子口、到吴起镇、会宁会师12个关口，才能取得胜利。闯关成功者可获得勇士奖、集体奖和会师奖等奖励。

“百万青少年网上重走长征路”在北京和江西瑞金同时启动，反响强烈，青少年和网友的网页点击率近1000万次，近5000名青少年成功闯过12关，网上激情感言1000余条。

“百万青少年网上重走长征路”的活动启示我们：在网络时代，网络游戏的正面导向、科学性、规范性、公平性以及竞争性理应成为新时期思想教育的一个重要渠道。网络与新科技紧密相连，为青年大学生的创意和创新提供了科技平台，有助于培养创意和创新能力。通过“团队式”娱乐，网络娱乐还有助于培养团队意识和合作精神，并且能够通过示范和演示，促成良好的言行举止；提供模拟空间，增加演练机会；并能够让青少年在更大程度上肯定自我和培养自信。应该说，以上案例中的网络游戏是一种直观的、形象的教育方式。它易于被年轻人所接受，为其提供了方便的沟通渠道，是今后工作中应该高度重视和利用的一个平台和工具。

作为网络思想政治教育的主导者，应该在日常的工作中，积极应用渗透性与实效性相结合的原则，有意识有目的地设置网络议题，深入每个具体的事件中，同时发挥正面教育的积极作用，利用榜样的力量积极引导大学生，以最大限度地提高网络思想政治教育的实效性。

以上思想政治教育中的基本教育引导原则，在高校网络空间的教育引导中依然适用，可以作为网络思想政治教育工作者教育引导大学生网络民主参与意识和行为的一般性原则。

6.2 大学生网络民主参与的教育引导对策

针对互联网环境下大学生民主参与过程中的特征和问题，结合对大学生网络民主参与影响机制的分析和高校引导大学生网络民主参与的原则，高校网络思想教育工作引导大学生民主参与的对策主要从技术维度、组织维度和文化维度三方面展开。

6.2.1 技术维度下的教育引导对策分析

互联网提供了一种技术应用的互动平台，以其为载体的高校大学生民主参与中出现的问题也要立足于技术手段加以消解。在这种意义下，高校思想政治教育工作者除了把握互联网技术对大学生网络民主参与观念和行为的影响之外，主要还应通过加强社区网络技术监管，普及网络法律和道德意识，强化网络危机管理意识，增强高校危机驾驭能力等途径，有效规避互联网技术的弊端，同时发挥互联网技术的积极作用。

（一）促进网络技术应用创新，有效调控大学生网络民主参与行为

互联网技术在我国高校的深入普及促进了我国高校网络思想政治教育的发展，网络的技术特性在改变大学生生活方式、思维方式和行为方式的同时，深刻影响着他们的网络民主参与意识和行为。网络作为一个新兴产业，具有升级换代快、不稳定和不易为人掌握等高技术性，大学生作为我国网民群体中综合素质最高、网络技术运用能力最强的一个群体，他们掌握新知识、新技术速度快，理解能力强，但是大学生又处在世界观、人生观、价值观形成的重要时期，在网络环境下各种思想文化交流、交融、交锋的影响下，很容易出现网络民主参与过程中的行为失范现象。因此，作

为思想政治教育工作主体实施者的高校，一方面应积极创新网络技术应用，另一方面应加大对网络的监控力度。要积极与国家基础信息产业的发展大局相结合，加速校园信息化进程，优化校园内大学生网络民主参与的实践形式。加大网络技术研发和对网络管控，保障校内网络社区的和谐畅通，在及时普及最新网络技术的同时，努力实现校园网络信息传播的平等，从而避免校园“数字鸿沟”现象的出现，实现对大学生网络民主参与行为的有效调控。

（二）疏通网络参与渠道，规范大学生守法参与的行为和意识

规范的网络民主参政议政渠道、完善的网络民主参与法律法规，是引导大学生进行有序参政、安全议政的有效保障。目前，我国虽然颁布实施了一系列相关法规和条例，但面对网络发展的客观形势和网络空间民主参与发展的复杂多变，我国现有的网络相关规范还远远不够细化和有针对性，网络立法进程也严重滞后，导致对大学生网络民主参与行为的教育引导失去了助力。因此，高校一方面要疏通网络参与的渠道，另一方面要与社会积极配合，以制定相应的法规，并加大对相关法律法规的宣传力度。

互联网环境下的大学生民主参与的种种负面案例表明，需要网络思想政治教育工作者从法律和道德的层面加以关注，增强大学生的网络法律和道德素质。可以通过举办专门的培训，使大学生增进对网络法规和相关法律知识以及道德规范的了解；可以通过举办与网络法律、网络道德相关的知识竞赛和辩论，或者通过问卷调查了解学生的法律道德现状，进而对症下药，开展工作，以提高大学生的遵法守法意识，进而全面提高大学生网络民主参与的素质。

（三）规范信息传播渠道，完善网络空间的“诉求—回应”机制

近年来，随着互联网技术应用的不断普及，我国高校网络思想政治教育的技术应用也得到较快发展，这为校园虚拟空间加强对大学生网络民主参与的教育引导创造了条件。随着校园网络空间论坛的不断发展，在议事

空间积累了大量的学生诉求，他们通过校长信箱、校园各类信息网络平台、BBS论坛、博客和微博以及SNS和QQ个人空间表达对校园热点事件的关注，面对这样的多途径、多方式的意见诉求信息，面对学生网民理性、清晰和完整的诉求表达，学校应该及时通过正规统一的信息传播渠道给予解答和回应，这是形成高校校园内校生互动、引导大学生理性进行网络民主参与的重要前提。在这个过程中，学校相关部门及时通过大学生的诉求平台知民情、晓民意、解民忧、释民惑，从而形成了学校与学生之间的新型“诉求—回应”机制。作为教育的实施方，学校在加强校园网络论坛建设的同时，还应鼓励大学生积极进行网络民主参与。为建造和谐校园，更应重视大学生的合理政治表达，积极面对、及时介入和回应大学生的各类诉求，避免因回应迟滞导致怨气积累而酿成网络舆论事件。在教育中贯彻疏导结合的原则，及时掌握大学生的思想动态，疏通大学生的情感宣泄渠道，预防和避免大学生在虚拟空间的民主参与中可能出现的各种危机，促使大学生合理顺畅地进行民意表达和情感宣泄。

6.2.2 组织维度下的教育引导对策分析

校园网络空间的虚拟社区快速发展，已成为大学生网络民主参与的重要载体和平台，高校思想政治教育工作要主动建设、积极利用网络虚拟社区，结合校园实际，建立健全管理体制机制，优化大学生网络民主参与的网络环境。

（一）高度重视、积极引导，创建学生网络群体参与平台

校园网络社区是大学生关注学校公共事务、发表意见建议的集中场域，是大学生从身边的事情做起，践行民主参与的重要平台。面对校园网络社区的应用发展，以积极主动的建设措施凝聚大学生民主参与公共事务的热情，以规范有效的管理机制保障有序、理性的民主参与，这是引导大学生网络民主参与健康发展的重要对策。

自2005年教育部规定各高校BBS转为校内IP登录后，清华大学“我们

的家园”网站后勤学生意见反馈平台逐渐成为学生与学校后勤系统沟通交流的主要渠道，学生在“我们的家园”意见反馈版面积极就学校后勤集团的服务工作发表自己的意见和建议，图6-1的数据显示，学生发帖量由2005年的3240帖迅速增加至2010年的9190帖，体现了大学生极高的民主参与热情。目前，该平台在校领导的关注下，积极完善相关版面功能，从2013年开始，已经在意见反馈版面增加回复功能，极大地激发了大学生的参与热情，使其成为清华大学在校生网络民主参与、民意表达的一个重要平台。

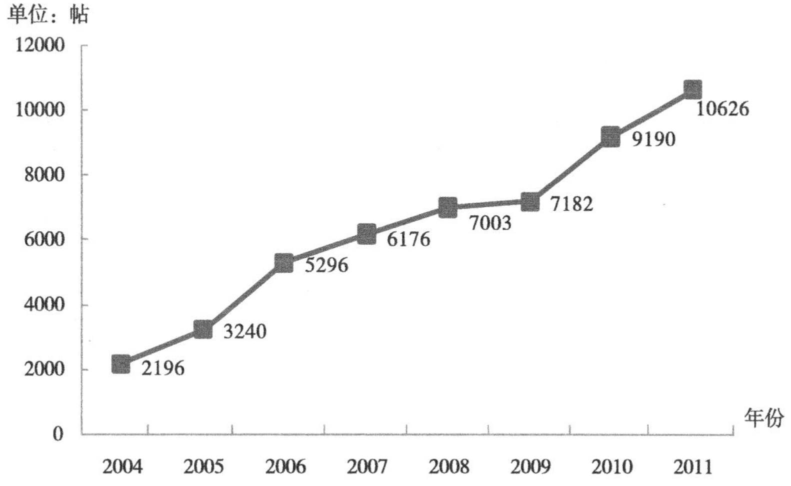

图6-1　“我们的家园”建立以来发帖数量年度变化

（二）健全组织、优化机构，建立健全高校网络危机管理机制

高校校园网络虚拟空间作为大学生校园网络生活的主要载体，既是校园网络信息传播的“舆论场”，也是大学生实践网络民主参与的重要舞台。面对瞬息万变的网络环境和各类思潮与文化激荡冲突的网络议事空间，随时都会有意想不到的网络事件发生，并迅速发酵形成网络舆论从而引发校园舆论危机，这对高校网络环境下的危机管理提出了新的挑战。只有不断创新高校校园网络舆论危机管理机制，才能有效预防和应对校园网络空间可能出现的各种网络事件。

高校网络环境下的危机管理机制的创新，既包含完善的组织管理机构，也包含系统的监控预警、引导协调、应对和保障机制。一个高效、完善的大学危机管理框架如图6-2所示，应该包含危机管理领导小组、信息部分、执行部分、善后部分和咨询部分五个方面（张再兴，2009）[329]。

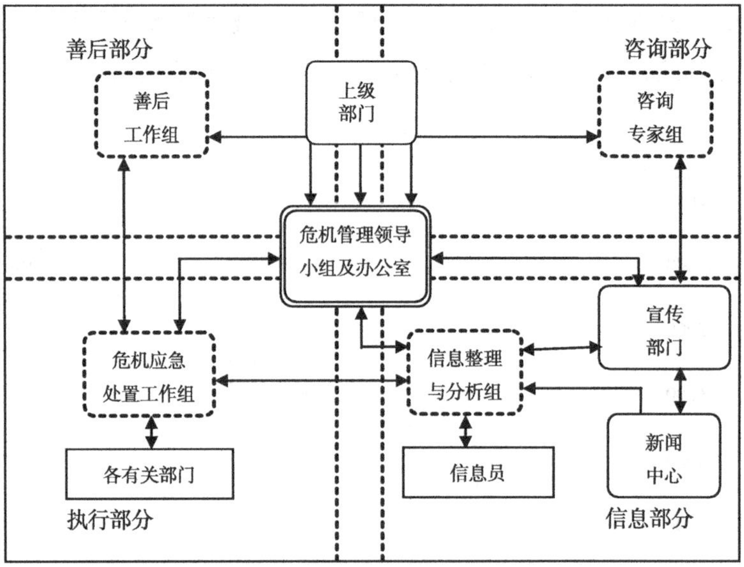

图6-2　危机管理框架结构示意图

注:图中虚线部分表示临时性机构,双实线部分表示半临时性机构,单实线部分表示常设性机构。

其中，危机管理领导小组根据专家和善后组意见制订危机防控预案，设置危机预警级别，负责定期召开协调会，制订危机日常管理计划，并协调信息分析组、专家分析组等组织对学校现存的危机风险进行评估，及时调整衡量危机预警级别的指标体系。在危机发生后，领导小组应该及时启动危机预案，召开小组会议，咨询专家意见，确定危机级别，并按相应预案协调组织开展工作；信息部分负责搜集、整理、分析校内外和国内外预案相关的舆情信息，并上报到领导小组，供领导小组判断高校周边舆论环境和客观状况，同时在领导小组的指导下对外发布危机实时信息；执行部分的危机应急处理工作组，主要负责在危机预案启动后及时介入，为危机领导小组提供帮助和建议，并负责实施领导小组决策；咨询部分由咨询专家组（由心理咨询专家、法律专家等相关部门的成员构成）主要负责为领导小组提供决策辅导咨询；善后部分的善后工作组主要负责接待和安抚危机事件中伤亡人员的家属，料理伤亡人员等后续工作以及相关责任与赔偿事宜。处理善后事宜应与咨询专家组相配合，征求他们的意见，以抚慰伤亡者及其家属（张再兴，2009）。以上校园网络危机管理框架中，领导小组是决策机构，处于核心地位，负责应对危机事件，参考专家建议确定危机级别，启动预案并对危机事件及时作出决策；执行组和善后组是危机事件管理的坚定执行者和具体实施者，信息组和咨询组为决策提供信息和帮助，以上各部分之间相互协调，密不可分。

应该说，近年来我国高校危机管理机制的建设经历了一个从无到有，不断摸索和完善的过程，高校对于突发事件的各项应急管理和机制不断健全，危机管理机制框架也已经初步形成。但高校作为特殊的社会组织形态，其危机管理体制在网络环境下需要有新的创新和发展。

在互联网应用方式日益多样和深入的高校校园，网络社区已经成为高校学生的必要生活方式和网络民主参与的舞台，近年来以互联网为平台或因互联网社区而引发的各类舆论危机事件不断冲击高校校园，迫切要求高校必须尽快建立一套完整科学的危机管理组织体系和完善的危机管理机制，在因各类突发事件而引发的校园舆论危机中，及时对大学生进行积极有效的教育和引导。

（三）整合资源、提高实力，建立高校校园虚拟社区联盟

要做到整合资源，就应该改变目前各高校社区BBS各自为营、各家独立的状态，通过整合实现相互之间的资源共享，以达到共同发展。为此，各高校网络社区BBS论坛之间要通过合作共谋发展，通过学习提升服务，通过创新共赢未来，整合并合理利用这一资源，提高与校外网络社区、论坛的竞争力，真正满足大学生网络群体的核心和现实需求，尊重他们的意愿表达，使高校BBS真正成为大学生群体网络民主参与的舞台，进而增强高校BBS对他们的吸引力和凝聚力。只有这样，高校才能重塑BBS的辉

煌，才能把广大大学生网民重新吸引到校园BBS，从而为主阵地建设打下坚实的基础。中国高校BBS联盟[1]的成立，使得各高校BBS向着整合资源、资源共享的方向迈出坚实的一步。

我国高校BBS发展至今，经历了两个发展阶段，前十年即1995—2005年是一个阶段，2005年以后是一个阶段。在第一阶段，各高校BBS发展迅速，深受各高校大学生和校外网民的喜爱，其中清华大学的水木清华BBS由于成立最早、影响最大、联系最广，因而成为各种声音的交汇地、各种思想的汇集地。高校BBS不仅聚集了绝大多数的在校大学生，而且还有已经毕业的大学生和社会其他人员。它的议题设置，除了学习、生活外，还包含一些社会问题和时政热点问题。相对校外BBS，高校BBS参与主体多为校内青年学生，他们思想活跃、有个性，但也有从众心理；他们看问题有时不够客观全面、易冲动，但又不失热情、积极向上的一面。他们乐于把自己的思想展露出来，通过留言、讨论、交流、辩论等形式与广大网民交流互动，容易引起网民共鸣。这种交流和互动使得高校BBS成为反映高校学生思想动态的晴雨表，更成为高校进行网络思想政治教育的窗口和重要平台。

从2005年3月至今是第二阶段。在这一阶段，重点体现为高校BBS管理的转折。互联网的匿名性、开放性、信息资源共享和广泛性等特征，使得高校BBS在兴起的同时出现了管理难题，即大量信息鱼龙混杂、良莠不齐，很多不良信息如色情、反动、低俗和恶搞的信息影响恶劣但又难以及时有效地控制；网络的匿名发帖导致BBS管理者无法对网站进行有效的管理。为了解决高校BBS面临的这种状况，2005年2月底，教育部下达通知，要求各高校校园网内的BBS向校内平台模式转变，实行校内用户注册实名制，并禁止校外用户登录。继2005年3月中旬水木清华BBS率先实行校内

[1] 中国高校BBS联盟：简称“高校BBS联盟”，英文名称为BBS Union of China University，简称BUCU。高校BBS联盟由全国各高校BBS、面向大学生的相关网站及相关企事业单位组成，受中国互联网协会指导。该联盟是旨在促进全国各大高校BBS健康有序、快速发展，服务于社会发展和经济建设的社会团体，是中国目前最大的致力于全国高校BBS共求繁荣的一个公益性组织，从2009年至今成功地打造了一个全方位的高校BBS联合运营平台，围绕站长年会、技术支持、运营理念分享、广告发布等一系列项目，高校BBS联盟为中国高校BBS提供了可靠的互联网集中营，为数万高校站点提供了主流的社区应用和各种创新的服务。

实名制后，全国各高校BBS相继实行实名制，并要求BBS内每个发言者都必须对自己在论坛里的一切言行负责，否则其ID就有可能被封杀一段时间。该措施虽然有利于控制不良信息传播和便于管理论坛，但它的一个负面效应就是，实名制的实施使得学生在校内BBS论坛的讨论有所顾忌，因而思想表达不够充分，他们开始更多地在校外的网络社区论坛表达思想言论并形成集中的舆论，这就使得高校对学生思想动态的了解和把握不再准确和及时，对学生焦点舆论的监控能力减弱。在这一阶段，最明显的特征就是，高校BBS议题设置由之前主要涵盖娱乐、学术和社会热点等内容转变为娱乐生活型占据绝大多数版面，人数的急剧减少也使得其作为高校思想政治教育窗口和平台的作用大大降低。其后，由于天涯、猫扑、强国、校内网、开心网、百度贴吧等社会商业网络论坛的兴起和最近几年博客、微博、SNS网站的崛起，以及高校BBS自身功能老化和创新不足，其在线人数急剧减少，影响力也逐渐降低。

面对这种局面，急需建立一种新的高校虚拟社区以吸引广大学生的注意力。值得欣喜的是，一种集合高校网络社区各项资源又整合目前网络应用多种形式和多项功能的新型校园网络——“易班”[1]正在试验中兴起。“易班”作为上海多所大学推广普及的新型校园网络，它集高校BBS论坛、博客和微博等自媒体社交网络以及邮箱、即时通讯、网盘、移动通信等网络基本应用于一身。在“易班”这样的校园网络平台上，学生可以上传照片、撰写博客，了解眼前发生的热点新闻，可以交换各种学习和生活的信息资源，参与各种校园活动，可以和自己的老师、同学进行思想上的互动交流（姜泓冰，2011）。

“易班”的最大特征是它对现实校园生活的高度“复制性”，现实校园生活的各种组织结构和活动参与方式及形式都可以在这个网络平台中得到体现。“易班”因为高度贴近在校学生的生活、学习、思想实际、成长特点以及接受事物的心理和习惯而受到广大在校生的欢迎，体现出很高的用户

---

[1] “易班”是一个以高校师生为主要使用对象的网络虚拟社区，由上海市教卫党委、上海市教委依托地方教育系统网络文化发展研究中心自主研发，是上海市教委在全市高校中重点推进的网络文化建设项目。

黏性，2010级以后入学的新生，几乎都是“易班”的成员。“易班”的试验和推广，使得我国高校再次成为运用网络社区新技术的开创者和领跑者，这一崭新的思想交流和教育平台的建立，使高校内部网络社区的各项资源得以合理整合和利用，达到了吸引学生、留住学生、贴近学生、教育学生的目的。

6.2.3 文化维度下的教育引导对策分析

大学生正处于世界观、人生观和价值观逐渐成熟的时期，在网络民主参与过程中，校园网络文化对其思想观念和行为的主导作用至关重要。而实现良性网络民主参与不仅需要辅导员、教师的积极引导和及时沟通，同时还需要所有高校思想政治教育工作者加强对大学生的相关心理辅导，提高学生的网络心理素质，以及培养大学生的网络危机意识，从而使其更好地适应网络民主参与的要求。

（一）加强校园政治文化建设，提高参政议政能力

当前，大学生在校园网络议事空间的民主参与意识和愿望不断增强，但也体现出激情有余、理性不足，意识强烈、能力不足的现象，还因缺乏网络空间的法律规范意识，在网络民主参与过程中时常出现行为失范的现象，这些都要求高校网络思想政治教育工作者作出回应。面对这些现象，应该努力营造校园网络文化中心的主流政治文化认知，提高大学生参政议政的能力和意识。

高校网络虚拟社区作为大学生校园网络文化建设的重要平台和载体，既是大学生网络群体的校园信息舆论传播的“舆论场”，又是大学生网上的学习生活和交往的家园，同时也是大学生进行网络民主参与的重要实践方式和途径选择。这就要求高校网络思想政治教育工作者密切关注大学生的思想动态，疏通校园舆论信息的传播渠道，引导大学生有序参与公共事务。与此同时，密切关注校园网络BBS论坛和校外网络论坛、社会门户网站的议事空间、各类博客和微博的舆论动态对大学生网络民主参与意识和行为发展的影响，积极关注他们在应用网络技术过程中网络民主参与实践

形式的变化，在日常的网络思想政治教育引导和教育实践中，建立相应的规范和多层次的疏通渠道，积极引导大学生自主有序地进行网络民主参与，通过各类相关活动，为他们创造实践的机会，促进大学生虚拟空间与现实世界的互动，积极引导他们对政治信息的评价，表达自己的诉求，锻炼他们参政议政的能力和话语水平。

（二）提高辅导员队伍素质，提高教育引导的效果

高校辅导员队伍的职业素质和能力的高低，直接代表着一个高校思想政治教育工作者队伍的水平，决定着高校面对各种网络舆情危机时处理问题的效率和效果。高校辅导员队伍的职业能力和素质，主要包含社会工作基本能力、群众工作能力、系统工作能力三个方面。在与大学生群体开展工作的过程中，社会工作基本能力涉及观察和分析、人际沟通、表达、时间管理、情绪管理和信息技术等能力；群众工作能力涉及集体建设、带队育人、组织推广、调查研究、宣传动员以及危机处理等能力；系统工作能力包含统筹协调能力和理论研究创新能力（张再兴，2010）[128-131]。

在网络环境下，要做好大学生的民主参与教育引导工作，要求高校辅导员必须掌握基本的信息技术。具备基本的网络知识已经不能满足一般的辅导员工作要求。随着互联网技术的不断创新，大学生的网络实践也日益丰富并不断发展，这本身就对高校的辅导员提出了挑战，即必须在熟悉网络基本知识和网络应用技巧的情况下，不断学习和充实已有的知识和技巧，熟练运用各种最新的网络技术，这样才能成为网络环境下信息交流和人际交往的高手，才能真正在网络世界与大学生以平等的身份交流。而要和大学生打成一片，辅导员必须将自己的生活融入网络，这样才能掌握大学生的网络语言，才能站在大学生的立场换位思考问题，设身处地地体味大学生的切身利益，并真正本着爱护的心态面对大学生的民意表达和民主监督行为。高校辅导员只有本着接触、了解、深入、融合的原则面对大学生的民主参与行为，才能尽到网络思想政治教育工作者疏导人、把关人、教育人的职责。

在清华大学“我们的家园”网站，我们看到大学生就学校教学、管理

以及后勤服务等问题提出了各种建议和意见，也看到了网络辅导员对各种问题的回复。不同的回复方式对问题的解决会产生截然不同的效果。对提出问题和建议的同学来讲，一定希望网络辅导员作为回复者能以校方的身份心平气和地把问题说清楚，然后说出问题的解决方案，或者说出不能解决的原因，但是这种简单的期待往往会被一部分网络管理员、学校职能部门的辅导员忽略，而代之以“官本位”的语气，或者是复制粘贴后千篇一律地回复，而这恰恰是大学生最反感的回复方式。

在众多回复中，笔者看到两则“我们的家园”意见反馈版学生的发帖和后勤饮食服务中心网络辅导员的回复，针对学生的质询，回帖人采用彬彬有礼的话语，回复至情至理，体贴到位，使得提意见的同学心服口服，民意表达和民主监督的意愿都得以实现。其实，虚拟社区的网络辅导员不仅要做到专业素质和能力知识过硬，网络技巧娴熟，还应该对校内各岗位间的关系有清楚全面的了解，如果在与大学生的交流中把自己的特长发挥出来，会起到意想不到的效果。

在上述的两则回复中，我们看到回帖人不仅仅是执行简单的回帖任务，而是在做“额外”的工作，使其回帖收到了事半功倍的效果。经过笔者深入调查，发现这个部门的回帖率一直是“我们的家园”意见反馈版最高的，回帖人是一位后勤饮食管理中心的副主任，他每天要多次登录家园的这个板块，做到一有情况就马上落实并及时回复。部门的高度重视，使得与学生的网上交流变得异常顺畅，由此也得到了同学们的赞许。

（三）加强网络心理的辅导，提高大学生网络素质

近年来，互联网运用对大学生心理健康的影响越来越引起国内外临床心理学家、高校思想政治教育工作者以及网络相关研究人员的注意，由大学生网络成瘾、网络依赖而引发的网络和现实中的各类事件已经严重影响大学生的日常学习和生活，高校网络思想政治教育工作者有必要对此进行切实有效的干预，以便及时消化各种心理危机，促进大学生身心健康，以正确引导大学生积极向上的网络行为，提高大学生的网络素质。

当前，在校大学生在基本网络行为方面，网络沉迷现象严重，而作为

行为人主体的大学生本人，又无力摆脱这种状态。调查Ⅰ的数据显示了样本学生对如何帮助沉迷网络的同学的看法（见表6-1）。其中，有41.8%的学生认为应该用心理辅导的方法，35%的学生认为应带他上自习以摆脱网瘾，7.4%的学生认为需要辅导员/班主任及时做思想工作，4.5%的学生认为家长的教育比较有用，5.8%的学生认为应切断网络，另有5.5%的学生选择其他方法。这说明，学生中多数认可心理辅导加外力介入是终止网络沉迷的主要途径。

表6-1　样本学生对沉迷网络同学的帮助方法分析

	频率	百分比/%
心理辅导	629	41.8
辅导员/班主任做思想工作	112	7.4
家长教育	69	4.5
带他上自习	527	35
切断网络	87	5.8
其他	81	5.5
合计	1505	100

由此可见，应该在大学生中开展专项的网络心理辅导，并且把这项工作置于网络思想政治教育的日常工作之中。目前高校普遍设置了大学生心理咨询中心，但是实施的效果不尽如人意，在深度的调查走访中笔者发现，很多同学有寻求心理咨询的愿望，但又担心因为参加心理咨询而造成个人秘密的外泄，或者担心别人说自己是精神病患者，或者碍于面子而羞于打电话向心理咨询机构求助。这对我们高校的心理咨询工作提出了警示，作为高校思想政治教育工作的一部分，大学生心理咨询与辅导工作不能流于形式，应该发挥主动性，体现为心理咨询辅导机构应该积极主动地在广大学生中大造声势，配合各机构广泛宣传心理咨询对大学生的必要性和重要性，逐步使广大学生降低参加心理咨询辅导的羞耻感，增强大学生参与心理辅导的热情和配合的愿望。

（四）加强网络行为的引导，培养危机意识

对大学生网络民主参与意识和行为的教育引导，还应在危机意识方面下功夫，锻炼大学生面临危机如何冷静、理性地去应对和避免其发生，以提高大学生整体的网络民主参与素质和水平。

高校大学生群体是应用网络的主要群体，也是所有群体中互联网应用普及率最高、应用深度最广的群体，互联网的应用不仅深刻影响了大学生的思想和行为，而且还深刻影响了他们的身心健康和对外界环境的适应能力。大学生生源的地域分布差异使得他们对危机事件意识的培养和重视各不相同，因此有必要在高校对大学生进行统一的危机意识、危机常识的相关培训，使他们深入了解处理各类事件的方法和相关的注意事项以及应对措施。

这种危机意识的培养，主要内容包括：对大学生民主参与中危机意识的辅导；对大学生网络心理与网络行为问题的辅导；对地震、台风、海啸等自然灾害的预防和应急处理；对核辐射、火灾、突发流行病等社会灾害相关知识的预防和应急处理培训；对各类校园突发事件、违法犯罪行为的预防、应变和处理机制培训等。目前，学校危机管理的理论研究和实践探索在美国、日本等西方发达国家都比较深入。在美国各州都有进行危机管理研究、对危机管理人员进行培训的专门的学校危机管理机构，日本的学校通过《危机管理和应对手册》和《防灾教育指导资料》等教材对学生进行灾情危机预防和应对教育。我们对大学生进行危机意识培养，应该多结合国内外大学生积极参与救灾抗灾的案例。这既是对大学生灾害知识的现场普及，更是对大学生抗灾救灾能力的一次现场模拟。

我们对大学生进行危机意识培养，既要参考国外的相关有益的经验，也要结合本国的实际情况，开展全方位、多方面的危机意识培训。鉴于我国大学生群体的特殊性和互联网环境下危机发生的复杂性，我们有必要把公共危机的意识教育和危机处理的相关培训列入高等教育常规教育范畴，同时结合各类网络群体、相关管理机构、学生社团组织的活动，发挥相关学科的特点开展经常性的宣传、教育和培训工作，在交流互动和培训中做

到既增强大学生民主参与的意识，也增长他们的危机常识和预防处理知识及技能。只有这样，才能切实提高互联网环境下大学生危机处理的整体素质。

需要强调和指出的是，大学生网络民主意识是在互联网虚拟空间的大背景下受各种因素的影响形成的，因此大学生网络民主参与的意识和民主参与行为所产生的各种问题不能仅靠高校自身就得到解决。在引导大学生网络民主参与的过程中，高校作为大学生民主意识形成和民主参与行为实施的主要环境，虽然已经发挥主要的引导作用，但是还不能独自支撑这一重任，还需要全社会包括政府相关部门、商业网站社区、网络运营商、各类网吧以及家庭的大力支持和配合。只有这样，才能使大学生建立良好的参与意识，为他们理智而有序地实施网络民主参与创造良好的社会氛围和网络空间。这种互联网环境下大学生民主参与各种影响因素的虚拟与现实互动，必将促进我国网络民主政治的发展。

第7章　结语

伴随着互联网技术及其应用的迅猛发展和广泛普及，网络民主参与作为传统民主参与的延伸和拓展，在现实社会的政治生活和社会生活中越来越显现出重要性。青年学生是网民的主体，也是网络空间主要的活跃群体，是在网络环境下成长起来的新一代。大学生对于网络新技术、新应用的掌握走在社会的前列。主体意识的发展、社会责任意识的树立，使大学生的网络民主参与行为和活动日益广泛。青年学生在广泛、复杂的网络现象中表现出来的网络民主参与，影响和谐校园建设的推进、校园网络文化的建设和管理，影响社会生活和国家民主政治建设，同时更关系到大学生自身思想政治道德素质的提高和发展。大学生网络民主参与意识和行为的研究，已成为网络思想政治教育研究的前沿问题，成为新形势下进一步加强和改进思想政治教育工作的重要课题。

一

网络民主参与，简言之，是参与主体现实政治诉求的虚拟化表达。这种虚拟化表达赖以形成、得以支持的是网络所具有的特性。有关网络的特性，约翰·奈斯比特（1984）[197]有过这样一段形象的描述："简单地说，网络就是人们彼此交谈，分享思想、信息和资源。要注意，网络是个动词，而不是名词。重要的不是最终的成品——网络，而是达到目标的过程，也就是人与人、人与人群互相联系的沟通途径"，网络的重要特性首先就在于它是信息普遍联系与交流的工具。互联网技术作为信息技术的主要标志之一，深刻地影响了人们的生存方式、思维方式、交往方式和组织形式。作为网络空间主客体实践活动中介的信息，对网络民主参与的形成和发展起到了根本的促进作用。在网络空间，信息的无限共享性增强了网络民主参与主体的知情权；信息的交互性促进了网民之间的相互沟通；信息的虚拟迅捷性提高了网络民主参与的效率。而由于人是信息的创造者、使用者和接受者，信息既具有属人特性，又有其相对独立性，这就使得作为网络信息主体的人在网络民主参与过程中更能够发挥人的主体独立性，从而促进人作为网络民主参与主体对表达权的行使。

在网络空间，人们交流沟通的信息既是现实社会情况的反映，又具有数字化表达方式导致的虚拟特性。网络信息兼有虚拟性和现实性的特点，从根本上导致网络空间的虚拟性和现实性并存的二重属性。这种虚实二重性深刻影响着网络空间的人际交往关系，最终导致现实的人在虚拟空间与现实世界互动的网络环境中进行参与活动的各种复杂表现。民主参与的理性化、有序化、法制化的原则和保障要求，在网络民主参与的新形态中面临新情况、新问题、新挑战。网络技术与民主实践的结合催生了网络民主参与，使得公民在民主实践中有了更多和更直接的参与，但还不构成独立的民主参与形态。网络技术所提供的新的民主参与方式、方法、手段和途径推动了传统民主参与的相应拓展和重塑。随着网络技术及其应用的不断创新和社会政治生态环境的不断发展，网络民主参与还要通过不断完善、规范，才能良性地、健康地发展。

二

大学生网络民主参与，是指在网络虚拟环境下，大学生网民个体或群体在政治、经济、文化、生活、社会管理等领域实施民意表达、民主监督，进而影响或改变公共事务决策的一种思想和行为表达过程。体现大学生网络民主参与区别于其他群体的网络民主参与的特点是：大学生群体的主流在主体意识自觉增强、社会责任意识不断提高的过程中，蕴藏了极大的民主参与的积极性和热情；他们往往既从身边校园生活中的公共事务做起，又对涉及国内外重大事件和社会热点的问题表现出特有的民主参与关注，他们通过践行种种民主参与的活动，体验了网络民主参与的新方式、新方法和新成效；他们的网络民主参与意识和行为渗透在各种复杂、广泛的网络活动之中，又与网络技术及其应用的更新、发展相生相伴；他们在世界观、人生观和价值观的培养、形成的特定阶段参与网络虚拟空间的民主实践，其民主参与的理性意识、有序规范、法制观念必须得到正确的教育引导，才能排除网络民主参与的负面问题，才能在民主参与的实践中提高思想政治素质，实现民主参与的教育功能。

综观互联网技术及其应用的发展进程，大学生网络民主参与意识和行为的发展变化，是沿着"内容传输技术""群体互动技术""用户个性化技术"这三个网络技术及其应用的平台螺旋上升的。这三个平台技术在形成和推进、兼容和发展的结合中，产生了三种网络活动环境，即校园BBS环境、网络论坛和搜索引擎环境、博客和微博环境。大量的实证分析表明，大学生网络民主参与意识和行为的发展变化进程，正是以这三种网络活动环境的演变为标志，形成了三阶段的划分。通过深入的分析可以看到，这三种环境体现出来的互联网技术特性，就是大学生网络民主参与意识和行为发展变化的根本原因。以参与主体、参与主题、参与形式、参与途径、参与性质作为大学生网络民主参与行为的研究特征，可以看到，三种网络活动环境下这五个方面的特征都随着环境的演化而变化。进一步的实证调查分析还可以看到，这种网络环境演化从总体上折射出大学生网络民主参与的发展进程和趋势；而具体到不同地域的大学生群体，还存在网络民主参与意识和行为的发展差异，这说明网络环境的形成和作用实际上是网络虚拟空间与现实空间的互动和结合。

三

网络环境是信息时代条件下一种新的育人环境。大学生网络民主参与影响机制和教育引导对策的分析，与大学生思想政治教育面临的其他新问题一样，都需要立足育人环境的新变化。

网络环境既是一种技术环境，又是一种社会组织环境，还是一种文化环境。网络的技术特性是网络环境的基础性要素，网络民主参与对于传统民主参与的延伸、拓展和革新，从参与场域、参与方式、参与手段、参与效果到参与观念，都是在网络技术特性的机制作用下形成和发展起来的。

网络的自组织特性造就的虚拟社区实际上形成了网络空间社会的微观结构，突出体现了网络环境下社会交往关系和人际交流沟通方式的复杂变化，进而生发出网络民主参与的新形态。网络的文化承载性着重体现于虚拟空间实践活动主体的思维和行为方式、思想意识和观念、精神需求和心理等文化特征，网络民主参与意识和行为，本质上就是参与主体的一种文化表现。因此，本书把技术维度、组织维度和文化维度设立为大学生网络民主参与研究分析的三维度框架，既应用于大学生网络民主参与影响机制的分析，也贯穿大学生网络民主参与教育引导的对策分析环节。

基于互联网环境的技术维度、组织维度和文化维度，本书深入分析了大学生网络民主参与的相关影响因素及其规律性作用，提出：网络技术特性与大学生网络民主参与形式和途径对应关联；网络虚拟化社区自组织特性产生网络民主参与的群体极化效应和信息放大效应；虚拟空间与现实社会之间的文化互动深刻影响大学生网络民主参与的意识和行为。这三个维度的视角分析所体现出的大学生网络民主参与影响因素及其作用方式，形成了大学生网络民主参与的影响机制。相应地，从三维度分析框架下的视角出发，针对大学生网络民主参与在发展过程中存在的问题，基于对高校思想政治教育工作实践经验的研究分析，本书提出了大学生网络民主参与意识和行为的教育引导对策建议。笔者认为，这些对策建议在原则方法上都体现了大学生思想政治教育中的疏导结合、教育者与被教育者互动、渗透性与实效性结合的一般性教育引导原则。这些教育引导原则，既是思想政治教育的规律性方法，又是网络环境下进一步加强和改进大学生思想政治教育的明确要求。

应该指出的是，大学生网络民主参与研究分析框架中，三维度之间相对独立，但又相互联系、相互作用。网络环境的技术特性要素为自组织特性要素和文化承载性要素提供物质载体和技术机制动因，因此成为网络环境的基础性要素。自组织特性要素和文化承载性要素的发展又反过来对技术特性要素提出新的要求，成为技术特性要素在作用过程中消解缺陷、完善发展的动因。自组织特性要素是网络文化的承载体，也是网络文化存在和发展的依赖。网络环境分析的三维度之间存在的有机联系，使得大学生网络民主参与的影响机制分析和教育引导分析的各项结论也都存在交叉相关的联系。在研究分析中必须注重整体性，在工作中必须统一于教育引导的实践。

大学生网络民主参与的研究空间很大，探索性也很强，限于笔者的研究水平，本书还存在缺憾和不足，值得进一步改进和深入努力。网络的基本特性决定了网路民主是世界性的民主，本书在理论研究和实证研究的过程中，更多的是根据目前的具体实际情况，以国内的案例和理论作为研究的基础和素材，这在一定程度上造成了偏重国内而忽略国外的研究，在本研究的后续工作中，将努力弥补这一缺憾；大学生网络民主参与的意识和行为寓于广泛复杂的网络活动实践，实证分析中的调研数据还有待进一步挖掘；网络民主参与的研究涉及媒体传播理论、参与—沟通民主理论的知识和方法，在机制分析环节还需要深入借鉴，加强学科的综合性研究；在大学生网络民主参与教育引导分析的环节，还需要进一步深化民主法治的思想政治教育工作的研究。

在今后的科研工作中，以上这些问题应当成为笔者持续关注和深入研究的努力方向。

附　录

附录A
大学生思想特点与发展趋势调查问卷之政治观部分

1. 你所在年级：

   专科____年级　本科_____年级　硕士____年级　博士____年级

2. 你的性别：

   A.男　　B.女

3. 你的政治面貌：

   A.共产党员　　B.共青团员　　C.群众

4. 你的专业：

   A.人文社会类专业　　B.理工农医类专业

   C.艺术体育类专业　　D.其他

5. 大学阶段，你是否担任过学生干部：

   A.是　　B.否

6. 你每个月的生活支出（伙食费加其他生活消费支出，住宿费和学费除外）：

   A.200元以下　　B.200~400元　　C.400~600元

   D.600~1000元　　E.1000元以上

7. 你的家庭居住地位于：

   A.省会/直辖市　　B.地级市城区　　C.县级市城区

   D.农村　　E.其他

8. 你的宗教信仰：

A.无　　B.佛教　　C.基督教

D.伊斯兰教　　E.天主教　　F.其他

9. 你是否是独生子女：

A.是　　B.否

※※※※※※※※※※※※※※※※※※※※※※※※※※※※※※※※

1. 你对于中华民族在21世纪实现伟大复兴：

A.非常有信心　　B.比较有信心

C.信心不足　　D.没有信心

2. 你对于中国特色社会主义道路的发展前途：

A.非常有信心　　B.比较有信心

C.信心不足　　D.没有信心

3. 你对下列观点的态度：（A.完全同意　B.基本同意　C.不同意　D.说不清）

马克思主义具有强大而持久的生命力　（　）

中国不能搞西方的多党制　（　）

中国改革开放的方向和道路是完全正确的　（　）

国家的指导思想不能搞多元化　（　）

三权分立是现代国家治国理政的最佳政体　（　）

私有化是发展中国家走向富强的必由之路　（　）

4. 你对“中国共产党能够团结带领全国各族人民实现中华民族伟大复兴”的态度：

A.非常有信心　　B.比较有信心

C.信心不足　　D.没有信心

5. 你上思想政治理论类课程是否有收获：

A.收获很大　　B.比较有收获

C.收获较小　　D.没有收获

6. 你平时对待思想政治理论课程的态度：

A.积极听讲

B.被动听讲，有兴趣的地方多听一听

C.厌烦这种课，在课上做些其他事

D.逃课做别的事情，考试能考多少就是多少

7. 你觉得当前理想信念教育存在问题的主要原因是什么，请选择你认为最重要的一项：

A.教师教学存在一定问题，课堂效果不理想

B.理想信念没有用，还是学点专业课对自己更有帮助

C.书本理论与社会现实映证不一致

D.其他（请填写）__________

8. 你认为提高大学生思想政治理论学习效果的关键在于：

A.加大课程内容改革　　B.提高教师队伍整体水平

C.加大社会实践，在实践中学习　　D.改进教育教学方法

E.其他（请填写）__________

9. 你认为中国社会进一步发展需要解决的主要问题是什么，请选择你认为最重要的三项：

A.保持经济快速发展　B.加强政治民主建设　C.保持社会稳定

D.缩小贫富差距　E.完善社会保障　F.消除腐败

G.保护环境　H.其他（请填写）__________

10. 你对下列民主特征的看法：（A.非常重要　B.比较重要　C.不重要　D.说不清）

人民当家做主　（　）

法治而非人治　（　）

民主集中制　（　）

人民有言论自由　（　）

定期普选　（　）

多党政治　（　）

分权与制衡　（　）

11. 你对于“社会主义民主从本质上看，是高于资本主义民主的新型民主”的态度：

A.非常认同　　B.比较认同　　C.不太认同

D.不认同　　E.说不清

12. 你对于“党的领导是人民当家做主和依法治国的根本保证”的态度：

A.非常认同　　B.比较认同　　C.不太认同

D.不认同　　E.说不清

13. 你对于“世界上并不存在普遍适用的民主模式，一个国家选择什么样的民主道路，从根本上讲，取决于这个国家的历史、国情和国际环境”的态度：

A.非常认同　　B.比较认同　　C.不太认同

D.不认同　　E.说不清

14. 你对我国民主建设的前景持何种态度：

A.非常有信心　　B.比较有信心　　C.不太有信心

D.完全没信心　　E.说不清

15. 你参加过以下哪些活动：（可多选）

A.基层人大代表选举活动　　B.学校党代会、团代会、学生会代表会议

C.校长接待日活动　　D.学生干部的选举活动

E.游行或集会活动　　F.网络投票活动

G.其他

16. 对于学校里面的重大事件或者突发事件，你通常如何表达自己的意见：

A.与同学私下议论　　B.上网发表言论

C.向辅导员或学校部门反映　　D.不关心

E.参与校内集会游行活动　　F.其他（请填写）________

17. 你的切身利益受到损害时，你会采取何种表达方式：（可多选）

A.向辅导员或学校相关部门反映　　B.在BBS上发帖引起关注

C.直接向校长信箱反映　　D.向校外媒体反映情况

E.向有关政府部门反映情况　　F.其他（请填写）________

18. 你平均每天上网的时长：

A.不到0.5小时　　B.0.5~1小时　　C.1~2小时

D.2～3小时　　E.3小时以上

19. 对于国内外重大事件或社会热点，你获取信息最主要的来源：

A.校园网络（校园BBS、学校网站等）

B.校外综合类网站（搜狐、新浪、人民网等）

C.校外论坛或BBS（如天涯论坛等）

D.校外SNS网络社区（如校内网等）

E.固定的某些博客

F.手机网络

G.同学和朋友的口头传播

H.传统媒体（报纸、广播、电视等）

I.其他（请填写）__________

20. 国内外重大事件或社会热点事件会引发大量舆论，你观看评论或发表评论的最主要渠道：

A.校园BBS

B.校内网等大学生网络社区

C.公共网络论坛（如天涯、猫扑论坛等）

D.特定的博客群

E.手机网络

F.QQ/MSN等即时通讯空间

G.报纸、广播、电视等传统媒体

H.其他 （请填写）__________

21. 某日，同学们在学校BBS上对某件涉及学生利益的公共事务（如食堂涨价问题等）进行激烈的争论，你会采取什么态度和做法：

A.从自身利益出发，积极参与争论

B.进行客观冷静的分析，理性地参与讨论

C.关注争论，但从不发帖

D.不关注，不关心

E.认为这种争论毫无意义、浪费时间，以嘲笑的态度视之

F.其他（请填写）__________

22. 你如何看待网民通过“人肉搜索”或“网络举报”等方式进行的网络反腐活动：

A.有助于人们通过互联网实现对权力的监督，应当大力发展

B.网络反腐容易造成谣言传播、恶意诽谤等问题，不利于社会稳定，不值得提倡

C.不清楚

23. 1999年2月初，白宫总统学者奖委员会书面通知王渊，她被评为1999年总统学者奖候选人，希望她按时填好表格寄回白宫。王渊一开始很高兴，但当她发现通知单上写着获奖人必须是美国公民时，她决定放弃这次机会。王渊一家人都是绿卡持有者，根据王渊这种情况，只要及时提出入籍申请，在6月底前被移民局受理，就有资格申领总统奖。你如何看待她放弃领奖的做法：

A.如果我和她处于相同的情况，也会这么做

B.我敬佩她，但如果是我，我不会这么做，发展自己才是最重要的，机会难得

C.这种做法很愚蠢，美国是超级大国，教育资源优越，应该抓住机会

D.如果遇到类似事情，我不知道我会怎么做，看情况而定

24. 你对下列观点的态度：（A.完全同意 B.基本同意 C.不同意 D.说不清）

天下兴亡，匹夫有责 （ ）

只有是民族的，才是世界的 （ ）

爱祖国是没有任何条件的 （ ）

国格高于人格，主权高于人权 （ ）

爱祖国就是爱社会主义中国 （ ）

科学无国界，科学家有祖国 （ ）

个人只有在集体中才能更好地得到发展　　（　　）

全球化时代，提倡爱国主义是不合时宜的　　（　　）

25. 你觉得你对国家和民族的认同感主要是根源于：（可多选）

A.我是中国人，这种爱国、爱同胞的情感是天生而来的

B.根源于祖国灿烂的文化和美好的发展前景

C.来自自身的社会实践体验与感悟

D.个人生活水平的提高

E.学校教育

F.父母的影响和家庭氛围

G.其他

附录B
大学生思想特点与发展趋势调查问卷之价值观部分

1. 你所在年级：

   专科____年级　本科_____年级　硕士____年级　博士____年级

2. 你的性别：

   A.男　B.女

3. 你的政治面貌：

   A.共产党员　B.共青团员　C.群众

4. 你的专业：

   A.人文社会类专业　B.理工农医类专业

   C.艺术体育类专业　D.其他

5. 大学阶段，你是否担任过学生干部：

   A.是　B.否

6. 你每个月的生活支出（伙食费加其他生活消费支出，住宿费和学费除外）：

   A.200元以下　B.200~400元　C.400~600元

   D.600~1000元　E.1000元以上

7. 你的家庭居住地位于：

   A.省会/直辖市　B.地级市城区　C.县级市城区

   D.农村　E.其他

8. 你的宗教信仰：

   A.无　B.佛教　C.基督教

   D.伊斯兰教　E.天主教　F.其他

9. 你是否是独生子女：

   A.是　B.否

10. 你的婚姻状况：

A.未婚　　B.已婚　　C.离异

11. 你父母的婚姻状况：

A.良好　　B.一般　　C.较差　　D.离异

12. 你父亲的职业单位类型：（如已退休，填写退休前职业）

A.党政机关　　B.国有企业　　C.外资及合资企业

D.民营企业　　E.自有企业　　F.事业单位

G.务农　　H.自由职业　　I.其他（请注明）________

13. 你母亲的职业单位类型：（如已退休，填写退休前职业）

A.党政机关　　B.国有企业　　C.外资及合资企业

D.民营企业　　E.自有企业　　F.事业单位

G.务农　　H.自由职业　　I.其他（请注明）________

※※※※※※※※※※※※※※※※※※※※※※※※※※※※※※※※

1. 你对于“社会主义社会，劳动和奉献是人生价值的评价标准”这一观点的看法：

A.非常认同　　B.比较认同　　C.不太认同

D.不认同　　E.说不清

2. 你对于“拥有金钱的多少是衡量一个人成功与否的标准”这一观点的看法：

A.非常认同　　B.比较认同　　C.不太认同

D.不认同　　E.说不清

3. 你对于“君子爱财，取之有道”这一观点的看法：

A.非常认同　　B.比较认同　　C.不太认同

D.不认同　　E.说不清

4. 你对于“学得好不如嫁（娶）得好”这一观点的看法：

A.非常认同　　B.比较认同　　C.不太认同

D.不认同　　E.说不清

5. 你对人生价值的看法主要受谁的影响：

A.父母　　B.老师　　C.同学

D.社会人士的示范　　E.其他（请注明）________

6. 你对下列观点的看法：（A.完全同意　B.基本同意　C.不同意　D.说不清）

金钱决定着人的价值　（　）

人生的意义在于贡献，而不是索取　（　）

主观为自己，客观为他人　（　）

个人价值的实现离不开国家和社会的需要　（　）

7. 对于未来的个人就业问题，你是否感觉到压力：

A.压力很大　　B.压力较大

C.压力较小　　D.没压力

8. 你关于就业的压力主要由以下哪些原因导致：（可多选）

A.没有明确的就业目标　　B.就业的准备工作不够充分

C.所学专业的就业形势不好　D.就业可利用的人脉、资源少

E.就业人多，竞争激烈　　F.无压力

G.其他（请注明）________

9. 你为未来就业所做的准备工作是否充分：

A.非常充分　　B.比较充分

C.不太充分　　D.非常不充分

10. 你是否有信心在毕业时能够获得一份理想的工作：

A.很有信心　　B.比较有信心

C.不太有信心　　D.没信心

11. 你对初始薪酬（月薪）的预期：

A.小于2000元　　B.2000~3000元

C.3000~5000元　　D.5000~8000元

E.8000~10000元　　F.10000元以上

12. 对于自己的职业规划，下列哪种情况更符合你的实际情况：

A.仔细思考过，有了比较清晰的想法，并已开始付诸行动

B.仔细思考过，有了相对清晰的想法，但还未付诸行动

C.曾经认真想过这个问题，但还未形成明确的想法

D.偶尔会想一下，但并未认真思考过

E.从来没有考虑过这个问题

13. 以下就业地点，请挑出你最愿意去的三类地点：

A.北京、上海、广州等一线特大城市　B.东部沿海大城市

C.东部沿海中小城市及村镇　D.中、西部大城市

E.中、西部中小城市及村镇　F.东北地区大城市

G.东北地区中小城市及村镇　H.国外

I.家乡

14. 以下就业单位，请挑出你最愿意去的三种单位：

A.国有企业　B.三资企业　C.民营企业

D.国家党政机关　E.地方党政机关　F.教育及科研单位

G.部队　H.其他事业单位　I.自主创业

J.自由职业

15. 对于未来的职业或工作选择，请挑出你认为最重要的三个因素：

A.单位规模大、实力强、知名度高　B.单位企业文化、氛围好

C.收入高、福利好　D.职业的社会地位与声望高

E.工作稳定、有保障　F.工作自主性大，不受约束

G.工作地点在大城市　H.符合个人兴趣爱好

I.有良好的培训、学习机会　J.个人发展、晋升空间大

K.专业对口

16. 你对婚姻的看法：

A.相互扶持、白头偕老　B.婚姻是爱情的坟墓，反对结婚

C.能过则过，不能则离　D.延续香火、传宗接代的需要

E.说不清

17. 你对在校大学生结婚的看法：

A.大学生已是成人，有自己决定的权利

B.时机尚未成熟，弊大于利

C.可以接受别人结婚，但是自己不会选择

D.自己的选择，无好坏之分

18. 在下列各个择偶的标准中，请挑出你认为最重要的三点：

A.相貌　B.财富　C.家庭背景

D.能力　E.人品　F.情投意合

G.处男（女）　H.气质　I.健康

J.未来发展潜力

19. 你对于婚外恋的态度：

A.正常行为，无可指责　B.破坏婚姻，坚决反对

C.事不关己，不予表态　D.说不清

20. 你怎么看待婚前性行为：

A.基于爱情的婚前性行为可接受　B.满足双方的需要，无可指责

C.不能接受，有违道德　D.无所谓

21. 对下列所列举的大学生获取性知识的途径，请挑出你认为最主要的三种：

A.电视　B.同学交流　C.网络

D.课堂　E.报刊读物　F.父母教育

22. 你觉得学校开设必要的性知识课程对你自身是否会有帮助：

A.帮助非常大　B.比较有帮助　C.帮助不是很大

D.没有任何帮助　E.说不清

23. 对于以下大学生性教育的途径和方式，你觉得哪种效果最好：

A.课程讲授　B.报告讲座　C.同学讨论　D.媒体宣传

24. 你觉得在当代大学生婚恋观的教育方法上，最重要的是哪一点：

A.人格教育　B.道德教育　C.爱情教育

D.性的教育　E.择偶教育　F.其他（请注明）＿＿＿＿＿＿

附录C
大学生思想特点与发展趋势调查问卷之心理和网络观部分

1. 你所在年级：

专科____年级　本科_____年级　硕士____年级　博士____年级

2. 你的性别：

A.男　B.女

3. 你的政治面貌：

A.共产党员　B.共青团员　C.群众

4. 你的专业：

A.人文社会类专业　B.理工农医类专业

C.艺术体育类专业　D.其他

5. 大学阶段，你是否担任过学生干部：

A.是　B.否

6. 你每个月的生活支出（伙食费加其他生活消费支出，住宿费和学费除外）：

A.200元以下　B.200~400元　C.400~600元

D.600~1000元　E.1000元以上

7. 你的家庭居住地位于：

A.省会/直辖市　B.地级市城区　C.县级市城区

D.农村　E.其他

8. 你的宗教信仰：

A.无　B.佛教　C.基督教

D.伊斯兰教　E.天主教　F.其他

9. 你是否是独生子女：

A.是　B.否

10. 你的婚姻状况：

A.未婚　B.已婚　C.离异

11. 你父母的婚姻状况：

A.良好　B.一般　C.较差　D.离异

※※※※※※※※※※※※※※※※※※※※※※※※※※※※

1. 你感觉自己的情绪状态主要是：

A.平和淡定　B.焦虑　C.兴奋愉快

D.抑郁　E.其他（请注明）________

2. 你感觉自己的心理压力主要来自哪个方面：

A.学业　B.就业　C.人际关系

D.身体健康　E.恋爱　F.其他（请注明）________

3. 当你遇到烦心和不好的情绪时，你是如何度过的：

A.找人谈心　B.运动　C.吃东西、喝酒

D.逛街　E.哭泣　F.睡觉

G.什么也不做　H.其他（请注明）________

4. 在你的成长过程中，你有过几次轻生的念头或行动：

A.无　B.1~3 次　C.4~6 次　D.7 次及以上

5. 你觉得人们有轻生的想法和行为的主要原因是什么：

A.压力　B.无人关爱　C.觉得人生没意义

D.感情问题　E.其他（请注明）________

6. 你有多少位知己朋友：

A.无　B.1~3 人　C.4~6 人　D.7 人及以上

7. 你感觉自己对心理健康知识的了解程度如何：

A.非常多　B.比较多　C.一般

D.很少　E.不了解

8. 你觉得心理咨询对人的帮助怎么样：

A.很大　B.比较大　C.一般

D.很小　E.没有帮助

9. 你生活和学习的过程中，有多少次心理咨询的经历：

A.无　B.1~3 次　C.4~6 次　D.7 次及以上

10. 你对你所在学校的心理咨询机构了解多少：

A.很多　　B.比较多　　C.一般

D.很少　　E.不了解

11. 你感觉学校的心理咨询机构受同学们的喜欢程度如何：

A.非常喜欢　　B.比较喜欢　　C.一般喜欢

D.不太喜欢　　E.很不喜欢

12. 你选修过多少门心理健康方面的课程：

A.无　　B.1~3 次　　C.4~6 次　　D.7 次及以上

13. 你参加过多少次心理团体辅导或培训：

A.无　　B.1~3 次　　C.4~6 次　　D.7 次及以上

14. 你听过多少场心理健康方面的讲座：

A 无　　B.1~3 次　　C.4~6 次　　D.7 次及以上

15. 你感觉现在人们的心理压力状况如何：

A.压力非常大　　B.压力比较大

C.压力一般　　D.压力很小

16. 你感觉现在人们的心理压力主要来源是：

A.社会环境　　B.家庭生活　　C.工作状况

D.经济状况　　E.其他（请注明）__________

17. 你理想中的大学生心理健康状态是什么样的：(可多选)

A.有幸福体验　　B.人际和谐　　C.积极乐学

D.情绪调节良好　　E.有理想并敢于挑战　　F.其他（请注明）__________

18. 你希望大学心理健康方面的课程更多涉及哪些方面：(可多选)

A.压力应对　　B.情绪调节　　C.婚恋情感和性

D.成功和领导才能　　E.合作与竞争　　F.自信心培养

G.心理问题和疾病的介绍

H.其他（请注明）__________

19. 你觉得理想中人们对于心理健康方面的认识是什么样子：(可多选)

A.大家对于心理健康方面的知识有更多的了解

B.社会上的心理咨询和医疗机构更健全

C.政府和相关部门对此问题更重视

D.人与人之间能够更多地谈论和接纳心理方面的问题

E.经常有公益的心理健康方面的讲座和活动

F.其他（请注明）__________

20. 你每周使用互联网大约多长时间：

A.不足1小时　　B.1~10小时

C.10~20小时　　D.20小时以上

21. 过去的一年里，下列互联网应用中，你最常用的是哪一种：

A.搜索引擎　　B.网络新闻　　C.即时通讯

D.电子邮件　　E.博客　　F.论坛/BBS/SNS社区

G.网络音乐　　H.网络视频　　I.网络游戏

J.网络购物/售物　　K.网上炒股/理财　　L.网络支付

M.旅行预订

22. 你最常用的转发或共享信息的方式：

A.移动飞信、短信转发　　B.日志共享

C.邮件转发　　D.论坛转帖

E.即时通讯工具转发（QQ、MSN）

F.其他（请注明）__________

23. 最近几年出现一种直接使用浏览器操作的网页游戏，你是否接触过：

A.是　　B.否

24. 对于沉迷在网络游戏中的同学或朋友，你认为下列哪种方法可以帮其走出沉迷：

A.心理辅导　　B.请辅导员/班主任做思想工作

C.通过家长进行教育　　D.带他一起运动、上自习

E.切断其上网途径　　F.其他（请注明）__________

25. 在论坛（以天涯社区为代表）/BBS（以高校BBS为代表）和SNS社区（以人人网为代表）两者之间，你更喜欢哪一种：

A.论坛/BBS　　B.SNS社区　　C.无明显倾向性

26. 微博（MicroBlog）是一种非正式的迷你型博客，可以通过手机、IM软件和外部API接口等途径发布不长于140个字的消息，你在微博网站上时最喜欢做什么：

A.发表日志　　B.联系朋友

C.浏览自己关注人员的动态　　D.评论灌水

E.从来不用

27. 最近一年内，你是否使用手机上过网络：

A.是　　B.否

28. 在网络生活中，以下各种情况，是否与你的感受相符：

项目	符合	不符合	不确定
互联网是我获取信息的最重要渠道			
与广播、电视、报纸相比，我更相信网络新闻			
在网站要求实名注册时，我通常会注册真实个人信息			
我经常在网上购买东西，感觉还是很安全的			
我会经常通过更新日志、论坛发文等发表自己的看法			
有了网络，让我更积极主动地关心社会时事动态			
我有很多通过网络认识的好朋友			
通过网络，我保持了跟同学、好友、家人更紧密的联系			
看到好的内容，我会将它共享给其他人			
我的学习和生活已经无法离开互联网			
网络生活一定程度上挤占了我参与学校各类活动的时间			
我更愿意和人在网络上进行沟通交流			
断网时，我会坐卧不安			
为了上网，我有时候会逃课或熬夜			
相对于现实社会，人们更容易在网上爆粗口、骂街			
对于攻陷美国国防部网站的黑客行为，我很崇拜			
利用木马等获取他人账号信息，只要不是恶意的就没关系			
在网上转载信息时，没有必要核实信息的真实性			
对于人肉搜索行为，我非常赞赏，也会积极参与			
对于音乐、文献等付费的电子资源，我乐于和好友分享			

附录D
大学生对网络民主参与的认识态度调查问卷

1. 你所在年级：

专科____年级　本科_____年级　硕士____年级　博士____年级

2. 你的性别：

A.男　　B.女

3. 你的政治面貌：

A.共产党员　　B.共青团员　　C.群众

4. 你的专业：

A.人文社会类专业　　B.理工农医类专业

C.艺术体育类专业　　D.其他

5. 大学阶段，你是否担任过学生干部：

A.是　　B.否

6. 你每个月的生活支出（伙食费加其他生活消费支出，住宿费和学费除外）：

A.200元以下　　B.200~400元　　C.400~600元

D.600~1000元　　E.1000元以上

7. 你的家庭居住地位于：

A.省会/直辖市　　B.地级市城区　　C.县级市城区

D.农村　　E.其他

8. 你的宗教信仰：

A.无　　B.佛教　　C.基督教

D.伊斯兰教　　E.天主教　　F.其他

9. 你是否是独生子女：

A.是　　B.否

10. 你的家庭背景：

A.官员　　B.商人　　C.教师　　D.记者

E.律师　　F.农民　　G.其他

※※※

1. 你每天使用互联网大约多长时间：

A.不足1小时　B.1~2小时　C.3~4小时

D.5~6小时　E.其他

2. 你上网最主要做什么事：（最多选两项）

A. 关注时政，浏览国内外新闻

B. 搜集资料，进行各类学习活动

C. 更新博客/微博与个人主页

D. 看视频、聊天、玩网游等娱乐活动

3. 你参与过网上社会热点问题的讨论吗：

A. 经常参与　B.偶尔参与　C.从未参与

4. 你参与时是否对事件有清晰的认识：

A.比较清晰　B.较不清晰　C.很不清晰

5. 你最喜欢的网络民主参与平台有哪些：（可多选）

A.政治网站　B.时事网页论坛　C.大学论坛/BBS

D.贴吧　E.博客　F.微博

G.电子邮箱　H.QQ群　I.其他（请注明）________

6. 你对网络民主概念的了解程度如何：

A.非常了解　B.了解一些

C.听说过，但不清楚　D.完全不了解

7. 你了解以下哪些网络事件：（可多选）

A. “彭宇案”　B. “神舟八号”上天　C. “我爸是李刚”事件

D. “药家鑫杀人案”　E. “小悦悦事件”　F. “京沪高铁事件”

8. 你关注下列哪些热点问题：（可多选）

A.腐败、渎职和廉政建设　B.公共安全事件

C.暴力与不良信息　D.谣言与虚假报道

E.其他（请注明）__________

9. 你认为网络空间的自由表达能成为中国式民主新通道甚至主导上流舆论吗：

A.是　　B.否　　C.不一定

10. 你认为我国目前网络民主政治最主要的问题有哪些：（可多选）

A.政治参与的文明程度和言论的真实性有待提高

B.参与渠道不畅或尚未开通

C.官方与网民在线互动不够，不够受重视

D.容易走向群体极化，多数暴政

E.缺乏专门性、完善的相关法律、政策

F.公共机构和公众人物的缺位

G.其他（请注明）__________

11. 作为被管理者，你希望政府和学校在推行网络民主中做些什么呢：（可多选）

A.加大信息公开度和行政透明度

B.做大主流媒体，引导舆论

C.发挥多种民主参与渠道的作用

D.致力于公民公共文明和公共精神的培养

E.提供更多的民主参与渠道和平台

F.有意识地培养大学生的民主参与素质

12. 你参与网络民主的动因是什么：（可多选）

A.上网时偶尔浏览到相关网页，即兴参与

B.应学校政策要求和工作职务要求

C.网络是实现民主权利的重要方式，主动参与

D.为自身以后的发展准备（考公务员等）

E.随大流

F.其他

13. 你认为当前大学生民主参与意识和民主参与能力如何：

A.很强　　B.一般　　C.十分薄弱

14. 你对网上公开选举政府地方人大或学生组织代表的可行性认知：

A.可行　　B.小范围内可行　　C.不可行

15. 你通过网络参加过哪些校内外民主参与活动：（可多选）

A.网络空间投票评选优秀教师

B.参加政治性社团及其活动

C.在校园BBS、人人网发表对校园热点看法

D.请愿、集会、游行等活动

E.为某件涉及个人利益的事致信校长信箱

F.投票选举人大代表

G.从未参加过此类活动

H.其他（请注明）__________

16. 你最关注网络上何种类型的政治事务：（可多选）

A. 国际局势　　B. 国家重大政策、决策的出台

C. 反腐倡廉　　D. 党政人事调动

E. 法律法规　　F. 两岸关系

G. 各种政治传闻　　H. 其他（请注明）__________

17. 你对当前大学生网络民主参与意识及其民主参与能力的看法：

A.很强　　B.一般　　C.十分薄弱　　D.可有可无

18. 你对目前大学生参政议政的机会、途径的满意度认知：

A.非常满意，机会很多，途径很多

B.一般

C.不满意，没机会参加，途径很少

19. 你对大学生关注和参与政治必要性的看法：

A.有必要　　B.没必要　　C.可有可无

20. 你认为网络对提升大学生的民主参与能力有何作用：（可多选）

A.拓宽民主参与的途径，增加参政议政机会

B.增强民主参与意识和参与热情

C.网络信息来源确定，易误入歧途

D.作用不大

21. 你对大学生在网络民主参与中所起作用的看法：（可多选）

A.培养和提高大学生网络民主参与的素质，发挥知识分子的网络舆论引导作用

B.推动青年学生政治社会化，增强以大学生为主体的青年主人翁责任感

C.有利于掌握和分析信息，建立社会预警机制

D.作用不大

22. 你如何评价大学生参与校园内外网上选举、评论和讨论、民意调查、信访等活动对社会主义民主政治建设的重要性：

A.非常重要　　B.比较重要　　C.一般　　D.不重要

23. “王帅帖案”以后，你遇到类似事件是否还会通过网络揭露时弊：

A.当然会，坚持　　B.会犹豫，但最终还会这样做

C.比较忧心，拿不定主意　　D.不会再这样做

24. 你是否关心对于公共政策决策的网络民主方式，希望如何表达自己的意见观点：（可多选）

A. 关心，希望能就某事表达利益诉求或建言献策

B. 关心，把它作为培养自己能力和丰富学识的机会

C. 关心，选举我喜欢的代言人或领导人

D.不关心，我对这些不感兴趣

25. 如果网上进行政府地方人大代表或学生组织代表的公开选举，你会参与吗：

A.会积极参与　　B.不一定　　C.不会参与

26. 过去的一年里，下列互联网应用中，你最常用的是哪几种：（可多选）

A.搜索引擎　　B.网络新闻　　C.即时通讯

D.电子邮件　　E.博客　　F. 微博

G.论坛/BBS/SNS 社区　　H. 网络音乐　　I. 网络视频

J. 网络游戏　　K. 网络购物/售物　　L. 网上炒股/理财

M. 网络支付　　N.旅行预订

27. 你考证过网络民主参与时依据的信息吗，能否确定其真实准确性：

A.不用考证，确定其真实准确性，信息来自权威网站

B.偶尔考证，真实准确性存疑，信息信手拈来

C.从未考证，不关心真实准确与否，率性而为

28. 在网络民主参与中，你最常用的转发或共享信息的方式有哪些：(可多选)

A.移动飞信、短信转发　　B.博客日志共享

C.邮件转发　　D.论坛转帖

E.即时通讯工具转发（QQ、MSN）

F.微博转发　　G.其他（请注明）＿＿＿＿＿

29. 你参加过哪些网络群体组织：(可多选)

A.学生会及其社团组织群　　B.班级开设的网络社群

C.QQ空间的个人好友群　　D.网络空间共同兴趣爱好组织（如驴友等）

E.网络空间学术组织　　F.其他（请注明）＿＿＿＿＿

30. 在社区论坛（以天涯社区为代表）/BBS（以高校BBS为代表）和SNS社区（以人人网为代表）、博客/微博、QQ及群落几者之间，你更喜欢哪一种：

A.社区论坛　　B. BBS　　C.SNS社区　　D.博客

E.微博　　F.QQ及群落　　G.无明显喜好

31. 微博（MicroBlog）是一种非正式的迷你型博客，可以通过手机、IM软件和外部API接口等途径发布不长于140个字的消息，你在微博网站上时最喜欢做什么：

A.发表日志　　B.联系朋友　　C.浏览自己关注人员的动态

D.评论时弊　　E.从来不用

32. 你认为如下哪些网络文化因素影响了你的网络民主参与意识和行为：(可多选)

A.全球文化　　B.流行文化　　C.代际文化　　D.传统文化

E.本土文化　　F.现实文化　　G.其他（请注明）＿＿＿＿＿

33. 最近一年内，你是否使用手机上过网络：

A.是　　B.否

34. 你所了解网络民主的特点：(可多选)

A.民主主体的平等性

B.民主参与的直接性、便捷性、全面性

C.民主运作的虚拟化、非正式化

D.民主过程的互动性更强

E.网络民主效应的双重性

35. 你认为大学生目前网络民主参与最主要的问题有哪些：（可多选）

A.信息来源广，难以辨别真伪

B.参与渠道不畅或尚未开通

C.官方与网民在线互动不够

D.权威机构信息反馈不及时

E.民主参与的认识模糊

F.网络民主参与的效果不高

G.缺乏正确的培训和引导

H.民主参与的无序化显著

I.其他（请注明）__________

36. 在网络生活中，以下各种情况，是否与你的感受相符：

	符合	不符合	不确定
互联网是我获取信息的最重要渠道			
与广播、电视、报纸相比，我更相信网络新闻			
有了网络，我会每天关注网上新闻			
网络新技术的使用丰富了我进行民主参与的渠道			
我会经常通过更新博客/微博日志、论坛发文等表达自己的看法			
有了网络，让我更积极主动地关心社会热点时事动态			
通过网络，我保持了跟同学、好友、家人更紧密的联系			
网络生活一定程度上挤占了我参与学校各类活动的时间			
BBS/博客/微博/人肉搜索等网络技术丰富了我们的学习生活			
在网上转载或者应用信息时，没有必要核实信息的真实性			
我会关注大学生网络名人的博客和微博、人人网及QQ空间			
我会更关注与大学生切身利益相关的事件并在网络上发表意见			
我会关注网上新生的一些用语并加以运用			
我会经常关注校园相关服务网站，并在上面发表自己的意见			
在网站要求实名注册时，我通常会注册真实个人信息			
对于攻陷美国国防部网站的黑客行为，我很崇拜			
利用木马等获取他人账号信息，只要不是恶意的就没关系			
对于人肉搜索行为，我非常赞赏，也会积极参与			

续表

	符合	不符合	不确定
为了维护社会公平和正义，我会用人肉搜索相关人			
为了赚钱和锻炼网络运用能力，我会参与“网络水军”			
如果不违法，我会学习并运用一些黑客技术			
面对网络突发事件，我会冷静分析后再作出评议或者跟帖			

参考文献

（一）中文文献

阿尔温·托夫勒，1996.创造一个新的文明——第三次浪潮的政治[M].上海：上海三联书店.

阿尔温·托夫勒，1999.权力的转移[M].北京：中共中央党校出版社.

安立志，2008-05-05.论“网络民主”[N].南方日报，003.

白全贵，2009-04-01.推动网络政治参与有序健康发展[N].河南日报，012.

鲍宗豪，2001.网络与当代社会文化[M].上海：上海三联书店.

曹芬，2012.网络群体事件及其治理研究[D].长沙：湖南师范大学.

曹荣湘，2003.解读数字鸿沟——技术殖民与社会分化[M].上海：上海三联书店.

曹雅丽，2001.网络时代的中国青年政治参与[J].中国青年研究（6）.

常晋芳，2005.网络的文化与文化的网络[J].中学自学指导（4）.

常晋芳，2005.网络哲学引论——网络时代人类存在方式的变革[M].广州：广东人民出版社.

陈炳辉，2006.当代中国民主的条件分析[J].马克思主义与现实（5）.

陈昌曙，1999.技术哲学引领[M].北京：科学出版社.

陈劲松，2001.现实社会中的虚拟社区的权威达成[J].社会科学研究（4）.

陈文化，1992.技术是一种实践性的知识——马克思论技术范畴[J].湖南科技大学学报：自然科学版（1）.

陈侠，黄希庭，2007.中国大学生网络成瘾倾向问卷的初步研究[J].心理科学（3）.

陈旭彤，邓理峰，2002. BBS议题的形成与衰变——对人民网强国论坛的个案研究[J].新闻与传播研究（1）.

陈学超，2011.汕头女医生承认发“等下班再死”微博 写致歉信[EB/OL]. http://news.xinmin.cn/shehui/2011/02/26/9497863.html.

陈映芳，2007.“青年”与中国的社会变迁[M].北京：社会科学文献出版社.

程小红，2009.网络民主研究现状述评[J].法制与社会（3）.

初阳,2008.改革开放30年来中国社会主义民主政治建设的经验和面临的挑战[J].政治学研究(4).

船夫,1990.十年学潮纪实[M].北京:北京出版社.

辞海编辑委员会,2000.辞海[M].上海:上海辞书出版社.

辞海编辑委员会,2010.辞海[M].上海:上海辞书出版社.

丛日云,1999.当代世界的民主化浪潮[M].天津:天津人民出版社.

崔嵬,2001.在现实和虚拟之间———塌糊涂BBS虚拟社区研究[D].北京:北京大学.

崔之元,1995.研究当代中国政治的新动向[J].经济社会体制研究(5).

戴维·克里斯蒂特尔,2006.语言与因特网[M].上海:上海科技教育出版社.

狄骥,1959.宪法论[M].北京:商务印书馆.

段伟文,2002.网络空间的伦理反思[M].江苏:江苏人民出版社.

恩格斯,1995.家庭、私有制和国家的起源:第4卷[M]//马克思恩格斯选集:第二版.北京:人民出版社.

樊东光,1993.影响民主意识发展的五大因素[J].长白学刊(6).

房宁,王炳权,马利军,2002.成长的中国——当代中国青年的国家民族意识研究[M].北京:人民出版社.

冯鹏志,1999.深延的世界——网络化及其限制[M].北京:人民出版社.

冯务中,2008.网络环境下虚实和谐[M].北京:清华大学出版社.

傅家宝,金良怡,宋永喜,2007.大学生网络成瘾综合征的心理研究综述[J].中国现代医生(2).

冈特利特,2004.网络研究:数字化时代媒介研究的重新定向[M].彭兰,等译.北京:新华出版社.

高亮华,1992.中国技术哲学研究[J].哲学动态(7).

高千,关强,2010.近年来学术界对当代大学生政治参与问题研究述评[J].陕西理工学院学报:社会科学版(2).

顾晓英,2003.当代大学生政治参与现状及对策[J].思想理论教育(6).

顾兆农,2009.湖北有个“网络团委” 大学生“村官”QQ在线交流[N /OL].人民日报.http://media.people.com.cn/GB/9854082.html.

郭丽,2010.客观审视互联网对大学生的影响[J].内蒙古师范大学学报:教育科学版(7).

郭庆光,1999.传播学教程[M].北京.中国人民大学出版社.

郭秋永,2001.政治参与[M].台北:联经出版事业公司.

郭士民,2007.民主意识培养问题研究[D].济南:山东大学.

郭天平,2004.网络时代的高校校务民主建设[J].改革与战略(9).

郭占宇，齐继妍，李志刚，2007.浅析大学生网络消费心理[J].商场现代化(4).
哈罗尔德·拉斯基，1917.主权问题研究[M].纽黑文：耶鲁大学出版社.
哈罗尔德·拉斯基，1919.现代国家中的权威[M].纽黑文：耶鲁大学出版社.
海魂，2008-04-25.书记省长会见网友写下网络民主新一页——"4·17"汪网会笔记[N].汕尾日报，003.
韩立勇，2011.深挖网络水军交易牟利内幕：500元可以竞价发帖[EB/OL].http://www.tianshannet.com.cn/it/content/2011-01/25/content_5551958.htm.
郝瑞庭，等，1999.信息霍乱[M].北京：世界知识出版社.
和平，王军，2008.世界青年运动史论[M].北京：中央编译出版社.
胡成广，2006.对网络思想政治教育研究热的思考[J].思想教育研究(2).
胡键，段功伟，2008-04-18.汪洋黄华华邀网友"会面拍转" 构建充满活力和谐有序的网络民主[N].南方日报，A01.
胡锦涛，2008.在人民日报社考察工作时的讲话.[EB/OL].http://politics.people.com.cn/GB/1024/7408514.html.
胡钰，2001.互联网对学生思想的影响与对策[J].思想理论教育(8).
胡钰，2002.互联网与高校思想政治教育新方法研究[D].北京：清华大学.
胡钰，吴倬，2001.互联网对青年价值观的负面影响[J].青年研究(3).
湖边树，2009-04-29.网络民主的局限性不可忽视[N].中国改革报，005.
黄华君，2006.关于青年运动的若干认识问题[J].中国青年研究(3).
黄志坚，1996.走向新世纪的中国青年[M].北京：中国和平出版社.
霍福广，刘杜欣，等，2008.信息德育论——大学生信息素养与思想政治教育信息化研究[M]. 北京：人民出版社.
霍罗威茨，1985.论印刷、电子计算机与民主社会[J].交流(2).
贾西津，2008.中国公民参与案例与模式[M].北京：社会科学文献出版社.
剑涛，2005.权利的召唤[M].北京：中央编译出版社.
江广平，2008.联合国青年事务[M].北京：中央编译出版社.
江泽民，2006.在中央思想政治工作会议上的讲话[M]//江泽民文选：第三卷.北京：人民出版社.
姜泓冰，2011-03-15. 2.0时代，我的大学[N].人民日报，14.
焦润明，2003.代际理论与中国近代思想文化史研究[J].史学集刊(4).
教育部思想政治工作司，教育部高等学校社会科学发展研究中心，2008.大学生思想政治教育"十个如何"研究[M].北京：高等教育出版社.

金枝,1997.虚拟生存[M].天津:天津人民出版社.
靳艳,2005.虚拟文化与网络文学[J].黄河水利职业技术学院学报(3).
卡罗尔·佩特曼,2006.参与和民主理论[M].陈尧,译.上海:上海人民出版社.
拉普,1986.技术哲学导论[M].刘斌,康荣平,吴叨,译.沈阳:辽宁科学技术出版社.
李斌,2006.网络政治学导论[M].北京:中国社会科学出版社.
李斌,2009.网络参政[M].北京:中国社会科学出版社.
李斌雄,1994.武汉地区高校学生民主意识新走向[J].青年研究(3).
李良栋,2001.新编政治学原理[M].北京:中共中央党校出版社.
李铁映,2001.论民主[M].北京:中国社会科学出版社.
李颖,2003-07-31.观察篇:中国需要什么样的民族主义[N].国际先驱导报.
李永刚,1999.互联网络与民主的前景[J].江海学刊(4).
李正林,1988.大学生的意识[J].青年研究(11).
连玉明,武建忠,2009.网络新政[M].北京:中国时代经济出版社.
廖爽,2010.山东临朐大学生微博举报 检察官循线查处村官[EB/OL].http://news.xinhuanet.com/politics/2010-11/18/c_12788557.htm.
列宁,1972.列宁选集.[M].第二版. 北京:人民出版社.
列宁,1990.对彼·基辅斯基(皮·皮达可夫)的回答[M]//列宁全集:第二版.北京:人民出版社.
林崇德,姜璐,王德胜,等,1992.中国成人教育百科全书[M].海口:南海出版公司.
林命如,2006.广州市大学生政治参与现状的调查与分析[J].青年探索(3).
刘长发,2008.网络民主的意义、问题与对策[J].探讨与争鸣(23).
刘建华,2011.赛博空间的舆论行为[M].北京:中国政法大学出版社.
刘军宁,2008.民主二十讲[M].北京:中国青年出版社.
刘书林,1999.青年的最大利益是自身发展[J].北京青年政治学院学报(1).
刘文富,2004.网络政治——网络社会与国家治理[M].北京:商务印书馆.
刘文海,1996.技术的政治价值[M].北京:人民出版社.
刘新燕,陈志浩,2005.大学生网络购物行为调查[J].中南财经政法大学学报(1).
刘振英,吴恒权,陈雁,2010.江泽民在全国对外宣传工作会议上发表重要讲话[EB/OL].http://www.gmw.cn/01gmrb/1999-02/27/GB/17980^GM1-2718.htm.
龙淼,2005.论十六大以来的网络民主建设思想[J].湖南师范大学(4).
娄成武,张雷,2003.质疑网络民主的现实性[J].政治学研究(3).
卢梭,1958.民约论:社会契约论或政治权利原理[M].何兆武,译.北京:法律出版社.

陆佳芳，时勘，2003.抗击“非典”的组织危机管理[J].中国科学院心理研究所.
陆俊，2007.“网络民主”的10个关键词[J].中国社会导刊(13).
陆俊，严耕，2005.网络社会——社会主义抑或资本主义[J].思想理论教育导刊(5).
鹿存礼，2008.新形势下培育大学生民主意识的途径探析[J].湖北经济学院学报：人文社会科学版(11).
路红梅，2011.网络民主参与探析[J].安阳师范学院学报(8).
罗伯特·达尔，1987.现代政治分析[M].上海：上海译文出版社.
罗伯特·达尔，1989.多元主义民主的困境[M].北京：求实出版社.
罗伯特·达尔，1999.民主理论的前言[M].顾昕，朱丹，译.北京：三联书店.
罗志渊，1971.云五社会科学大辞典：政治学卷[M].台北：台湾商务印书馆.
洛克，1982.政府论[M].北京：商务印书馆.
马红霞，2004.社会转型中的“流行文化”与“代际关系”[EB/OL].http://www.cycs.org/Article.asp?Category=1&Column=67&ID=3844.
马克思，恩格斯，1995.黑格尔法哲学批判[M]//马克思恩格斯全集：第1卷. 北京：人民出版社.
马克思，恩格斯，1995.马克思恩格斯选集：第1卷[M].北京：人民出版社.
马克思，恩格斯，1995.马克思恩格斯选集：第4卷[M].北京：人民出版社.
马克思，恩格斯，1998.马克思恩格斯全集：第12卷[M].北京：人民出版社.
马乙玉，2008.高校网络民主建设探析[J].社会科学家(9).
迈克尔·海姆，2000.从界面到网络空间——虚拟实在的形而上学[M]. 金吾伦，刘钢，译.上海：上海科技教育出版社.
曼纽尔·卡斯特，2001.网络社会的崛起[M].夏铸九，等译.北京：社会科学文献出版社.
孟根龙，2010.北京高校大学生参与民主管理状况调查与分析[J].求实(11).
密尔，1982.代议制政府[M].北京：商务印书馆.
尼古拉·尼葛洛庞帝，1997.数字化生存[M].胡泳，范海燕，译.海口：海南出版社.
诺曼·H尼，西德尼·伏巴，1996.政治参与[M]//格林斯坦，波尔斯比.政治学手册精选.北京：商务印书馆.
欧光耀，2008.试析网络交往中的双重人格[J].当代教育论坛(2).
潘恩，1981.潘恩选集[M].北京：商务印书馆.
潘敏，凌惠，于朝阳，2007.国内外BBS论坛发展及管理比较研究[J].思想理论教育导刊(7).
彭鹏，2003.电子乌托邦：网络民主的神话[J].南京政治学院学报(5).
彭珍梅，2010.二级数字鸿沟与网上政治参与研究：以潮汕地区大学生为例[D]. 汕头：汕头大学.

蒲岛郁夫,1989.政治参与[M].解莉莉,译.北京:经济日报出版社.

乔·萨托利,1998.民主新论[M].北京:东方出版社.

塞缪尔·亨廷顿,1998.第三波——20世纪后期的民主化浪潮[M].上海:上海三联书店.

塞缪尔·亨廷顿,琼·纳尔逊,1989.难以抉择——发展中国家的政治参与[M].汪晓寿,吴志华,项继权,译.北京:华夏出版社.

桑斯坦,2001.网络共和国——网络社会中的民主问题[M].黄维明,译.上海:上海人民出版社.

单光鼐,陆建华,1994.中国青年发展报告[M].沈阳:辽宁人民出版社.

上海社会科学院青少年研究所,2008.青年发展与国家战略[M].上海:上海社会科学院出版社.

佘双好,2010.当代社会思潮对高校学生影响的特点及对策研究[J].思想理论教育导刊(10).

佘双好,李斌雄,1994.大学生政治新走向[J].青年研究(7).

沈宝祥,高新民,党国英,等,2007-06-18.互联网政治:中国政治生态环境的新变化[N].北京日报,018.

沈壮海,2009.思想政治教育发展报告2009[M].北京:高等教育出版社.

双传学,2000.网络文化与高校德育工作[J].扬州大学学报:高教研究版(2).

司马云杰,1990.文化价值论[M].山东:山东人民出版社.

宋迎法,刘新全,2004.电子民主:网络时代的民主新形式[J].江海学刊(6).

宋元林,陈春萍,等,2006.网络文化与大学生思想政治教育[M].长沙:湖南人民出版社.

宋元林,等,2009.网络文化与人的发展[M].北京:人民出版社.

宋争辉,2007.论网络时代大学生政治参与[J].河南社会科学(6).

宋志国,2009.高校大学生网络政治参与现状的调查研究——以长沙市三所高校部分大学生为例[J].科技创新导报(26).

苏胜儒,2005.大学生的民主意识[J].黑龙江社会科学(2).

苏振芳,2007.网络文化研究——互联网与青年社会化[M].北京:社会科学文献出版社.

孙大为,2012.当代大学生网络民主参与特征实证研究[J].思想理论教育导刊(12).

汤庭芬,1994.市场经济与民主观念[J].江汉论坛(6).

唐大勇,施喆,2001.虚拟社群抑或公共领域——以强国论坛"撞机事件"的讨论为例[M]//邓昕昕,李兴国.网络传播与新闻媒体.北京:北京广播学院出版社.

陶文昭,2006.信息时代的民主参与[J].社会科学研究(2).

田科瑞,2004.网络的发展对民主政治的影响[J].武汉理工大学学报:社会科学版(4).

田科瑞,2005.网络时代的民主[J].北京工业大学学报:社会科学版,2005 (1).

涂晓燕,2008.中国的网络民主及其对民主发展的影响[J].福建师范大学(4).
汪丁丁,2000.网络经济的三个经济学原理[J].珠江经济(10).
汪全胜,金玄武,2009.法律绩效评估的社会促进机制[J].西南大学学报(9).
王晨,2010.推动我国网络媒体建设迈上新台阶[EB/OL].http://news.sina.com.cn/c/2010-10-28/154121370735.shtml.
王凤霞,2010.大学生网络有序政治参与研究[D].西安:长安大学.
王沪宁,1988.社会主义民主政治发展的生态分析[J].天津社会科学(3).
王辉,2005.网络对高校学生思想政治教育的影响及对策研究[J].湖南师范大学(4).
王坚方,2001.网络文化帝国主义:价值裂变与和合思想的文化互动[J].现代哲学(4).
王建国,等,2002.青少年健康人格培养新概念[M].拉萨:西藏人民出版社.
王立皓,童辉杰,2003.大学生网络成瘾与社会支持、交往焦虑、自我和谐的关系研究[J].健康心理学杂志(2).
王浦劬,1995.政治学基础[M].北京:北京大学出版社.
王四新,2007.网络空间的表达自由[M].北京:社会科学文献出版社.
王卫星,2011.论网络民主参与的法律规制[D].哈尔滨:黑龙江大学.
王岩,2008.马克思主义理论视阈中的政治自由及其实现[J].马克思主义研究(1).
王仲田,1997.政治学导论[M].北京:中央党校出版社.
韦吉峰,2003.对网络思想政治教育界定的立体考察[J].扬州大学学报(7).
维·沃伊克,2000-05-24.网络时代的政治与经济[N].参考消息.
魏红霞,2009.当代社会思潮的新特点及其对大学生的影响[J].思想政治教育研究(8).
沃德·赛佛林,小詹姆·斯坦卡德,等,2000.传播理论:起源、方法与应用[M].北京:华夏出版社.
邬焜,2001.网络民主与集权体制之间的价值冲突[J].科学技术与辩证法(5).
吴德义,1995.增强民主意识,搞好学校民主管理[J].沈阳大学学报(2).
吴家庆,2000.民主意识——中国民主政治发展的助推器[J].湘潭工学院学报:社会科学版(6).
吴鲁平,1994. 90年代中国青年社会参与意识和行为[J].当代青年研究(Z1).
吴倬,2010.新时期大学生思想意识特点与政治课建设[J].清华大学教育研究(6).
夏勇,2007.走向权利的时代:中国公民全力发展研究[M].北京:社会科学文献出版社.
肖幼林,2002.谈强化中国大学生的现代民主意识[J].阿坝师范高等专科学校学报(2).
萧达,蒋丰,2011.第二条战线:警惕美国的互联网霸权主义[EB/OL].http://www.wyzxsx.com/Article/Class20/201002/132301.html.
晓阳,2009-04-01.八成网民担忧个人信息安全[N].中华新闻报,C02.

谢海光,2000.互联网与思想政治工作概论[M].上海:复旦大学出版社.
徐建军,2008.网络与大学生思想行为的关联[J].思想政治教育研究(1).
徐建军,2010.大学生网络思想政治教育理论与方法[M].北京:人民出版社.
徐徐,杜作锋,2010.论信息化时代背景下中国青年的网络政治参与[J].浙江青年专修学院学报(3).
亚里士多德,1999.亚里士多德选集:政治学卷[M].北京:中国人民大学出版社.
闫宏秀,2007.人:技术与价值选择——人之为人的两个基质[J].科学技术与辩证法(3).
严耕,陆俊,1998.网络悖论[M].长沙:国防科技大学出版社.
严小庆,2002.透视网络民主的有限性[J].长白学刊(3).
严晓庆,2002.透视网络民主的有限性[J].长白学刊(2).
阎康年,1984.技术定义、技术史和产业史分期问题探讨[J].科学学研究(3).
杨光斌,2008.政治参与[M]//俞可平.中国治理变迁30年.北京:社会科学文献出版社.
杨健,2001-06-10.网络道德教育热点中的冷思考[N].中国教育报.
杨悦,2001.论"网络"概念的三个层次——兼谈网络发展的三个阶段[J].自然辩证法研究(4).
叶霖,2007.大学生网络依赖心理分析及对策[J].安徽卫生职业技术学院学报(4).
衣俊卿,1994.现代化与日常生活批判[M].哈尔滨:黑龙江教育出版社.
余振,郭正林,1997.当代中国青年的民主意识——对海峡两岸四地区大学生的民主意识比较[J].青年研究(6).
俞可平,2004.当代西方政治思潮概述[J].教学与研究(6).
俞可平,2006a.民主是个好东西[M].北京:社会科学文献出版社.
俞可平,2006b.民主与陀螺[M].北京:北京大学出版社.
喻国明,欧亚,张佰明,等,2011.微博:一种新传播形态的考察[M].北京:人民日报出版社.
袁锋,顾铮铮,孙珏,2006.网络社会的政府与政治:网络技术在现代社会中的政治效应分析[M].北京:北京大学出版社.
远德玉,陈昌曙,1986.论技术[M].沈阳:辽宁科学技术出版社.
约翰·布洛克曼,1998.未来英雄[M].汪仲,等译.海口:海南出版社.
约翰·邓恩,1999.民主的历程[M].林猛,等译.吉林:吉林人民出版社.
约翰·奈斯比特,1984.大趋势[M].北京:中国社会科学出版社.
约瑟夫·熊彼特,1979.资本主义、社会主义和民主主义[M].北京:商务印书馆.
曾长秋,薄明华,2005.网络德育学[M].长沙:湖南科技出版社.
曾国屏,等,2002.赛博空间的哲学探索[M].北京:清华大学出版社.

翟波,2006.转型期弱势群体政治参与问题研究[D].长春:吉林大学.

张成岗,2005.现代技术问题研究[M].北京:清华大学出版社.

张革华,2002.加强网络文化建设,改进高校德育工作[J].思想理论教育导刊(5).

张慧敏,2005.技术的民主控制[D].沈阳:东北大学.

张军,1994.论社会民主意识[J].广西大学学报:哲学社会科学版(5).

张雷,2004.虚拟技术的政治价值论[M].沈阳:东北大学出版社.

张其学,2004.媒介帝国主义:文化霸权主义的当代形态[J].哲学研究(10).

张千山,2001.互联网对民主发展的负面影响[J].学术论坛(2).

张树辉,2002.当代大学生政治冷漠现象探析[J].中国青年政治学院学报(6).

张晓燕,张浩,2008.网络民主参与存在的问题及对策[J].商洛学院学报(10).

张耀灿,等,2006.现代思想政治教育学[M].北京:人民出版社.

张瑜,2006.高校德育视野下的校园网络亚传播圈研究[M].北京:清华大学出版社.

张瑜,白杨,2010."80后"大学生思想特点与行为方式:研究现状、问题与对策[J].学校党建与思想教育(7).

张瑜,刘涛雄,2004.在互联网上如何赢得青年[J].思想理论教育导刊(4).

张瑜,吴倬,2006.试论网络文明对当代青年思想意识成长的作用[J].教学与研究(4).

张再兴,2005.我国高校网络思想教育的十年历程与发展[J].思想教育研究(7).

张再兴,等,2009.网络思想政治教育研究[M].北京:经济科学出版社.

张再兴,等,2010.高校辅导员队伍建设理论与实践[M].北京:人民出版社.

章铸,吴志坚,2001.论虚拟实践[J].人大报刊复印资料:科学技术哲学(4).

赵春丽,2008.近年来国内学术界关于网络民主研究的综述[J].太原师范学院学报:社会科学版(1).

赵建国,2008.传播学教程[M].郑州:郑州大学出版社.

赵金,罗会祥,刘兴亮,等,2009.微博预测[J].青年记者(31).

赵金飞,2006.大学生理想信念缺失问题与思考[J].思想教育研究(2).

赵晏,2008-04-22.一天666篇见言凸现政风开明——我市网络民主平台正在成型[N].周口日报,001.

郑聪,2010.网络民主参与高校事务管理的现状与改善研究[D].上海:复旦大学.

郑曙村,2001a.互联网给民主带来的机遇与挑战[J].政治学研究(2).

郑曙村,2001b.论网络技术革命对民主政治的五大促进作用[J].齐鲁学刊(4).

郑永廷,1999.思想政治教育方法论[M].北京:高等教育出版社.

郑永廷,等,2006.人的现代化理论与实践[M].北京:人民出版社.

中共北京市委教育工作委员会,2002.互联网对高校师生的影响及对策研究[M].北京:首都师范大学出版社.

中共中央文献研究室,2006.胡锦涛在全国加强和改进大学生思想政治教育工作会议上的重要讲话[G]//十六大以来重要文献选编:中.北京:中央文献出版社.

中国大百科全书总编辑委员会,《政治学》编辑委员会,中国大百科全书出版社编辑部,1992.中国大百科全书·政治学[M].北京:中国大百科全书出版社.

中国国务院新闻办公室,2010.2009年美国的人权纪录[EB/OL]. [2010-9-9].http://news.xinhuanet.com/world/2010-03/12/content_13158507.htm.

中国国务院新闻办公室,2010.中国互联网状况[EB/OL].[2010-10-1]. http://www.gov.cn/zwgk/2010-06/08/content_1622866.htm.

中国互联网络信息中心,2009. 2008—2009 中国博客市场及博客行为研究报告[EB/OL]. http://www.cnnic.cn/hlwfzyj/hlwfzzx/qwfb/200907/t20090717_31194.htm.

中国互联网络信息中心,2009. 2009年中国青少年上网行为调查报告[EB/OL]. http://www.cnnic.cn/hlwfzyj/hlwfzzx/qwfb/201004/t20100426_31164.htm.

中国互联网络信息中心,2009. 2009年中国搜索引擎用户行为研究报告[EB/OL]. http://www.cnnic.cn/hlwfzyj/hlwfzzx/qwfb/200909/t20090922_31157.htm.

周虎城,2008-07-11.走出网络民主的初级阶段[N].中华新闻报,B02.

周世煊,叶存池,1990.高校学生工作民主意识再思考[J].温州师范学院学报(7).

周穗明,2006.当代新社会运动对西方执政方式的影响及其启示[J].科学社会主义(2).

周卫红,2006.网络观教育:内涵与途径[J].山东社会科学(7).

周晓虹,周怡,2000.大过渡时代的中国青年[M].南京:南京大学出版社.

周志坤,赵佳月,2008-04-21.网络民主是个好东西——广东省委书记、省长邀见网友的思考[N].南方日报,A05.

朱德米,2001.网络政治学:虚拟和真实[J].国外社会科学(1).

朱孔军,2010.大学生管理理论与方法[M].北京:人民出版社.

祝炳水,2007.网帖掀翻局长 见证“网络民主”进程[N].中国改革报,001.

邹静琴,王静,苏粤,2010.大学生网络政治参与现状调查与规范机制构建——以广东省八所高校为例的实证研究[J].政治学研究(4).

邹删刚,1987.技术和技术哲学[M].北京:知识出版社.

邹智贤,2002.网络与民主政治[J].湖南行政学院学报(6).

（二）外文文献

BADLEY G, 2005. Against fundamentalism, for democracy: Towards a pedagogy of tolerance in higher education[J]. Teaching in Higher Education, 10(4).

BEST M L, WADE K W, 2005.The Internet and democracy: global catalystor democratic dud? [J]. Berkman Center Research.

BUGEJA M J, 2005. Journalism's new bottom line[J]. Quill Magazine.

ELLUL J, 1984.The technological society[M].New York: Knopf.

FRIENDLAND L A, 1996. Electronic democracy and the new citizenship[J].Media, Culture and Society, 18(2).

GOLDMAN S L, 1984.The techne of philosophy and the philosophy of technology[J]. Research in Philosophy and Technology, (7).

HAAS N, 2006. In your Facebook.com[J/OL]. The New York Times. [2007-11-11]. http://www.nytimes.com/2006/01/08/education/edlife/facebooks.html?_r=1&oref=slogin.

HAGUE B N, LOADER B D, 1999. Digital democracy: discourse and decision making in the information Age[M]. London and New York : Routledge.

HAIDER A, 2009. Cntribution of internet to a democratic society[EB/OL].http://is2.lse.ac.uk/asp/aspecis/20090139.pdf.

HAMRICK F A, 1998.Democratic citizenship and student activism[J]. Journal of College Student Development, 39(5).

JORDAN J, 1999. Cyberpower: the culture and politics of cyberspace and the Internet[M].London and New York : Routledge.

KENNEDY J J, 2002.The face of "Grassroots Democracy" in Rural China: Real versus Cosemetions[J].Asian Survey, 42 (3).

LYNCH C, 2007. Save the Internet: how students and student affairs can get involved[EB/OL]. http://www.studentaffairs.com/ejournal/Fall_2007/SavetheInternet.html.

MCCHESNEY R W, 2004. The problem of the media: U.S. communication politics in the Twenty-First Century[M]. New York: Monthly Review Press.

OGAN C, 1993.Listeserver communication during the Gulf War: what kind of medium is the electronic bulletin broad[J].Journal of Broadcasting and Electronic Media, 37 (2).

PRICE M T, 1942.Can China establish a political demicarcy?[J].The Far Eastern Quarterly, 1 (3).

REINGOLD H H, 1993.The virtual community: homesteading on the electronic frontier reading [M].Massachusetts: Addison–Wesley.

Rheingold H, 1993. Cold knowledge and social warmth[J].Newsweek.

RICE L L, MOFFETT K W, MADUPALLI R, 2012.Campaign–related social networking and the political participation of college students[J].Social Science Computer Review. http://ssc.sagepub.com/content/early/2012/09/17/0894439312455474.

ROBLYER M D, MCDANIEL M, WEBB M, et al., 2010. Findings on Facebook in higher education: A comparison of college faculty and student uses and perceptions of social networking sites [J].The Internet and Higher Education, 13(3).

SHI T J, 2000.Cultural values and democracy in the People's Republic of China[J].The China Quaeterly(162).

STENGRIM L A, 2005.Negotiating postmodern democracy, political activism, and knowledge production: Indymedia's grassroots and e–savvy answer to media oligopoly. Communication and Critical/Cultural Studies, 2(4).

STREICH G H, 2000.Mass media, citizenship, and democracy: Revitalizing deliberation[M]// SCHULTZ D. It's show time!: Media, politics, and popular culture. New York: Peter Lang.

THOMPSON J, 1994 ."Social theory, mass communication and public life", in the poblic reader in cultural studies[M].Cambridge UK: Polity Press.

ZHAO D, ROSSON M B, 2009. How and why people Twitter: the role that micro–blogging plays in informal communication at work[C] . Sanibel Island, Florida, USA : ACM.

后　记

衷心感谢导师张再兴教授对我的精心指导和关心支持。导师治学严谨、知识渊博、仁慈宽厚、兢兢业业，为人为学都堪称典范，导师的言传身教使我终身受益。

本书是在我的博士学位论文《思想政治教育视野下的大学生网络民主参与发展研究》基础上修改而成的。从论文选题的确立到研究框架思路的形成，从初稿的撰写到最终版本的提交，导师张再兴教授都给予了耐心的指导！

论文从开题报告、中期考核到预答辩，再到送审前的修改完善，感谢清华大学马克思主义学院林泰教授、曹德本教授、赵甲明教授、韩冬雪教授、刘书林教授、吴倬教授、刘敬东教授、张瑜副教授、冯务中副教授、李成旺副教授，清华大学社会科学学院吴彤教授、鲍鸥副教授等诸位老师给予我的指导和帮助。同时还要感谢孙丽博士、马晓燕博士、李国飞博士、刘宁博士、杨增崇博士、侯仁魁博士、王旭博士给予我的建设性意见。

此外，感谢艾四林、王雯姝、朱安东、蔡乐苏、张静、吴丹、王贵贤、朱慧欣、张苗苗等老师一直以来对我的关心、支持和帮助。感谢马克思主义学院所有教师！

感谢清华大学物业管理中心和清华大学“我们的家园”学生社区网站各位领导和老师的大力支持与帮助。

感谢我的父母和家人对我学业的勉励和支持，是他们长期不懈的支持，给了我无限的动力。

孙大为

2015年12月